"嘉定区品质课堂"丛书

丛书主编 祝郁 汤林春

提升课堂品质的区域行动

祝 郁 汤林春 主编

华东师范大学出版社

上海

图书在版编目(CIP)数据

提升课堂品质的区域行动/祝郁,汤林春主编. —上海:
华东师范大学出版社,2021
("嘉定区品质课堂"丛书)
ISBN 978 - 7 - 5760 - 1289 - 7

Ⅰ.①提… Ⅱ.①祝…②汤… Ⅲ.①课堂教学-教学研
究-中小学 Ⅳ.①G632.421

中国版本图书馆 CIP 数据核字(2021)第 037526 号

"嘉定区品质课堂"丛书

提升课堂品质的区域行动

主　　编　祝　郁　汤林春
策划编辑　彭呈军
责任编辑　朱小钗
特约审读　王秋华
责任校对　樊　慧　时东明
装帧设计　刘怡霖

出版发行　华东师范大学出版社
社　　址　上海市中山北路 3663 号　邮编 200062
网　　址　www.ecnupress.com.cn
电　　话　021 - 60821666　行政传真 021 - 62572105
客服电话　021 - 62865537　门市(邮购)电话 021 - 62869887
地　　址　上海市中山北路 3663 号华东师范大学校内先锋路口
网　　店　http://hdsdcbs.tmall.com

印 刷 者　常熟高专印刷有限公司
开　　本　787×1092　16 开
印　　张　17.75
字　　数　291 千字
版　　次　2021 年 3 月第 1 版
印　　次　2021 年 3 月第 1 次
书　　号　ISBN 978 - 7 - 5760 - 1289 - 7
定　　价　56.00 元

出 版 人　王　焰

"嘉定区品质课堂"丛书

主　编　祝　郁　汤林春

丛书编委会(以姓氏笔画为序)

王冰清　王晓华　汤林春　许丽华

严加平　李　娟　李伟涛　李金钊

杨文斌　杨玉东　杨四耕　赵丽鸾

祝　郁　夏雪梅　崔春华　蒯义峰

路光远　樊　钏

总　序

教育是国之大计、党之大计。对于社会发展而言,教育是"民族振兴、社会进步的重要基石",是"经济增长的助推器",是"社会繁荣的动力源";对于个体而言,教育关乎着人民群众对美好教育生活的向往,是"个人成长的自变量"。2019 年中共中央、国务院印发的《中国教育现代化 2035》明确提出,"发展中国特色世界先进水平的优质教育",要"加快推进教育现代化、建设教育强国、办好人民满意的教育",要让教育"为决胜全面建成小康社会、实现新时代中国特色社会主义发展的奋斗目标提供有力支撑"。党和国家将教育摆在前所未有的高度。

党的十九大报告明确指出,中国特色社会主义进入新时代,要"努力让每个孩子都能享有公平而有质量的教育"。在新时代,我国教育的主要矛盾已经转化为人民日益增长的美好教育需求和教育发展不平衡不充分之间的矛盾,发展公平而有质量的教育成为解决教育发展主要矛盾的主线。基础教育是整个国民教育体系中最重要的环节,全面提升基础教育公平与质量是回应新时期社会主要矛盾的外在需求。

辩证唯物主义认为,在复杂事物的发展过程中,存在着许多矛盾,其中必有一种矛盾,它的存在和发展,决定或影响着其他矛盾的存在和发展,决定着事物的发展状态,为此,处理问题要善于抓主要矛盾。而在教育这个复杂系统中,优化课堂教学是提高教育质量的关键。因为课堂是落实立德树人根本任务的主阵地,是发展学生核心素养、落实课程标准的关键所在,也是体现和提高教师专业素养的主渠道。要提高教育质量,必须紧紧抓住课堂教学这个教育系统中的关键环节。

关于如何提高课堂教学质量,从现状来看,尽管不同的学者有不同的观点,也进行了丰富多彩的探索,但大家基本上都同意,要提高课堂教学质量,必须关注学生的学习、以学生学习为中心进行教学设计,要把课堂还给学生。关于如何才能更好地落实这个理念、找到这个理念的落脚点,目前理论界和实践界都在积极探索着。嘉定区教育局与上海市教科院普教所合作开展的区域教育科研重大项目"聚焦学生学习,提升课堂品质的区域行动"就是这方面的一个代表。在这项研究中,他们采取理论研究者和一线教师合作的方式,以行动研究为方法、以课例研究为载体、以关注学生学习为原则,通过聚焦问题、聚焦学生的生命体验,来探索提升课堂品质的路径和策略,既要发展学生的核心素养,也要促进教师专业成长,在发展学生的同时成就教师,在成就教师的过程中发展学生。他们所取得的经验和教训值得其他地区加以借鉴。

嘉定区素有优良的教化传统和丰富的教育改革经验,历来重视教育发展。2013年,嘉定区召开教育工作推进大会,就提出了"传承教化之风,镕铸品质教育"的发展理念。这些年来,嘉定区围绕品质教育进行了大量的实践探索,品质教育业已成为嘉定教育一张靓丽的名片。2017年,嘉定区以提升课堂品质为突破口,实施了新一轮品质教育行动。如今,三年过去了,嘉定区教育改革再次取得了丰硕成果,研究学生蔚然成风,课堂品质有了显著提升,嘉定区品质教育的内涵更加丰富,特色更加明显,可喜可贺。希望嘉定教育人继续沿着品质教育的方向,逐步深化研究,实现迭代式发展,努力办好人民满意的教育,为我国早日迈入教育强国行列贡献自己的力量。

是为序。

目　录

绪　论

课堂教学是教师教的课程、学生体验的课程,是提升教育教学质量的关键,是学校工作的中心。顶层确立的育人目标,宏观制定的教育政策,如果没有课堂教学的落实,将无异于空中楼阁、镜中花。因此聚焦课堂教学改革,提升课堂教学品质有其特殊的意义与价值。嘉定区深刻把握中国基础教育改革趋势,紧紧扣住基础教育课程教学改革的契机,准确理解课堂教学变革的本质,立足本区品质教育建设的实际,适时开展提升课堂品质的研究与实践,体现了嘉定教育人的睿智,也是办人民满意教育的坚实举措。

一、 从规模增长转向质量提升

教育改革是改变教育方针和制度或革除陈旧的教育内容、方法的一种社会活动,目的是使教育适应社会发展和人的发展的需要。不同历史时期,经济、社会、文化发展状况不同,对教育提出的要求也就不同,因而教育发展的不同阶段必然会面临不同的矛盾与问题,教育改革的使命与任务也会不一样。

在新中国成立初期,我国人口中文盲和半文盲比例奇高,人们受教育水平普遍偏低,基础教育体系不健全,教育普及程度极其低下。为了切实保障人民受教育的权利,党和政府团结带领全国人民,进行了几十年的不懈奋斗。1949 年 9 月,中国人民政治协商会议第一届全体会议通过的《中国人民政治协商会议共同纲领》规定要"有计划有步骤地实行普及教育",把普及义务教育纳入重要的议事日程。在起点极低的情况下,提出"两条腿走路"的方针,实现"一无两有"。1985 年 5 月,邓小平同志在我国改革开放后第一次全国教育工作大会上指出:"一个十亿人口的大国,教育搞上去了,人才资源的巨大优势是任何国家比不了的。"在这次会议上,中共中央作出了进行教育体制改革的决定,第一次明确提出在全国"有步骤地实行九年制义务教育"。1986 年 4 月 12日,第六届全国人民代表大会第四次会议审议通过了《中华人民共和国义务教育法》,明确了我国实施九年制义务教育,规定了九年义务教育的性质、对象、学制、教师学历、处罚措施等,将党和国家政策上升为国家意志,以国家立法的形式确定了下来,彰显了中国普及九年义务教育的坚定决心。通过分类分步走战略,实施"国家贫困地区义务教育工程"等,到 2000 年底,基本普及九年义务教育。进入新世纪,针对尚未达标的困难地区,实施西部"两基"攻坚计划等工程,进一步巩固提升普及水平。2006 年,正式确定九年免费义务教育原则,保证不让任何一个学生因贫困上不起学。2011 年 11 月,中华人民共和国用事实向世界宣告:中国全面完成普及九年义务教育的战略任务。据教育部 2018 年教育事业统计数据,我国小学净入学率为 99.95%,初中毛入学率为 100.9%,高中阶段毛入学率为 88.8%。这一数据标志着我国基础教育阶段的普及水平已经稳稳地跨入世界中上收入国家水平行列。

随着基础教育普及水平的提高,人民受教育权利得到有效保障,但基础教育发展城乡差距、区域差距、校际差距和群体间差距也逐步显现,"择校问题""弱势群体受教育问题""农村教育问题""老少边穷地区教育问题"日益受到关注,促进教育公平成为社会呼声。在此背景下,我国政府将基础教育均衡发展作为重要抓手,并进行了顶层设计。2010 年 7 月中央发布了《国家中长期教育改革和发展规划纲要(2010—2020年)》(以下简称《纲要》),把均衡发展作为基础教育的战略性任务,明确建立健全基础教育均衡发展保障机制,推进义务教育学校标准化建设,均衡配置教师、设备、图书、校舍等资源的目标。《纲要》提出了均衡发展的三个重点:一是切实缩小校际差距,着力解决择校问题;加快薄弱学校改造,着力提高师资水平;实行县(区)域内教师、校长交流制度;实行优质普通高中和优质中等职业学校招生名额合理分配到区域内初中的办法;义务教育阶段不得设置重点学校和重点班;在保障适龄儿童少年就近进入公办学校的前提下,发展民办教育,提供选择机会。二是加快缩小城乡差距。建立城乡一体化义务教育发展机制,在财政拨款、学校建设、教师配置等方面向农村倾斜;率先在县(区)域内实现城乡均衡发展,逐步在更大范围内推进。三是努力缩小区域差距,加大对革命老区、民族地区、边疆地区、贫困地区义务教育的转移支付力度。鼓励发达地区支援欠发达地区。[1]

---

[1]　中华人民共和国中央人民政府. 国家中长期教育改革和发展规划纲要(2010—2020 年)[EB/OL].(2010-07-29)[2020-11-03]. http://old. moe. gov. cn/publicfiles/business/htmlfiles/moe/info_list/201407/xxgk_171904. html.

为贯彻落实《纲要》的要求,2012 年 9 月 5 日,国务院印发《国务院关于深入推进义务教育均衡发展的意见》,进一步将义务教育均衡发展的目标明确为:每一所学校符合国家办学标准,办学经费得到保障;教育资源满足学校教育教学需要,开齐国家规定课程;教师配置更加合理,提高教师整体素质;学校班额符合国家规定标准,消除"大班额"现象。到 2015 年,全国义务教育巩固率达到 93%,实现基本均衡的县(市、区)比例达到 65%;到 2020 年,全国义务教育巩固率达到 95%,实现基本均衡的县(市、区)比例达到 95%。① 同年,教育部印发《县域义务教育均衡发展督导评估暂行办法》。2018 年底全国有 2717 个县实现义务教育基本均衡发展,占全国总县数的 92.7%,义务教育巩固率为 94.2%。至此,区县内义务教育基本均衡发展的目标基本实现,基础教育均衡发展局面基本形成,人民受教育机会公平问题得到较好解决。

随着"有学上"的问题得到解决,人民群众对优质教育资源日益增长的需要与优质教育资源相对不足及发展不均衡之间的矛盾逐渐突显,"上好学"的问题日益尖锐。显然,仅仅是校舍条件、设施设备等办学条件的基本均衡已经不能满足人民对教育的需求,内涵与质量成为重要方向。对此,各地已开始探索基础教育优质均衡发展的路径。各级政府正把进一步扩大优质教育资源覆盖面,满足广大人民群众"上好学"的需求作为新时期发展基础教育的重要任务。2016 年国务院发布《国务院关于统筹推进县域内城乡义务教育一体化改革发展的若干意见》,要求各地在县域义务教育基本均衡的基础上,促进义务教育优质均衡发展,探索市(地)域义务教育均衡发展实现路径。② 2017 年 3 月 20 日国务院教育督导委员会发布《县域义务教育优质均衡发展督导评估办法》,引领教育行政部门把握方向,聚焦质量,真正把工作重心转移到师资素质提升、课程教学改革、学生全面发展上,全面提高义务教育质量,满足人民群众"上好学"的现实需求。

2017 年,党的十九大召开,明确了新时代中国特色社会主义建设的主要矛盾和主

---

① 中华人民共和国中央人民政府. 国务院关于深入推进义务教育均衡发展的意见[EB/OL]. (2012 - 09 - 07)[2020 - 11 - 13]. http://www. moe. gov. cn/jyb_xwfb/xw_zt/moe_357/jyzt_2016nztzl/ztzl_xyncs/ztzl_xy_zcfg/201701/t20170117_295047. html.

② 中华人民共和国中央人民政府. 国务院关于统筹推进县域内城乡义务教育一体化改革发展的若干意见[EB/OL]. (2016 - 07 - 11)[2020 - 11 - 13]. http://www. moe. edu. cn/jyb_xxgk/moe_1777/moe_1778/201607/t20160711_271476. html.

要使命,提出中国特色社会主义发展的主要矛盾已经转化为人民日益增长的美好生活需要和不平衡不充分的发展之间的矛盾,把中华民族伟大复兴作为中国共产党的历史使命,并作出从全面建成小康社会到基本实现现代化,再到全面建成社会主义现代化强国的战略安排。对教育发展也作出了全面部署,要求全面贯彻党的教育方针,落实立德树人根本任务,发展素质教育,推进教育公平,培养德智体美全面发展的社会主义建设者和接班人。推动城乡义务教育一体化发展,高度重视农村义务教育,办好学前教育、特殊教育和网络教育,普及高中阶段教育,努力让每个孩子都能享有公平而有质量的教育,办好人民满意的教育。

为了落实党的十九大精神,2018 年 9 月召开全国教育工作会议。习近平总书记全面阐述了我国教育的未来发展方向,尤其对"培养什么人、怎么培养人、为谁培养人"的问题作了明确回答,对全国教育工作作出了部署。李克强总理明确提出,要坚持改革创新,坚持教育公平,推动教育从规模增长向质量提升转变,促进区域、城乡和各级各类教育均衡发展,以教育现代化支撑国家现代化。会上发布了《中国教育现代化2035》,将实现义务教育优质均衡发展作为八项主要发展目标之一。

为贯彻党的十九大精神,落实全国教育工作会议部署。从 2018 年到 2019 年,中共中央办公厅和国务院办公厅,先后就学前教育、高中教育和义务教育改革发展下发三个文件,从顶层对中国基础教育进行了全面系统的设计。2018 年 11 月 7 日,中共中央国务院发布《关于学前教育深化改革规范发展的若干意见》,要求推进学前教育普及普惠安全优质发展,满足人民群众对幼有所育的美好期盼。争取到 2035 年,全面普及学前三年教育,建成覆盖城乡、布局合理的学前教育公共服务体系,形成完善的学前教育管理体制、办园体制和政策保障体系,为幼儿提供更加充裕、更加普惠、更加优质的学前教育;2019 年 6 月,国务院办公厅发布《关于新时代推进普通高中育人方式改革的指导意见》,要求围绕凝聚人心、完善人格、开发人力、培育人才、造福人民的工作目标,深化育人关键环节和重点领域改革,坚决扭转片面应试教育倾向,切实提高育人水平,为学生适应社会生活、接受高等教育和未来职业发展打好基础,努力培养德智体美劳全面发展的社会主义建设者和接班人。争取到 2022 年,德智体美劳全面培养体系进一步完善,立德树人落实机制进一步健全。普通高中新课程新教材全面实施,适应学生全面而有个性发展的教育教学改革深入推进,选课走班教学管理机制基本完善,科学的教育评价和考试招生制度基本建立,师资和办学条件得到有效保障,普通高中多样化有特色发展的格局基本形成;2019 年 6 月,中共中央国务院发布《关于深化教育教学改革全面提高义务教育质量的意见》,要求发展素质教育,培养德智体美劳全面发展的社会主义建设者和接班人。树立科学的教育质量观,深化改革,构建德智体美劳全面培养的教育体系,健全立德树人落实机制,着力在坚定理想信念、厚植爱国主义情怀、加强品德修养、增长知识见识、培养奋斗精神、增强综合素质上下功夫。坚持德育为先,教育引导学生爱党爱国爱人民爱社会主义;坚持全面发展,为学生终身发展奠基;坚持面向全体,办好每所学校、教好每名学生;坚持知行合一,让学生成为生活和学习的主人。

这些最高层级的会议和文件,对中国基础教育的未来发展作出前瞻性设计。一方面对教育公平提出了要求,要办好每所学校、教好每名学生,促进教育公平,办好人民满意的教育。另一方面对教育质量问题提出了明确要求,系统全面回答了"培养什么人、怎么培养人、为谁培养人"的问题,要求构建德智体美劳全面育人体系,发展素质教育,落实立德树人根本任务,使学生成为德智体美劳全面发展的社会主义建设者与接班人。

以上脉络清晰地呈现了中国基础教育改革的发展线索,从普及教育,保障受教育机会,到重视教育公平,着力推进均衡发展,到现在重视公平与质量,着力提升教育质量,推进优质均衡发展。在新时代,公平与质量是辩证统一关系,公平与质量相辅相成,通过更高层次的公平提升教育质量,通过全面提升教育质量更好地促进教育公平。总体而言,现在对教育公平与教育质量提出了更高要求。从公平而言,不仅是受教育机会的公平,而且需要教育条件、教育过程和教育结果的公平,这些更实质性的公平必然对教育教学实践提出更高要求。同时,构建德智体美劳全面育人体系,发展素质教育,使学生全面而个性地发展,全面提升教育质量,也必然要落实到具体的教育教学实践中。

二、　吹响"课堂革命"的号角

课程是为实现各级各类学校教育的培养目标而确定的教育内容的范围、结构和进程安排。教学是由教师的教和学生的学共同组成的活动,是学校进行德育、智育、美育、体育和劳动教育的主要途径,是学校的中心工作。课程教学改革向来是教育改革的重点内容。课程教学是内涵发展、质量提升的关键。当教育改革进入深水区,聚焦教育质量提升时,课程教学改革必然成为聚焦点。有人统计,自改革开放以来,我国基础教育课程教学改革前后大概有 4 次。①

第一次是 1977—1985 年。1978 年教育部颁发《全日制十年制中小学教学计划试行草案》,统一规定全日制中小学学制十年,小学五年,中学五年。1980 年出版了新中国成立以来全国统编第五套中小学教材。

第二次是 1986—1991 年。1986 年《中华人民共和国义务教育法》出台。国家教委公布了义务教育教学计划初稿,突出了新型教育方针的具体要求,适当增加了基础学科的教学时数,在教学计划中给课外活动留出固定的足够的空间。

第三次是 1992—2000 年。1992 年国家教委第一次将以往的"教学计划"改为"课程计划"。1993 年秋,新的计划突出了以德育为首,德智体美劳五育并举的全面发展的教育方针,第一次将活动与学科并列为两类课程。后来又将"课程管理"作为课程计划中的一部分独立出来。1999 年教育部的《面向 21 世纪教育振兴行动计划》有专门关于课程管理的规范。这一次课程改革,我国教育界掀起了国家课程、地方课程、校本课程以及活动课程、研究性学习课程研究的热潮。

第四次是 2001 年至今,即新一轮课程改革。2001 年 6 月 8 日教育部颁布《基础教育课程改革纲要(试行)》,旨在改变课程过于注重知识传授的倾向,改变课程结构过于强调学科本位、科目过多和缺乏整合的现状,改变课程内容"繁、难、偏、旧"和过于注重书本知识的现状,改变课程实施过于强调接受学习、死记硬背、机械训练的现状,改变课程管理过于集中的现状。从课程的价值取向、课程结构、课程内容、课程实施、课程评价、课程管理等方面进行了全面系统的改革,构建符合素质教育要求的新的基础教育课程体系。

在这个过程中,国际社会对学生素养培育的趋势引起了国内学者和政策制定者的高度重视。上世纪 90 年代开始,世界各国开始实施致力于素养培育的人才战略。其

---

① 本文采用数据节选自教书育人(教师新概念)"我国基础教育课程改革回顾"一文.我国基础教育课程改革回顾[J].教书育人,2005.

中一项重要的措施,就是开展对人的核心素养的研究,在教育领域建立了学生核心素养的模型,以此完善教育目标,改革教育评价方式,提高教育质量。如 1997 年 12 月,经济合作与发展组织(OECD)启动了"素养的界定与遴选:理论和概念基础"项目(Definition and Selection of Competencies:Theoretical and Conceptual Foundations,简称 DeSeCo),集合了多方观点,形成一个具有三大类别、九项素养,彼此相互关联的核心素养体系框架。随后,许多国家、地区以及国际组织都纷纷建立了自己的核心素养框架。这些核心素养框架,一方面具有共性,各国、各地区都把人的发展所需要的某些最关键能力和品质纳入核心素养的框架。另一方面各个国家、地区和国际组织的核心素养框架都具有与各自经济、社会、文化发展相适应的个性。

在这一趋势下,我国教育部新一轮课程改革也把核心素养研究作为编制修订课程方案和课程标准的依据。2014 年 3 月教育部颁发《关于全面深化课程改革落实立德树人根本任务的意见》,明确要求研究制定学生发展核心素养体系和学业质量标准,明确学生应具备的适应终身发展和社会发展需要的必备品格和关键能力,突出强调个人修养、社会关爱、家国情怀,更加注重自主发展、合作参与、创新实践。根据核心素养体系,明确学生完成不同学段、不同年级、不同学科学习内容后应该达到的程度要求,研究制定中小学各学科学业质量标准和高等学校相关学科专业类教学质量国家标准。各级各类学校要从实际情况和学生特点出发,把核心素养和学业质量要求落实到各学科教学中。

2016 年 9 月,北京师范大学课题组受教育部委托发布中国学生发展核心素养研究成果,指出中国学生发展核心素养,以"全面发展的人"为核心,分为文化基础、自主发展、社会参与三个方面。文化基础包含人文底蕴、科学精神,自主发展包含学会学习、健康生活,社会参与包含责任担当、实践创新等,具体细化为国家认同等十八个基本要点。

2017 年 9 月中共中央办公厅、国务院办公厅印发施行《关于深化教育体制机制改革的意见》,要求全面贯彻党的教育方针,坚持社会主义办学方向,全面落实立德树人根本任务,构建以社会主义核心价值观为引领的大中小幼一体化德育体系,注重培养学生终身学习发展、创新性思维、适应时代要求的关键能力,统筹推进育人方式、办学模式、管理体制、保障机制改革。强调在培养学生基础知识和基本技能的过程中,培养学生的认知能力、合作能力、创新能力和职业能力等关键能力。

素质教育虽然提了很多年,课程教学从"双基"转变为"三维目标",但一直难以实现素质教育的培养目标,如今学校有了发展核心素养和关键能力的具体抓手,自然还需课堂教学的衔接,如果这一环节不跟进,核心素养与关键能力的培育仍然是一句空话。正因如此,2017 年 9 月 8 日陈宝生部长在《人民日报》撰文,强调要坚持内涵发展,加快教育由量的增长向质的提升转变;要深化基础教育人才培养模式改革,掀起"课堂革命",努力培养学生的创新精神和实践能力。他认为课堂是人才培养的主渠道,在某种程度上说,课堂模式基本决定人才培养模式,我们现在的课堂,也就是现在的人才培养模式,还很难使学生具备终身发展和社会发展所需要的品格和关键能力。他认为传统课堂有三大无法破解的难题:一是传统课堂无法破解学生全面发展的问题,二是传统课堂无法破解教师进步和职业幸福感的问题,三是传统课堂无法破解学生的素质和应试水平共同提高的问题。[①] 为此,课堂革命势在必行,且责任重大。

2019 年 6 月中共中央国务院发布《关于深化教育教学改革全面提高义务教育质量的意见》,旨在深入贯彻党的十九大精神和全国教育大会部署,深化教育教学改革,全面提高义务教育质量。同时,重点强化了课堂教学改革,要求通过优化教学方式,加强教学管理,完善作业考试辅导,促进信息技术与教育教学融合应用等,强化课堂主阵地的作用,切实提高课堂教学质量。同年同月国务院办公厅发布《关于新时代推进普通高中育人方式改革的指导意见》,再一次对课堂教学改革提出了要求,一是要有序推进选课走班,二是深化课堂教学改革,三是优化教学管理。

课程教学改革一直是教育改革的核心领域。前三次课程教学改革大部分是围绕学制、课程教材结构和课程管理制度进行调整。2001 年开始的新课程改革,总体是一个系统的架构,涉及课程价值取向、课程结构、课程内容、课程评价与课程管理等方面。随着 2014 年提出围绕学生发展核心素养,研制课程标准,编制教材,开展教学改革,2017 年再次提出四个关键能力的培养。虽然叫法有点区别,但基本可以看出课程教学改革的价值取向发生了转变,那就是要围绕学生能够适应终身发展和社会发展需要的必备品格和关键能力,研制课程标准、编写教材、实施教学、评价课程和实施管理,这

[①] 陈宝生. 努力办好人民满意的教育[N]. 人民日报,2017 - 09 - 08(07).

既是国际趋势,也是未来一段时期我国课程教学改革的导向。虽然课程的其他要素也都在改革之列,但如果要真正培养学生的核心素养或关键能力,传统课堂是力所不及的,改革的焦点自然就集中到课堂教学上了。这大概就是陈宝生部长在《人民日报》上撰文呼吁"课堂革命"的缘由。也正因如此,在2019年先后颁布的有关义务教育阶段教育教学改革和高中育人方式改革的两个文件,课堂教学改革都被作为重点加以强调。至此,课堂教学作为培育学生核心素养、关键能力的主阵地,作为全面提升教育质量的关键,成为了教育改革的焦点。

三、"品质"是课堂教学深度变革的切入点

课堂教学改革是教育教学改革的主阵地。课堂不变,学校就不变,学校不变,教育改革的理想就会落空。随着我国教育改革的推进、育人目标的变化及课程教学改革的焦点转移,课堂教学也必须发生变化。在改革过程中,课堂教学的价值取向、教学内容、教学方式方法、教学组织形式及教学评价等方面也确实涌现出很多新思路、新做法和新样态。如课堂教学类型有问题解决教学、尝试教学、情感教学、活动教学、生本教学、体验教学等,课堂教学形态有生命课堂、生本(学本)课堂、快乐课堂、智慧课堂、翻转课堂、高效课堂等。

有学者总结我国课堂教学改革有以下变化:在目标取向上,经历了从"知识点""三维目标"到"四基"的发展过程,实现了从关注知识体系到关注学生学习成长,从学科中心向学生中心,从应试和知识本位向注重提高素质、育人为本的转型,实现了学校教育从"工具论"到"发展论"时代的转变。在内容设计上,批判唯理智主义知识观,关注学科知识的整合,关注学生生活经验的积累,关注教学与现实生活的联系,关注学生更多的自主选择性学习机会。在课堂教学设计上,关注学生的主动参与,让学生在观察、操作、讨论、质疑、探究中,在情感体验中学习知识、完善人格。从教师系统讲授的唯一方式到学生自主、合作的学习探究,关注学生学习过程中问题意识和创造性思维品质的培养。[①]

通常意义上,在触及课堂教学变革时,一般是指如何提高课堂教学质量。但就"质

---

① 易国栋. 高品质课堂建设的思与行[J]. 教育科学论坛,2019(22):65—68.

量"这一概念而言,更多侧重于物的属性。《辞海》中关于"质量"的解释是指"优劣程度",其中就有"教学质量"的举例。如果从"质"和"量"的单独解释来看,"质"是一事物区别于其他事物的一种内在规定性,由事物内部的特殊矛盾规定;"量"是事物的等级、规模、范围以及结构的表现,是一种可以用数量来表示的规定性。事实上,事物是质与量的辩证统一,质与量一起构成事物的规定性。

而高效课堂,直白说就是高效率的课堂,一般是指在较少时间或工作量里让学生掌握更多的知识与技能。事实上,"质量"与"效率"等语汇都是工业文明的产物。在《辞海》里,"效率"是指消耗的劳动量与所获得的劳动效果的比率,或一种机械在工作时的输出能量与输入能量的比值。

在工业化时代,工业文化对课堂教学的影响是全面而深刻的,如课堂教学的技术化取向,将课堂教学当作产品的生产过程,学生是有待加工的坯料,对课堂教学质量的评价主要是看学生掌握知识与技能的数量与程度,等等。故而有的学者认为,当在教育领域运用现代技术的工具、手段和方法不断丰富和改革教学方式,提高教学有效性的同时,就不知不觉地运用技术的眼光、态度与思维方式来看待课堂教学,无形中进入了一种技术化的生存状态。人们更多地倚重外在的定量化的方式和取得量的效率评价课堂教学,导致有"质量"的课堂充斥着标准单一、控制严格、机械模仿、重复操练等现象。[①] 正因为这样,许多教学专家呼唤"品质课堂"。

当人类社会进入信息社会、智能时代之时,面对变动不居的未来社会,人类应对未来社会变化的素养与能力受到空前关注,人的素养培育刻不容缓,人的价值反而进入时代的中心。同时,教学世界毕竟是人为的世界,而不是单纯的物理世界,是人类特有的精神性和文化性传承活动。教学本身就具有提升人的生命价值和创造人的精神生命意义的功能,因为教学就其过程本质来看,是人类精神能量通过教与学的活动,在师生之间、学生之间实现转换和生成新的精神能量的过程。因此,从物理的质量角度来评判课堂显然有失偏颇。而从品质的角度来理解课堂,则回归了课堂的人本性质。在《辞海》里,"品质"一指行为、作风上所表现的思想、认识、品性等的本质;二指产品的质

[①] 杨晓奇.聚焦品质的课堂变革:价值厘清、内涵阐释与路径选择[J].教育发展研究,2015,35(12):72—77.

量。它虽然有质量的内涵,但更有了人的意蕴。如"品"使得教学与"品味是否高雅""雅俗是否适度""意趣是否相投""境界是否高雅"等精神世界发生联系。"品质"可以理解为有品位的质量。所以,有的学者认为,义务教育的"高品质"可理解为"高品位 + 高质量","高品位"是内涵升级,"高质量"是满足主体需要,即"有品位地满足需要"。① 由此可以推断,高品质课堂应该是有品位地满足学生发展需要的教学场所。

具体而言,高品质课堂的教学能体现使命担当、理想情怀,能落实教育的目标与要求,与教育发展前沿契合,具有道德性、先进性、科学性;能更好地运用现代教学理论与技术手段,教学设计科学,教学要素充分运用,教学有效性更高;课堂关系民主、平等、互助、友好;尊重每位学生的课堂权益。有的学者认为品质课堂有以下五个方面的体现:一是教学内容的真理性品质:要维护既定课程或教学内容的学术尊严,敬畏与尊崇课程知识的真理性;二是教学方式的对话性品质:具有通过对话启迪智慧的教育态度,遵从教学对话的特殊性,准确把握对话的精神内核从而最终改善教学品质的教学立场;三是教学情境的审美性品质:用美的标准优化教学过程的审美设计,把课堂营造成教学的审美场;四是教学过程的游戏性品质:在教学的目的性、组织性和计划性的规约下,在课堂这种制度化的场所中,极大地释放师生的教学自由,表现各自的创造性,最终达成教学目标;五是教学评价的包容性品质:让所有学生在教学活动中都能够得到相对于自身状况的最大发展,开展基于学生发展的相对性及个体差异性的适度评价。②

综上所述,品质课堂是高效课堂、高质量课堂的发展,除了质的追求,更加关注人的发展,是人的回归,更加关注教的品位、学的品位,通过有品位的教与学,全面提升师生的生命质量。

四、 聚焦课堂品质是品质教育的延续与深化

品质教育是嘉定区创建长三角综合节点城市、现代化新型城市的重要组成部分,是嘉定区传承教化嘉定,落实教育综合改革要求,回应百姓期盼的必然选择。

---

① 易国栋. 高品质课堂建设的思与行[J]. 教育科学论坛,2019(22):65—68.
② 杨晓奇. 聚焦品质的课堂变革:价值厘清、内涵阐释与路径选择[J]. 教育发展研究,2015,35(12):72—77.

"十一五"期间,嘉定区教育局在区委、区政府的正确领导下,积极推进"公信教育",以"办人民满意的教育"为宗旨,取得了可喜的成效。为了深入贯彻党的十八大精神,紧紧围绕建设现代化新型城市发展战略,努力实现区委、区政府提出的"社会发展市郊领先"目标,大力实施素质教育,推动教育优质均衡发展,满足嘉定人民日益增长的教育需求,谋划嘉定教育的新突破。2013 年 2 月,新一届区委、区政府召开嘉定区教育工作推进大会,提出"传承教化之风,镕铸品质教育"的理念,使"品质教育"成为嘉定教育发展的新愿景和新目标。

品质教育就是品位高、质量优的教育,旨在通过有品质的教育提升教育的品质,通过采取科学发展、内涵发展与均衡发展的策略,促使学生素养整体提升、学校活力全面激发、区域特色更加彰显。

为了推进品质教育,2013 年以来,嘉定区教育局开展了深入推进"学校文化建设三年行动计划":推选出第二批 10 家"学校文化建设示范校",以招标课题的形式组织力量开展"提升学校软实力的教师文化研究",组织开展了校长精神和教师形象大讨论;开展教师分层化培训,启动第二批"新雁计划":成立名师培养基地,选拔优秀校长、教师参加名师名校长培养工程和市优青项目培养工程,选送 5 名校长参加第六期"美国加州影子校长"培训、芬兰教育培训、长三角中小学名校长联合培训,12 名教师参加"国培计划"培训,举办"祝郁校长办学特色研讨专场"等双名工程展示活动;实施"新优质学校"区域推进项目,建立区域推进新优质学校培训基地;等等。

为加强品质教育研究的理论指导和智力支持,2014 年 4 月,嘉定区教育局和上海市教科院普教所签署了"品质教育研究"合作协议,共同开展嘉定品质教育研究与实践。普教所在嘉定区教育局和嘉定区教师进修学院的支持下,分事业发展组、品质内涵组、学校发展组、德育调研组、课程建设组、课堂教学组、师资建设组、学生测评组八个小组,对嘉定教育现状进行了全方位调研。开展教育品质测评,着力从品德水平、学业质量(语、数、外、科学)、体质健康、终身学习素养几方面分析学生品质,从学校治理(依法自主、民主开放)、学校课程(丰富多样、按需选择)、课堂教学(基于标准、学生主体)、教师发展(教师境界、师生关系)几方面分析影响因素;设立了"五步循环"学校改进、品质课程建设、品质课堂建设、品质教师建设、学生品质测评五个子课题。经过三年多的合作,嘉定教育品质从区域、学校到学生都得到了较好的提升。

从区域看,嘉定教育初步形成了人文科技特色。从 20 世纪 80 年代末,嘉定就进行了以"经、科、教"结合为标志的农村教育综合改革,逐步形成"文化铸魂、科技提升"的特色。"文化铸魂",坚持社会主义核心价值观的引领,坚持中华优秀传统文化的弘扬,强调精神文明的传播,强调校园文化的建设,强调师生人文素养的培育,既是"教化嘉定"本义延续,又是新时期嘉定教育内涵发展的重要追求。"科技提升",坚持现代科技观念的引导,坚持科技最新成果的运用,强调科学知识的掌握与应用,强调科学方法的践行与创新,强调科学精神的培育与弘扬。品质课程项目组带领 27 所项目学校,针对当前学校课程建设中碎片化、大杂烩等问题,通过理论、研究与实践的互动,开展触点式改革,瀑布式推进,以构建嘉定区科技与人文并重的课程框架为目标,根据民俗课程与 STEAM 课程的两个维度,促进学校课程的深度变革,打造嘉定中小学课程的 3.0 版。

从学校看,发展活力逐渐被激发。实施学校文化建设计划,丰富学校文化内涵。2012 年嘉定区启动第一轮"学校文化建设行动计划",2015 年又提出了第二轮"学校文化建设三年行动计划(2015—2017)",陆续创建学校文化品牌校 10 所,第四轮学校文化示范校 20 所,景观文化学校 10 所。早在 2010 年,嘉定区就颁布了《嘉定区现代学校制度实验区实施方案》,对校长职业准入制度与专业化、学校家庭社区互动机制、现代学校民主管理制度设计、现代中小学发展性评价制度设计、现代中小学文化制度设计五方面进行了深入研究与实践,为探索现代学校制度建设积累了宝贵经验,促进了嘉定区中小学校依法自主办学。2014 年,嘉定区与上海市教科院普教所签订了品质教育研究与实践合作协议,推出"五步循环学校改进项目",旨在通过诊断分析、提升计划、组织实施、证据收集、效果评判五个步骤的循环往复,使学校根据自身实际及发展愿景,形成自定目标、自主实施、自我评估、自我反思、自我改进的内在发展机制,提升学校的自主发展能力。嘉定二中、华亭学校、戬浜学校、启良中学、杨柳初中、金鹤小学、叶城小学、真新小学八所项目学校进行了有成效的探索。历经多年努力,许多学校已经走出了个性特色发展之路。嘉定二中、戬浜学校、嘉定区实验小学、嘉定区实验幼儿园等,都是典型代表。

从学生来看,综合素养得到较好培育。学生思想品德素养获得较大进步,如小学生在政治认同、国家意识、文化自信及品德认知、品德情感上都有显著提升。初中生在政治认同、文化自信、公民人格和品德认知上都有显著提升。学生在学习动机上有较大进步,如小学生逐步认识到各科的学习价值,小学生与初中生的学习焦虑都有缓解。学生心理健康水平较高,且小学生逐年提升,如小学生在认知发展、行为表现、情绪情感、社会适应和自我意识五个方面都明显提升,高于 2013 年全市平均值。初中生心理健康水平总体高于全市 2013 年平均水平。

经过三年多的探索,嘉定品质教育在各方面均有显著的发展,区域教育的社会美誉度不断提升,品质教育成为嘉定教育一张靓丽的名片。

2017 年,随着品质教育研究合作项目研究即将告一段落,嘉定教育人开始了新的思考:该如何进一步促进品质教育的内涵发展? 反思"品质教育研究与实践"项目,我们发现,这个项目更多注重对嘉定教育的整体设计,着眼点更多在"宏观"和"中观",期望嘉定教育在方方面面均有所变化,相对而言,对微观课堂的关注度还有待进一步提升。在教育这个复杂的系统中,课堂是落实立德树人根本任务的主阵地,是发展学生核心素养、落实课程标准的关键所在,也是体现和提高教师专业素养的主渠道。要提高教育质量,必须紧紧抓住课堂教学这个教育系统中的关键环节。

反观区域的课堂教学,依旧缺乏对学生学习的关注。在嘉定教育界已成为惯例的"飞行调研"中,我们发现,虽然品质教育的项目学校在课堂上有所变化,但区域大部分学校的课堂依旧是比较传统的课堂,教师的站位不高,教育理念不适应教育改革的形势。有些老师由于缺乏学情分析,在课堂上常按自己的见解来解释问题中的知识和现象,唯恐学生不懂,面面俱到,忽略了教学的重点和难点,忽略了学生的感悟和体验。在有些课堂上,教师虽有提问,但却在不停地寻找自己预设的答案,不但没有给学生足够的思考时间就要求立刻作答,而且学生的回答不符合预设时就立刻请其他同学回答,"问答"成了课堂的点缀,课堂只有预设少有生成。在有些课堂上,教师的提问对象过于集中,只顾优生,忽略差生。在有些课堂上,虽然也有互动,但这些互动更多停留在形式上,是为了互动而互动。在有些课堂上,教师只聚焦于学科知识的讲授,忽视了对学生进行学科核心素养的培育,课堂教学缺乏教育性。种种迹象表明,区域课堂教学以教师的教为中心的现象依然比较普遍,这种课堂教学已难以满足社会发展对学校教育提出的新要求。

为实现让每一个孩子在家门口就能享有公平而有质量的教育,促进区域教育均衡而有质量的发展,需要聚焦课堂,把课堂转型作为进一步提升区域教育质量、促进品质教育内涵发展的关键,以学定教,努力把以教师的教为中心的课堂转变为以学生的学为中心的课堂,在提高教育质量上做实做优,全力增强人民群众的满意度与获得感。为此,嘉定区确立了新一轮区域教育科研重大项目"聚焦学生学习,提升课堂品质的区域行动",把研究和实践的着力点放在课堂、放在学生发展上。

为了提升研究质量,进一步促进实践,2017 年 9 月嘉定区以教育学院的名义与上海市教科院普教所签订了合作协议。普教所成立了以汤林春为组长、李伟涛为副组长的研究团队,嘉定区成立了以祝郁为组长、路光远为副组长的研究团队,共同制定了研究方案,对三年的研究与实践作了大致安排,围绕区域如何提升课堂品质这一核心问题,成立了课堂品质理论研究组、课堂品质诊断与分析工具组、提升课堂品质的策略与方法研究组、聚焦学生学习的课堂品质评估组和区域提升课堂品质方略组,各组围绕各自的核心议题,以行动研究为基本范式,综合运用文献研究法、调查法、自然实验法、案例研究法、经验总结法等,建立了例会制度、工作坊制度,经过准备阶段、实施阶段和总结提炼阶段,较好地完成了预期的研究和实践任务,取得了一些成果。课堂品质理论研究组,对嘉定课堂的教学现状进行了全面调研,在借鉴嘉定相关评估结果及国内外研究成果的基础上,提出了嘉定课堂品质的内涵与特征,为进一步改进嘉定课堂品质提出了针对性建议。课堂品质诊断与分析工具组选取安亭小学、黄渡小学、古猗小学、嘉一附小、江桥实验中学、震川中学、德富路中学、嘉二中、安亭高中和苏民学校 10 所中小学校作为实验校,开展了大量的课堂观察和案例分析,进行了现场培训,为课题组提供了课堂品质评估的教师问卷和学生问卷,形成了课堂品质案例分析框架。提升课堂品质的策略与方法组,则面向嘉定区大部分的中小学进行了课程与课堂教学实践研究,设计了 10 多个子课题,各校围绕子课题研究,形成了较多的课程和课堂教学的经验与成果。聚焦学生学习的课堂评估组则组织了专家、校长和一线教师的研究团队,定期研讨课堂品质的评估指标框架、评估方案,借鉴国内外的评估经验与理论,十易其稿,最终形成嘉定课堂品质的评估方案,开发评估工具,面向嘉定区所有中小学开展课堂品质评估,对照了实验校与非实验校的课堂品质情况。区域提升课堂品质研究组,关注嘉定区面向未来的发展,分析嘉定品质课堂提升的区域方略。经过近三年的努力,项目组确立了以学习为中心的课堂关键特征与评价标准,开发了实用、方便的课堂观察工具和量表,探索了提升课堂品质的策略与方法,形成了区域提升课堂品质的机制。经过近三年的努力,嘉定在提升课堂品质方面积累了一定经验,教师教的品质和学生学的品质都呈现出较好状态,实验校课堂品质出现明显积极变化,如果假以时日,随着教师教的品质优化,学生学的品质还会进一步改善,嘉定课堂品质必将获得更大的提高,教育教学质量必将获得更大的提升。

　　本书包括理论概述、项目设计、实践探索、工具开发、评估分析和区域方略等部分,主要是对近三年来的研究与实践进行梳理与提炼。理论概述主要是对国内外课堂品质研究现状进行梳理,确定课堂品质的内涵与特征,为提升课堂品质、评估课堂品质提出针对性建议;项目设计主要是对项目意图、研究方法、研究过程作一概略回顾;实践探索主要是呈现团队与参与校如何探索提升课堂品质的策略与方法,梳理基本的经验与做法;工具开发主要是阐述根据评估的理论和实践,从嘉定对课堂品质的理解出发,如何开发出科学、便捷的课堂观察分析量表等;评估分析部分则介绍了利用评估问卷和课堂观察案例分析框架,如何评估嘉定课堂品质,并呈现初步评估结果;区域方略则初步梳理嘉定区提升课堂品质的方略,并对区域进一步提升课堂品质提出前瞻性思考。尽管全书是基于项目团队的研究与实践,遵循理论与实践相结合的原则,尽可能兼顾研究者和一线实践人员的阅读习惯,但由于课堂教学本身的复杂性和艺术性,研究人员本身视角的多元化,难免会有不尽如人意的地方,还望读者诸君宽大为怀。课堂品质的研究与实践本来也是一个较新的领域,由于研究者视野局限,难免思虑不深、概说不全,还请各位专家多多赐教。期待这一抛砖引玉的行为,能够推动嘉定品质教育的探索进一步深化,能够激发更多有识之士参与到品质课堂的研究中来。

（撰稿者：汤林春）

第一章　课堂品质的国际视野与本土建构

　　为应对 21 世纪的变化与挑战,培养适应 21 世纪的人才,世界发达国家纷纷进行教育变革。教育变革的重要载体是课程与教学,课程与教学变革的重镇则在于课堂,故而,立足于教师的"教"和学生的"学"来提升课堂品质,以及建构富有品质的课堂,成为世界各国教育改革的普遍操作和共同追求。

　　那么,围绕"课堂品质"这一核心概念与专业论题,国际视野怎样?本土建构如何?本章将首先基于"全景敞视"和"国别阐述"来完成课堂品质研究的国际视野;继而,遵循"概念、框架、核心"这一研究逻辑,完成对课堂品质研究之本土建构的描述;最后,基于前期的国际视野和本土建构,从"嘉定思考、内涵特征、未来方向"三个维度,呈现"嘉定视角"的思考与探索。

第一节　国际视野

　　进入 21 世纪后,信息社会逐步建立,知识经济初露端倪,以教育改革带动人才现代化,以人才优势适应国际竞争,已经成为各国政府、教育机构和专家学者的共识。美国、英国、日本等发达国家,在政策层面上先后颁布了指向学习素养提升的国家课程标准,在理论层面上争相探讨指向核心素养的课程变革,在实践层面上则将研究的视角聚焦于课堂教学。

　　那么,各国为应对 21 世纪的新变化以及培养 21 世纪的人才,在课堂教学层面进行了怎样的变革?我们先描绘国际课堂品质研究的总体风貌:回首"以学习为中心"的课堂教学研究的历史变迁,展望 21 世纪以来课堂品质研究"以学习者为焦点"的发展脉络;继而将视角聚焦于世界发达国家之课堂品质的凝练以及品质课堂的构建,以期找寻出国际课堂品质研究的未来方向,实现对我国课堂品质研究之本土建构的研究启示。

一、 全景敞视

（一）知识基础：“以学习为中心”的课堂教学研究

关于学习中心教学的知识基础抑或理论基础，多数研究者认为主要聚焦于建构主义理论和人本主义理论，当然还涉及其他一些支持性理论。[①]

关于学习中心教学思想的起源，研究者普遍认为起源于苏格拉底和孔子[②]，因为二位先贤都有关于尊重学生的论述。后来，柏拉图、亚里士多德对学生在学习中的重要性作了论述。[③④] 到了 18 世纪，卢梭系统论述了学习中心教学的思想，其主要观点就包括在其自然主义教育思想里面。[⑤] 再后来，现代学习中心教学的理论得到进一步发展，并且不少研究者开始从心理学的视角来理解学习中心教学，其中典型的理论包括：杜威关于经验和反思的相关论述[⑥]；皮亚杰的同化和顺应的学习理论[⑦]；维果茨基的历史文化建构主义理论[⑧]；罗杰斯的人本主义教育理论[⑨]。除此之外，学习中心教学的理论基础还涉及关怀教育理论[⑩]、脑相容教育理论[⑪]、批判教育理论以及多元文化教

① 雷浩. 为学而教：学习中心教学的研究[D]. 华东师范大学博士学位论文，2017：17.

② Ozmon, H., Craver, S. M. Philosophical foundations of education(6th ed) [M]. Upper Saddle River, NJ：Prentice Hall，1981.

③ Darling, J. Child-centred education and its critics [A]. Paul Chapman, London. Darling-Hammond, L., 1997. The right to learn [C]. San Francisco, CA：Jossey-Bass，1994：77 - 81.

④ Henson, K. T. Foundations for learner-centered education：A knowledge base [J]. Education，2003,124 (1),5 - 12.

⑤ Darling, J. Child-centred education and its critics [A]. Paul Chapman, London. Darling-Hammond, L., 1997. The right to learn [C]. San Francisco, CA：Jossey-Bass，1994.

⑥ Dewey, J. Experience and education [M]. New York：Macmillan，1997.

⑦ Piaget, J. The child's conception of the world [M]. New York：Littlefield Adams，1990.

⑧ Vygotskii, L. S. Thought and language [M]. Cambridge, M A：MIT press，1986.

⑨ Rogers, C. R. Client-centered therapy [M]. Boston：Houghton hfifflin，1951.

⑩ Noddings, N. The challenge to care in schools：An alternative approach to education [M]. New York：Teachers College Press，1992.

⑪ Fischer, K. W., & Daley, S. G. Connecting cognitive science and neuroscience to education：Potentials and pitfalls in inferring executive processes [A]. In L. Meltzer(Ed.), Executive function in education：from theory to practice [C]. New York：Guilford Press，2006：55 - 72.

育理论等支持性的理论①。②

遵循上述梳理可知,学习中心教学思想不仅历史源远流长,而且 21 世纪之前国外关于学习中心教学之理论基础的研究非常扎实,这亦为进入 21 世纪以来课堂品质研究"以学习者为焦点",奠定了坚实的基础。

(二) 21 世纪以来:课堂品质研究"以学习者为焦点"

21 世纪以来,综观国际视野能够发现,课堂品质越来越注重"以学习者为焦点"的理论研究和实践探索。其研究内容主要包括理解性教学、基于问题的学习、学习者共同体、高阶思维技能、教学理论的多样性与差异性、操作技能和情感领域七大理论类型③,如表 1-1 所示:

表 1-1 以学习者为焦点的课堂品质研究类型

理论类型	代表性人物和研究
为理解而教	琳达·达令-哈蒙德(Linda Darling-Harmmond)的高效学习;加德纳(H. Gardner)的理解的多元途径;珀金斯和昂格尔(D. Perkins 和 C. Unger)的为理解的教与学;汉娜芬,兰德和奥利弗(M. Hannafin, S. Land 和 K. Oliver)的开放学习环境;迈耶(R. Mayer)的促进建构主义学习的教学设计
基于问题的学习	尚克,伯曼和麦克弗森(R. Schank, T. Berman 和 K. Macpherson)的做中学;施瓦茨,林晓东,布罗菲和布兰斯菲尔德(D. Schwartz, Xiaodong Lin, S. Brophy 和 J. Bransfield)的面向弹性适应性教学设计的开发;约纳森(D. Jonassen)的基于案例的建构主义学习环境设计;纳尔逊(L. Nelson)基于协作的问题求解
创建学习共同体	比拉齐奇和柯林斯(K. Bielaczyc 和 A. Collins)的教师中的学习共同体;纳尔逊(L. Nelson)基于协作的问题求解
高阶思维技能	科诺和兰迪(L. Corno 和 J. Randi)的课堂自主学习设计理论;鲍格罗(S. Pogrow)的改善 4—8 年级学业困难学生成绩的学习环境设计;兰达(L. Landa)促进一般思维技能的算启教学设计理论
多样性与差异性	科瓦里吉和麦吉汉(S. Kovalik 和 J. McGeehan)的综合主题教学理论;梅里尔(M. Merrill)的教学交换理论;雷格鲁特(C. Reigeluth)的精细化理论

---

① Freire, P. Pedagogy of the oppressed [M]. New York: Bantam Books, 1996.
② 雷浩. 为学而教:学习中心教学的研究[D]. 华东师范大学博士学位论文,2017:17—18.
③ Reigeluth, C., Squire, K. Emerging work on the new paradigm of insturctional theories, Educational Technology, 1998,38(7-8):41-47.

续　表

理论类型	代表性人物和研究
操作技能领域	罗米绍夫斯基(A. Romiszowski)的身体技能发展理论
情感领域	刘易斯,沃森和斯哈普斯(C. Lewis, M. Watson 和 E. Schaps)的重拾教育完整使命的理论;斯通-麦考恩和麦考密克(K. Stone-McCown 和 A. McCormick)的自我的科学——儿童的情商;T. 卡姆拉德和 B. 卡姆拉德(T. Kamradt 和 B. Kamradt)的态度教学的结构设计;利科纳(T. Lickona)的人格教育——美德的培养;摩尔(J. Moore)的青少年心灵发展

　　从内涵特点的角度来审视,"以学习者为焦点"的课堂品质研究类型的侧重点各有不同,如下所示:①为理解而教,强调对知识的深度理解而非死记硬背;强调运用信息资源进行思考和行动的能力而非去情境化(decontextualized)的知识;强调高阶思维技能的学习而非基本事实性知识的获得。②基于问题的学习,主张把学习置于解决某个复杂问题的情境之中,认为学习者是问题求解者,而且学习环境的设计对于培养学习者掌握复杂问题解决的探究技能和推理技能而言,应该特别有效。③创建学习共同体,强调知识建构的社会属性,主张将学习者置于真实的学习情境,认为通过群体学习或工作,学习者不仅能获得基本技能和基本知识,更可以掌握学习过程中的策略与管理。④高阶思维技能研究,关注高阶思维技能(higher-order thinking skill,HOTS)的发展,认为高阶思维技能主要指向于解决复杂问题的能力、远迁移能力、发散思维能力等,并且将自主学习能力或称自我调节能力(self-regulation)视作高阶思维技能培养的重心。⑤多样性与差异性理论,强调了新兴教学理论多样化的必然性。⑥操作技能领域,强调了身体运动技能是人类经验的重要组成部分。⑦情感领域,将关注的焦点置于如何有效促进学习者的人格、情感、态度、社会性和心灵的发展,近来尤其关注"情商"(Emotional Quotient,EQ)问题的研究。[①]

　　不同指向的"以学习者为焦点"的课堂品质研究类型的内涵特点虽各有不同,但其研究目的却有共通之处,皆指向于:其一,学习者对某项学习任务能持续不断地努力,以获取高标准的学业成绩,最大限度地开发自我潜质;其二,学习者对学习更有主动性

---

① 钟志贤. 面向知识时代的教学设计框架——促进学习者发展[D]. 华东师范大学博士学位论文,2004: 27.

和责任感;其三,学习者可以选择多种可行的学习方法;其四,学习者既能进行小组(协作)学习,又能进行个体学习;其五,学习任务和学习方法的设计对学习者更有吸引力;其六,教师的角色更像"旁边的指导者",而不仅仅是"讲坛上的圣人";其七,设计良好的学习资源和学习伙伴,更能起到"教学"的作用;其八,先进的技术是学习过程中的一个有机组成部分。[①]

二、 国别阐述

上述"以学习者为焦点"的课堂教学理论研究与实践探索范型,为我们搭建出了国际课堂品质研究的总体框架,描绘出了国际课堂品质研究的全景风貌。那么,从国别的角度来审视,世界发达国家又是如何通过课堂教学尤其是学习者的学习来促进课堂品质的提升,来构建富有品质的课堂呢? 我们选择代表性国家的理论研究和实践操作,逐一视之。

(一) 美国: 学习视角的课堂品质优化

美国关于课堂品质的研究,经历了一个从初步探索到走向深化的过程。在此仅以代表性研究成果作一阐述。

1. 初步探索: 课堂的复杂性

菲利普·杰克逊(Philip Jackson)于 1968 年出版《课堂生活》(*Life Classroom*)一书,基于其分析数据揭开了课堂生活的丰富性,用事实论证了课堂的复杂多变和课堂决策实施的困难程度。

之后,道尔(Doyle)基于杰克逊(Jackson)的研究,为其理论构建了一个框架,描绘出了课堂的五个重要特征:其一,多层性 (multidimensionality);其二,同时性(simultaneity);其三,即时性(immediacy);其四,不可预测性(unpredictable and public classroom climate);其五,历时性(diachronicity)。[②]

除此之外,托马斯·古德和杰尔·伯菲(Thomas L. Good 和 Jere E. Brophy)在其代表作《透视课堂》(*Looking in Classroom*)中,通过大量的课堂观察和描述,结合丰富

---

① 钟志贤. 面向知识时代的教学设计框架——促进学习者发展[D]. 华东师范大学博士学位论文,2004: 27.
② [美]Thomas L. Good and Jere E. Brophy. 透视课堂[M]. 陶志琼,等译. 北京: 中国轻工业出版社,2002: 2. 转引自: 纪德奎. 变革与重建: 课堂优质化建设研究[D]. 西北师范大学博士学位论文,2008: 25.

而且生动的课堂案例,全面论述了课堂观察的一般原则、教师期望与学生表现之间的关系、学生参与课堂教学和学习的方式方法、课堂的组织管理、课堂动机和课堂指导等,并着重对教师所运用的各种各样的方法进行了探讨。[①]

2. 走向深入:学习视角的研究

在关于课堂品质如何走向优质化的问题上,里德利和沃尔瑟(Ridley, D. S. 和 Walther, B.)基于学习的独特视角,提出了实现课堂品质优质化的路径——培养学生成为自主学习者,并辅以积极的课堂环境的营造,来实现课堂品质的优质化。研究者于 2001 年出版了《自主课堂》(*Creating Responsible Learners*)一书,首先引用大量的成功实例和研究数据全面论述了什么样的课堂环境称得上是"积极课堂环境"以及积极课堂环境的作用,鲜明地提出要满足学生的情绪安全感、趣味感、自信感、归属感和赋予学生一定的权利和自由才可能创建积极课堂环境,并建议教师理解和实施学生导向的管理办法。[②]

巴里·齐默曼(Barry J. Zimmerman)研究团队则提出,将自我调节学习引入课堂。在《自我调节学习——实现自我效能的超越》一书中,他们详尽阐述了自我调节学习要达到的 6 个目标:理解自我调节学习的原理;培养时间计划与管理技能;培养文章理解与摘要技能;培养记笔记的技能;培养考试预测与准备技能;培养写作技能。[③]

对于如何创建有意义的课堂,谢利·斯滕伯格(Shirly R. Steinberg)与乔·肯切洛(Joe L. Kincheloe)提出了一个特别的观点——让学生作为研究者。在其著作《学生作为研究者——创建有意义的课堂》里,他们提供了大量的理论和实践方法,不仅对探究的性质和特征作了多种富有创造性的解释,对教师、学生和研究之间的关系进行了探讨;而且还详细论述了学生研究的理论基础,学生研究对教学的意义;同时,作者指出学生作为改革的主体,要成为研究者,教师要以学生能够接受的方式运用各种类型

---

① 纪德奎. 变革与重建:课堂优质化建设研究[D]. 西北师范大学博士学位论文,2008:25.

② [美]Dale Scott Ridley, Bill Walther. 自主课堂[M]. 沈湘秦,译. 北京:中国轻工业出版社,2001. 转引自:纪德奎. 变革与重建:课堂优质化建设研究[D]. 西北师范大学博士学位论文,2008:26.

③ [美]Barry J. Zimmerman, Sebastian Borner and Robert Hovach. 自我调节学习——实现自我效能的超越[M]. 姚海林,徐守森,译. 北京:中国轻工业出版社,2001. 转引自:纪德奎. 变革与重建:课堂优质化建设研究[D]. 西北师范大学博士学位论文,2008:26.

的质的方法来创建有意义的课堂。①

罗伯特·马尔扎诺,德博拉·皮克林,简·波诺克(Robert J. Marzano, Debra J. Pickering, Jane E. Ponock)通过调查研究和统计分析,归纳和总结了九种教学策略,以此来促生课堂品质的优质化。在《有效课堂——提高学生成绩的实用策略》一书中,研究者以真实可信的研究数据为基础,结合生动丰富的教学实例,围绕九种策略的产生和应用,展开了详尽地介绍和透彻分析。②

上述研究成果虽然视角取向、研究重点各不相同,但研究目的都旨在促进课堂品质的优质化,并且围绕"让学生成为学习的主体""学生作为研究者"等主题进行了深刻探讨,为我们呈现出美国课堂品质研究从"课堂"向"学习"深化与变革的一个研究态势和方向。

(二) 英国:基于专业标准的课堂品质提升

提升课堂品质的关键要素在于教师的"教"和学生的"学",而高质量的"教"与"学"依赖于专业性标准,故而,如何制定和提升课堂教学的专业标准,成为英国课堂教学变革的主旋律。

1. "对关键性角色做专业性鉴定":课堂教学有效性标准的开发

在英国,为了能够"对关键性角色做专业性鉴定"③,英国教师培训机构(Teacher Training Agency, TTA)开发了国家课堂教学有效性标准,该标准为英国教师的专业发展提供了一个标准框架。比如,苏格兰、北爱尔兰、威尔士和英格兰都有一些机构制定出标准框架。2000 年,北爱尔兰教育部(Department of Education Northern Ireland)颁布了新的课堂教学能力标准,集中解决读、写、算、课堂管理、信息通信技术等问题,很显然,这些标准面向教师群体。苏格兰则出台了"教师职前教育准则"(Benchmark Statement for Initial Teacher Education)。英格兰和威尔士的"教育与就业部"(Department of

---

① [美]Shirly R. Steinberg, Joe L. Kincheloe. 学生作为研究者——创建有意义的课堂[M]. 易进,译. 北京:中国轻工业出版社,2002. 转引自:纪德奎. 变革与重建:课堂优质化建设研究[D]. 西北师范大学博士学位论文,2008:26.

② [美]Robert J. Marzano, Debra J. Pickering and Jane E. Ponock. 有效课堂——提高学生成绩的实用策略[M]. 张新立,译. 北京:中国轻工业出版社,2003. 转引自:纪德奎. 变革与重建:课堂优质化建设研究[D]. 西北师范大学博士学位论文,2008:27.

③ TTA. Foreword in 1998 National Standards for SENCOs, subject leaders and headteachers [M]. London:Teacher Training Agency, 1998:1. 转引自:孙亚玲. 课堂教学有效性标准研究[D]. 华东师范大学博士学位论文,2004:32.

Education and Employment，DfEE)则制定了教师职前教育标准,包括四大面向:其一,知识与理解;其二,计划、教学与课堂管理;其三,监控、评估、记录、报告与问责;其四,其他专业要求。这些标准都有很强的结构性与控制性,要求职前教师必须在"抽象"与"应用"两个层面上都掌握具体的学科知识,以及理解关键的教学方法。

2."重建教学专业":国家标准框架的制定

英国新的国家标准框架是"新工党"(the New Labour)教育改革的主要部分,教育改革旨在"重建教学专业"(restructure teaching profession),这一构想可以在英格兰教育部的教育绿皮书里觅得踪迹,它们是《学校卓越化》(*Excellence in Schools*)以及《迎接变革挑战的教师》(*Teachers Meeting Challenge of Change*)。事实证明,明确的标准和能力要求的引领,以及学校和教师两个维度的保驾护航,对于课堂品质的提升卓有成效。

(三)日本:"学习共同体"视域下的课堂与学校

在日本课堂教学研究方面,佐藤学教授的"学习共同体"理论不仅在日本被奉为学校改革的指南,而且在全球范围内都有着广泛的影响。故而,此部分将呈现佐藤学教授的"学习共同体"理论,并聚焦于日本课堂教学的变革。

1. 学校要成为"学习共同体"

佐藤学教授基于对日本现代化学校的研究指出,"学校在风雨飘摇之中"[1],变革亟需进行。变革依赖的载体是学校,学校要做出的变革是成为"学习共同体"。"基于这种构想的学校改革作为一种静悄悄的革命,将会形成本世纪教育改革的一大潮流。"[2]

2. 学习及"学习共同体"

"学习共同体"理论的核心是对于"学习"的理解。佐藤学教授认为,学习是与学习对象的对话(认知性实践)、与他人的对话(人际性实践)、与自己的对话(伦理性实践)三位一体的活动。[3]学校要以学习为中心来推进改革,佐藤学教授提出了如下基本对策:首先,学校只能从内部发生改变;其次,学校改革要不厌其烦地慢慢推进;再次,改革的力量并非来自同一性;最后,改革的核心在于实现和保障学生、教师和家长的学

---

① ［日］佐藤学. 课程与教师［M］. 钟启泉,译. 北京:教育科学出版社,2006:82.
② ［日］佐藤学. 学习的快乐——走向对话［M］. 钟启泉,译. 北京:教育科学出版社,2004:98.
③ ［日］佐藤学. 学校的挑战——创建学习共同体［M］. 钟启泉,译. 上海:华东师范大学出版社,2006:4.

习,因而,必须以课堂教学实例研究为基础推进学校改革。①

"学习共同体"理论的基本哲学原理由公共性、民主主义、卓越性构成。公共性原理意指学校是开放的公共的学习空间,为了保障学生的学习权,与学生有关的主体都可以参与学校活动并且共建学校。民主主义原理意指课堂教学的基点是尊重和信任每一位学生,教师作为学生的指导者和促进者,尤其要注意尊重学生的个别差异,因材施教。卓越性原理意指学校必须是追求卓越性的场所,而且教师的教和学生的学都应该追求卓越。

3. 课堂是学校改革的中心

"学校改革的中心在于课堂",是佐藤学教授基于多年行动研究所提出的一个基本命题。其认为,学校改革要取得实质性进展,最重要的也是唯一的途径就是深入课堂教学,研究课堂教学的事实问题,聆听课堂中的教师和学生的心声,尊重学生的差异,引进以"活动的、合作学习、分享表达"为主的课堂教学,建构以"学习"为中心的课堂文化。②

(四) 新加坡:华文课堂教学视角的审视

由于新加坡在教学语言上推行双语教育,在教育模式上实行分流教育,故而本部分拟以新加坡华文课堂教学为视角,来审视分流教育模式下新加坡课堂教学变革的风貌。

1. 华文课堂教学:现状与问题

南洋理工大学"教学与实践研究中心"于2003年对新加坡学校主干课程的课堂教学现状进行了观察与描述。研究团队根据"课堂组织形式""说话时间和学生参与""课堂教学重点与主要课堂活动""四大语言技能教学时段分配""教师使用的工具与技术""学生课堂语言产出""知识深度"和"知识操控"七个项目,对新加坡当前中小学的华文教学现状进行了分析。

研究结果表明,新加坡当前中小学的华文课堂教学中,仍然存在着非常严重的教师主导、学生被动吸收,课堂教学缺少师生交流、学生互动,缺少鼓励学生积极思考、表

---

① [日]佐藤学. 构建"学习共同体"的学校改革[J]. 中国德育,2007(01):8—12+15.
② [日]佐藤学. 课程与教师[M]. 钟启泉,译. 北京:教育科学出版社,2003:143—146.

达不同意见的民主性学习气氛,教师"满堂灌"的现象非常严重。①

也有研究者指出,新加坡分流教育背景下的华文课堂教学面临诸多问题,如华文社会地位不高;话语为华族母语的非必然性;文化目标之不可达;华文课程与教学质量不断下降;华文人才培养令人堪忧。而华文课程与教学质量的不断下降,则具体表现为:课程发展受制于对学生英文能力的要求;课堂操作倾向于"应试教学";降低达标门槛。在"课堂操作倾向于应试教学"方面,研究者指出,学生学习秉持应付考试的功利主义态度,华文教学则倾向于"应试教学",即偏向于教师为中心的讲授方式,教学质量不高;学生的主体性未得到应有的重视,学生的想象力和创造力被忽略,课堂教学无法激发学生的学习兴趣。②

2. 华文课堂教学变革:方法和路径

审视新加坡当前的课堂教学能够发现,小学阶段注重语言技能的操练,中学阶段注重低层次认知能力的训练。对于创造、鉴赏、评价、综合等较高层次能力的培养非常不足。有鉴于此,改革势在必行。

研究者指出,改革可以从"分流体系、华文课程、课堂教学"三个层面来进行。在"课堂教学"层面,要特别注意体现"因材施教"的科学性规律。这是因为,不同语言背景的华族学生在入学之前,华文华语的程度处在不同的水平。故而,应该实施差异性教学,在教学上对不同语言背景的学生给予差别对待。通过不同的授课时间与教学模式,协助学习主体吸收与建构语言知识,拉近不同背景学生之间的语言能力差距,对分流教育模式背景下的华文教学进行差异性处理。

具体而言,在课堂教学的层面上,研究者指出,当前华文课程改革应努力提高华文师资的水平,采取"引入"和"提高"并重的策略保证师资的素质。在教学策略上则应重视学习与实践现代教育理念,讲求课堂教学的民主,张扬主体性学习精神,同时要重视培养学生的创造力,在教学过程中努力改变学生对华族文化的态度,提高他们的文化适应度,逐渐发展他们的文化自豪感,尊重自己的文化,并因此而愿意学习华文,建立

---

① 陈之权. 新加坡教育分流下华文课程面对的问题与挑战及改革策略研究[D]. 华中师范大学博士学位论文,2005:151.

② 陈之权. 新加坡教育分流下华文课程面对的问题与挑战及改革策略研究[D]. 华中师范大学博士学位论文,2005.

起文化自信心以面对新世纪的挑战。此外,为发展学生各方面的潜能,华文教学也应摈弃过去单调的教学方式,配合学习主体客观存在的不同智能发展特点,应用"多元智能"理论设计教学活动,让具有不同智能特点的学生既有机会应用优势智能学习,也有机会促进其他智能的发展。根据学生的智能特点设计教学,能发挥"因材施教"的教学精神,有效地差异对待不同智能特点的学生,并提供公平的机会让所有学生发挥才华,加强学习信心,取得成功的经验,促进学生个性的发展。①

（五）芬兰：基于分析框架的教学呈现

芬兰在国际学生评估项目 PISA 中的优异表现,使得芬兰的基础教育和教师教育成为全球关注的焦点。我们知道,基础教育的落脚点在于课堂教学,审视芬兰的课堂教学能够最为真实地呈现芬兰基础教育的风貌。我们秉持"教育理念、教学目标、教学内容、教学实施、教学评价"的分析框架,逐一视之。

1. 教育理念——以生为本,成为自己

"以生为本"的最大体现是使学生成为其自己,这一点已在芬兰的基础教育中得到基本体现。

"满足每个学生的需求""每个孩子都是独一无二的"的理念是芬兰教育改革的核心思想。芬兰的教育工作者认为,"我们尊重每个独立的个体,因为每一种不同的人才都是我们所需要的"②。正是这种"所有人才都被需要"的观念认同,使得芬兰教育工作者的眼中没有后进生、没有学困生,有的只是独特的、被需要的未来人才。

当国际上对精英式教育痴迷追求时,芬兰却特立独行,追求将学生培养成他们自己想要成为的人。③ 于是我们看到,反其道而行的芬兰教育工作者回归了教育本初的模样,"不宣扬、不主张学生与人竞争,更多的是去启发、引导、协助每个孩子找到属于自己的人生价值,从而建立一种正面的、积极的学习心态与学习能力"④。正是秉持了这一认知,芬兰教育工作者对于"好学生"的界定也是与众不同的。芬兰教育从不将成

① 陈之权. 新加坡教育分流下华文课程面对的问题与挑战及改革策略研究[D]. 华中师范大学博士学位论文,2005：159.

② 黄渊水,马延灯. 芬兰教育的启示[J]. 青年教师,2011(11)：58—59.

③ Kager, E. How finland's education policies lead to a world-class education system [J]. New Waves, 2013,16(2)：76 - 80.

④ 范琳钰. 均衡发展导向下的芬兰基础教育教学研究[D]. 东北师范大学硕士学位论文,2018：15.

绩优秀的学生当作是好的学生,而芬兰人所谓的好学生是能将个人的优势发挥到极致的人。①

2. 教学目标——"横贯能力"框架

《芬兰基础教育法》对九年义务教育的教学目标予以这样的规定:首先,教学应该要促进学生道德的发展,让学生成为有责任感的社会成员;其次,教学应该推动社会的公正与文明,教给学生掌握生活所需的基本知识和技能,提高学生的自我学习的能力,帮助学生在终身学习的社会中不断自我完善与发展;最后,进一步确保整个国家的教育是公平的。② 由此可以看到,芬兰课堂教学的目标定位,即着眼于"学生作为社会公民"的未来培养,又注重于"学生作为学习者"对基础知识和基本技能的把握。而这两点,可从"芬兰基础教育特别注重于学生'横贯能力'的培养"这一方面看到。

进入 21 世纪,芬兰将基础教育的总目标定位于"教学质量均衡发展"。为实现这一目标,芬兰从 2012 年起进行了五次基础教育改革,改革强调教学目标重点在于学生掌握的技能以及所涵盖的专业知识。③ 2014 年,芬兰国家教育委员会将教学的总体目标确定为"适应未来社会快速变化的人才培养",也首次出现了"Transversal Competence"(即"横贯能力")这一表述。

"横贯能力"框架由七项要素组成:其一,思考与学习的能力;其二,文化素养、交流与表达的能力;其三,生活自理能力与自身安全保护的能力;其四,多元阅读能力;其五,信息技术能力;其六,职业技能和创业能力;其七,建设可持续发展的未来社会的能力。④

这一"横贯能力"和教学目标、内容领域紧密关联,表现为:"横贯能力"细化并渗透到不同的教学目标与内容领域中,不同的教学目标与内容领域亦侧重于"横贯能力"的不同维度。如此,每一位学生都能得到全面发展的机会,"教学质量均衡发展"的总目标由此得以逐步实现。

---

① 范琳钰. 均衡发展导向下的芬兰基础教育教学研究[D]. 东北师范大学硕士学位论文,2018:15—16.
② 李学垠. 芬兰基础教育模式的成功因素探析[J]. 基础教育参考,2006(02):20—22.
③ Niemi H, Multisilta J, Lipponen L, et al. Finnish innovations and technologies in Schools [M]. Sense Publishers,2014:21.
④ 范琳钰. 均衡发展导向下的芬兰基础教育教学研究[D]. 东北师范大学硕士学位论文,2018:17—18.

3. 教学内容——统一标准，自主安排

如上所述，进入 21 世纪以后，芬兰的教学目标面对的主要挑战是：如何应对不断变化的知识和学习理念，如何满足 21 世纪学生的学习需要，使每个学生都能够有更适合自己的发展方向，以此实现教育均衡发展的目的。基于此目标，芬兰基础教育阶段的教学内容（结合课时分配），如表 1－2 所示：

表 1－2　芬兰基础教育教学内容与课时分配[①]

教学内容	一年级	二年级	三年级	四年级	五年级	六年级	七年级	八年级	九年级
母语	14			14			14		
外语			14				14		
数学	6		12				14		
环境与自然	9								
生物与地理					3		7		
物理与化学					2		7		
健康教育							3		
宗教或伦理	6						5		
历史和社会					3		7		
音乐	26			4	30		3		
视觉艺术				4			4		
工艺				4			7		
体育				8			10		
家庭经济							3		
教育与职业辅导							2		

由表 1－2 可以看出，芬兰基础教育阶段之教学内容的重心，可从语言能力课程、

---

① Timo，kumpulainen. Key figures on early childhood and basic education in Finland [J]. Finnish National Board of Education，2015(4)：12－46.

科学课程、活动课程体现出来。需要指出的是,虽然芬兰基础教育阶段的课堂教学内容基本相同,但是各个学校和教师可以根据自己学校的特点与每个孩子的需要,在教学内容的安排上有所侧重。[①]

4. 教学实施——因材施教

"以生为本"的教育理念如何实施?"横贯能力"框架如何落实在课堂教学中?统一标准、自主安排的教学内容如何在课堂中施行?此处拟从方式方法的角度予以回应。

教师选择何种方式方法进行教学实施?芬兰做出了如下要求:其一,充分调动学生学习的积极性。其二,充分考虑学习的过程性和目的性。其三,有利于调动学生开展有目的的学习。其四,促进学生现有知识结构、能力结构和实践经验的提高。其五,有利于学生获取信息和应用能力的发展。其六,支持学生之间的互动和合作学习。其七,提高学生适应社会的能力,提升与他人合作的能力与责任意识。其八,有利于提高学生对自己学习负责的能力,促使学生学会评估与反思自己。其九,支持学生对自身学习形成关注意识,为他们提供能够影响自身学习进程的条件与机会。其十,促进学生形成适合自身的学习策略及将这些策略灵活应用于新的学习环境的技巧。因此,教师在选择教学方式时,要充分考虑学生的个性化、多样化以及知识与能力背景的差异。尤其是针对一些"复合型"班级的教学,教学方式的选择上更应充分考虑同一班级的不同年龄组学生的学习目标与学习特点差异。[②]

芬兰因材施教的基础教育教学方式,使得芬兰教学呈现出激发兴趣的教学、现象教学、沉浸式体验教学、补救教学[③]异彩纷呈的标签色彩。而在学习方式上,不论是激发学生学习兴趣的教学、现象教学、沉浸式体验教学还是补救教学,贯穿其中的基本方式都是小组合作学习的方式。

5. 教学评价——发展指引,过程保障

芬兰基础教育阶段的评价,整体上而言具有如下特点:

---

① 范琳钰. 均衡发展导向下的芬兰基础教育教学研究[D]. 东北师范大学硕士学位论文,2018:23.
② 康建朝,李栋. 芬兰基础教育[M]. 上海:同济大学出版社,2015:141.
③ 此处教师所提供的支持是在学习过程中存在轻微的困难的学生,需要得到部分时间的特殊需要的支持,对于智力、残疾、生病、发展迟缓的学生的特殊教育部分不包含在内。

其一，芬兰学校考试较少。芬兰的教育工作者认为：经常性地进行考试，容易让学生认为学习只是为了应付考试。不必要的管束，只会让学生产生反感。故芬兰学校没有频繁的考试压力，学校给了学生尊重，使上学成为了一种乐趣。[①]

其二，芬兰教育重视教学评价。虽然芬兰基础教育没有普通意义上的考试，但这并不意味着他们没有教学评价。[②] 其更加重视的是发展性评价理念指导下的过程性评价方式。

其三，评价类型方面，以定性评价为主，定量评价为辅。芬兰基础教育教学评价既包括定量评价也包括定性评价，但主要是基于定性评价，定量评价只作为教学评价的辅助手段。在义务教育阶段，教师每学年一般给学生家长提供两到三份常规性的教学内容的学习情况的评价报告。评价报告会对学生某些科目的学习情况给出一定的分数，但更重要的内容是描述性的定性评价。

其四，评价主体方面，兼有教师评价和学生评价。芬兰基础教育阶段的教学评价主体是多元化的，既有教师评价也有学生的自评。而且，学生的自评行为从学前教育阶段就已经开始了。

其五，重视过程性评价。芬兰基础教育教学评价的依据，是国家教学目标对不同学段具体教学内容所应达成的学习结果的总体性规定。但需要指出的是，芬兰鲜少有终结性的学习结果评价，更多的是过程性的学习评价。

综上所述可以得知，世界发达国家的课堂教学变革的旨趣，皆在于通过"教"与"学"提升课堂品质，而课堂品质提升的核心关键，则指向于"学习者的学习"。

如果我们基于已有的"以学习者为焦点"的课堂教学理论研究与实践探索，而尝试搭建出一个相对更加宏观和立体的课堂品质研究框架，那么可以从"学与教作为品质课堂构建的载体；高效学习；为有意义学习而教；品质课堂构建的学科视角；品质课堂构建的学校指向"这些方面，勾勒出未来国际课堂品质研究的基本走向。

---

① 范琳钰.均衡发展导向下的芬兰基础教育教学研究［D］.东北师范大学硕士学位论文,2018：29.
② 范琳钰.均衡发展导向下的芬兰基础教育教学研究［D］.东北师范大学硕士学位论文,2018：29.

第二节　国 内 建 构

上一部分基于历时性维度的"全景敞视"以及共时性维度的"国别阐述",为我们呈现出课程品质研究的国际视野,描绘出课堂品质研究的国际样貌。那么,围绕"课堂品质"这一核心论题,我国本土又进行了怎样的研究和探索?本部分将遵循"概念、框架、核心"的思路,逐一予以回应:在"概念"模块,呈现品质与课堂品质;在"框架"模块,提炼出课堂品质的分析框架;在"核心"模块,指出学习品质是品质课堂构建的核心。

一、概念: 品质与课堂品质

在"概念"板块,围绕"品质"与"课堂品质"两大核心概念展开了梳理。首先,阐述了"品质"概念的含义及理解;其次,呈现了"课堂品质"的概念与内涵;再次,厘析了课堂品质的相关概念;最后,展开对"课堂品质"的多维视角的审视。

（一）品质: 含义及理解

1. 品质的基本内涵

"品质"一词,可以用于形容人和物品。一般话语情境中,"品质"指人的素质和物品的质量。

"品质"用于人,指人的健康、智商、情商、逆商等状况和知识、文化、道德素养,也即人的行为和作风所显示的思想、品性、认识等,涉及的是一种本质属性以及素质问题。"品质"用于物品,则指物品满足用户需要的标准,比如外观、构造、功能、可靠性、耐用性等,甚至包括服务保障等。

2. 对品质含义的理解

《辞海》中关于"品质"的解释主要指向于人,如人的人品、品德等,是指人的行为作风上所表现出的思想、认识,同时也是辨别事物优劣程度的语词。借助与品质相关的词条的分析,可以更加清晰地理解品质的内涵。

表 1-3　"品质"相关概念及理解

品质相关词条	含　义　理　解
自我品质《教育大辞典》（第五卷）	自我品质是指在人的不同发展阶段起主要影响的、人格的对立属性。艾里克森认为，在人格发展的八个阶段中，每一阶段都有一对标志其特点并推动自我发展的对立属性。它们在特定外力的影响下可导致积极品质的形成或消极品质的滋生。前阶段形成的消极品质也可在后阶段良好条件（如好教师的关注）的作用下得到改变。矛盾的良好解决和积极品质的依次增加，可使人格得到健全发展，否则会出现异常的人格。
道德品质《应用心理学词典》	道德品质即品德，指个人依据一定的道德行为规范在行动时所表现出来的某些稳定的心理特征。道德品质是在人个性中具有道德评价意义的核心部分。道德品质的形成与发展除了受社会制约外，还依赖于人的心理活动的规律，依赖于某一个体的存在。但离开社会道德也就谈不上个人的道德品质，个人的道德品质内容是社会道德在个体身上的具体表现。
职业品质《教育大辞典》（第三卷）	职业品质是人们从事某种职业所表现出的专业精神、业务水平和工作作风等特征，是在职业实践中对某种职业的认识和情感牢固联系所形成的心理品质，具有稳定性和持久性，并在人们学习或运用职业知识、掌握或施展职业技能、选择或确立职业态度等过程中，以独特、鲜明的方式具体地表现出来。
情感品质《应用心理学词典》	情感品质是用以区别个体间情感差异、衡量情感发展水平、评价情感优劣的质量指标。
宣传者品质《应用心理学词典》	宣传者品质即宣传者的素质，包括精神素质与业务素质。
人际吸引品质《应用心理学词典》	人际吸引品质指能增进人际吸引力的个性品质，即具备这些品质的人容易受到他人的喜欢，易同他人结成较亲密的人际关系。美国学者安德森在1968 年研究了对于美国大学生最有吸引力的品质，结果如下（按吸引力从大到小排列）：真诚、诚实、理解、忠诚、真实、信得过、理智、可靠、有思想、体贴、可信赖、热情、友善、友好、乐观、不自私、幽默、负责、开朗、信任他人等。

　　由此可见，品质更多涉及的是一种本质属性以及素质问题。它与质量有一定的区别。《辞海》中关于质量的解释是指产品或工作的优劣程度，其中就有教学质量的举例。从某种意义上讲，品质是以质量为保证的，但又不局限于单纯的质量。而是在质量之上更高的期许，质量与品质在内涵上的细微差异，更能微妙地折射出人对于事物的价值性理解和追求。新课改中关于课堂品质的追求从"质量"到"品质"的跨越所引发的变革理念，为我们意识到课堂教学现状及本源性问题提供了有效的切入点，是对

课堂教学内涵的一种深度启示。①

（二）课堂品质：概念与内涵

1. 课堂品质与品质课堂：内在关联

把握课堂品质的概念与含义，需要首先从整体的宏观视角厘清课堂品质与品质课堂的关联。

课堂品质与品质课堂息息相关。课堂品质是打造品质课堂的核心，是品质课堂在学生学习和教师教学两大课堂分析维度的文化特质和精髓的凝练。品质课堂则是课堂品质的旨趣彰显，兼具优质的学生学习和教师教学特质及精髓的课堂品质，能够在无形间形塑出有品质的品质课堂。

2. 课堂品质：概念及特征

（1）概念

基于课堂品质和品质课堂二者间的内在关联，应该看到：品质课堂是既追求高质量的课堂，又重视社会性情感价值培育的课堂，它是一种描绘课堂的形态。课堂品质则是指为了培育学生学习品质、课堂教学要素及其过程所呈现出来的特征，它更多的是一种课堂内在形态的外在表征。

（2）特征

基于上述课堂品质的概念，课堂品质本身又彰显出怎样的特征呢？具体而言，学习品质在嘉定项目中主要包括：主动、合作、反思。课堂教学要素主要是课堂教学目标、内容和过程，为了培育学生学习的主动、合作、反思等品质，课堂教学所呈现出来的特征包括：目标的适切性、饱满性、指引性，内容的情境性、生成性、挑战性，过程的灵活性、参与性、民主性、互动性、启发性和及时性。

3. 基于课堂品质打造品质课程：要点把握

为了更好地打造品质课堂，彰显课堂品质，我们需要厘清以下方面：①以促进学生学会学习为旨归，体现学生的学习品质。②辩证处理教与学的关系：教与学是构成课堂教学的两个重要方面，都不可忽视；教是为了不教，教是为了让学生学会学习。③重视课堂中的社会性、情感性和价值性。

---

① 杨晓奇.聚焦品质的课堂变革：价值厘清、内涵阐释与路径选择[J].教育发展研究,2015(12)：72—77.

（三）课堂品质：相关概念厘析

讨论课堂品质时，我们不妨先参阅一下学界和实践层面使用过的几个比较接近的概念，如"品质课堂""教学品质""课堂品质"。

1. 品质课堂

关于品质课堂，有实践者总结了自己的看法。品质课堂就是对教育的尊重，以及对生命尊重的深入探究、创新。"品质"是品位与质量、特色与风格的综合表现。品质课堂应该能唤醒学生的潜能，开启心智，激活记忆，能让学生的活力充分展现，是充满生命气息的课堂。品质课堂也是师生精神栖息的家园，是身心愉悦的港湾。品质课堂应当是高效的、有内涵的优质课堂。①

品质课堂是一种以知识学习为基点，指向情感、文化等深层价值追求的课堂教学目标和过程状态。品质课堂是学生生命成长的必要手段，也是课堂教学变革的终极取向。品质课堂是师生精神栖息的家园，是身心愉悦的港湾。品质课堂区别于过去单一指向知识传递和活动效果（即学习结果）的"质量课堂"，课堂品质不仅仅要求课堂之"量"的堆积，而且更加关注课堂教学的终极价值——生命的关怀，更加注重课堂中的情感、文化、体验等过程性的因素，而这些更是课堂之"质"的体现。

2. 教学品质

有研究者尝试从"教学品质"的角度进行理解：教学是人类特有的精神性和文化性传承活动。从人的本质属性出发看待教学的本质属性，是课堂教学深度变革的前提。我们必须清醒认识到的是，"教学世界毕竟是人为的世界，而不是单纯的物理世界。对物理世界的把握遵循的是物种逻辑，用这种逻辑来理解与把握人及其世界，就会导致人的僵化和失落"。依此理解，"教学质量"与"教学品质"就会有实质性的区别。

其一，当教学以"质量"予以考量时，更多地是依赖教学所外在的"量"来衡量教学的"质"，而这种"量"很容易使人用物理世界的"量"去评价教学问题，从而使得教学远离人。这种近乎约定俗成的理解，使得教学质量更多意味着首先是"量"的获取而非"质"的提升，或者是"质"的提升必须是以"量"的多寡作为前提。这种以获取外部的"量"为主要评

① 钟启泉，崔允漷，张华. 为了中华民族的复兴　为了每位学生的发展——《基础教育课程改革纲要（试行）》[M]. 上海：华东师范大学出版社，2001.

价指标的"质",就促使把教学质量等同于以"取得较高分数""获取较好排名""赢得较好升学率"等为主要指标的惯性思维,也使得教学活动很难逃脱质量的困境。

其二,当教学以"品质"予以考量时,则更加倚重于教学本身所含质的"品"来衡量教学优劣,而这种"品"就使得教学与"品味是否高雅,立意是否能够获得认同,环境资源是否优化"建立起了内在的关联。因为在本真意义上,教学本身就具有提升人的生命价值和创造人的精神生命意义的功能。教学就其过程本质来看,是人类精神能量通过教与学的活动,在师生之间、学生之间实现转换和生成新的精神能量的过程。在教学的"人为性"和"为人性"的共同理解中,教学品质与教师的教学行为、教学风格乃至教学境界中所蕴含的教学思想、教学认识、教学体悟、教学个性等直接相关。

上述这些对于教学品质的理论阐释,从不同层面对课堂品质进行了解析与理解,为我们分析课堂品质的内在意涵提供了支撑依据。

3. "课堂品质"

如上所述,与"课堂品质"紧密相关的概念是"品质课堂"和"教学品质",故如下部分就分别探讨课堂品质与品质课堂、教学品质的不同之处。

(1)课堂品质与品质课堂

课堂品质与品质课堂的区别在于,后者指向的是一种结果,是课堂呈现的状态,而课堂品质则更强调对属性、要素的理解。课堂品质是相对价值中立的学术概念,而品质课堂则是一种包含着较为强烈的价值色彩的教学实践话语。就嘉定实践来说,"提升课堂品质"的题中之义,也就是打造"品质课堂"。因此这两个概念在区域教育改革实践中可以在加以区别的前提下,混合使用。

(2)课堂品质与教学品质

课堂品质与教学品质(或课堂教学品质)的区别在于,前者是时空概念诸要素的整体,而后者则是指一个过程性的事件。诚然,教学这一事件的确构成了课堂中的核心要素,但毕竟还不是课堂本身。所以课堂品质必然包含着教学品质,但除此之外还有更加丰富和宽广的含义。

(四)课堂品质:多维视角的审视

虽然文献中尚未明确出现过"课堂品质"的内涵定义,但我们可以从诸文献的相关概念,如"有效教学""高效课堂""课堂评价标准""品质课堂""课堂教学改进策略"等相关联的研究加以分析,以理解课堂品质的含义。

1."有效教学"作为一种视角

国外课堂教学有效性研究开始于 20 世纪上半叶。早期的研究主要致力于回答这样一些问题,如什么样的教学是有效的? 什么样的教师是有效教师(effective teacher)? 研究主要在于鉴别可能影响教学有效性的教师特征和教师的课堂教学行为,如教师的特点、性别、年龄、知识水平及接受专业训练的程度,课堂教学中教师提问的技巧及对学生的影响等。整个 20 世纪六七十年代,西方课堂教学有效性的研究比较活跃,而且成果丰富。这时候研究的注意力扩展到了整个课堂教学活动,而不是单一的教师因素,虽然,教师是影响教学有效性的主要因素之一。①

(1)"有效教学"之国外研究概况

关于有效教学的观点,国外研究者大致形成以下共识:

其一,关注学生的进步和发展。首先,要求教师有"对象"意识。教学不是唱独角戏,离开"学",就无所谓"教",因此,教师必须确立学生的主体地位,树立"一切为了学生的发展"的思想。其次,要求教师有"全人"的概念。学生的发展是全面的发展,而不是某一方面或某一学科的发展。教师千万不能过高地估计自己所教学科的价值,而且也不能仅把学科价值定位在本学科上,而应定位在对一个完整的人的发展上。

其二,关注教学效益,要求教师要有时间与效益的观念。教师在教学时既不能"跟着感觉走",又不能简单地把"效益"理解为"花最少的时间教最多的内容"。教学效益不取决于教师教多少内容,而是取决于对单位时间内学生的学习结果与学习过程综合考虑的结果。

其三,关注可测性和量化。如教学目标尽可能明确与具体,以便检测教师的工作效益。但是,并不能简单地说量化就是好的、科学的。应该科学地对待定量与定性、过程与结果的结合,全面地反映学生的学业成就与教师的工作表现。因此,有效教学既要反对拒绝量化,又要反对过于量化。这需要教师具备一种反思的意识,每一个教师要不断地反思自己的日常教学行为。

其四,有效教学也是一套策略。要求教师掌握有关的策略性知识,以便于自己面

① 陈永平,徐凯里."高结构设计与低结构实施":高效课堂的思与行[J]. 现代教学,2015(21):4—5.

对具体的情境做出决策,但并不要求教师掌握每一项技能。①

(2)"有效教学"之国内研究概况

关于有效教学的研究,国内比较有特色的观点是余文森和盛群力关于"有效教学设计"的探讨。

余文森认为,"有效教学是一种提倡效果、效用、效率三者并重的教学观,有效果、有效用、有效率是有效教学的三个维度。有效果指的是学有所得、所获;有效用指的是学的东西是有价值的、有用的;有效率指学的过程和方法是科学的、简洁的、省时的。有效教学的有效果、有效用、有效率,就像长方体的长、宽、高一样,三者缺一不可,缺少任何一个维度都不能构成完整意义的有效教学。②

盛群力认为,"有效教学就是优质教学,也是致力于通过教学改革促进学生、教师与学校的内涵发展。教学的基本要义相当于原理和原则一类的东西,在一定程度上试图揭示教学的规律性。当然,这种规律性不一定是确定性的非此即彼的程序或者处方,而是体现在一定的情境下大体会起作用的启发式原理。探讨有效教学的基本要义是一个历史的过程,在不同的时期不仅要义本身会有变化,即使相同的要义也会有不同的释义"③。不同的学者基于对有效教学的不同理解,形成了各种有关有效教学的评价标准,这些标准亦可视为探讨课堂品质的不同角度。

2."高效课堂"作为一种视角

大多数研究者认为,高效课堂是技术与艺术构成的对立统一体,"课堂技术—课堂技艺—课堂艺术"勾勒出了高效课堂建构的线路图。高效课堂创建始于一系列技术性的课改思路、模式与方案,课堂技术是浓缩课改经验、集成课改理念、固化课改智慧、型构课堂形态的物质依托。课堂技艺是在课改实践中适用现成课堂技术的结果,是公共理念与具体情境、课堂模式与个人创造、稳态课堂与变革课堂的双向互生实践。高效课堂艺术是赋予高效课堂以张力的课改理想,它始终以"可望而不可即"的方式引领高效课堂不断超越技术的层面与限度。可见,高效课堂不断地从课堂技术走向课堂技

① 钟启泉,崔允漷,张华. 为了中华民族的复兴为了每位学生的发展——《基础教育课程改革纲要(试行)》[M].上海:华东师范大学出版社,2001.

② 余文森. 有效教学[M].北京:高等教育出版社,2013.

③ 盛群力. 论有效教学的十个要义——教学设计的视角[J].课程·教材·教法,2012,32(04):13—20.

艺,最终走向课堂艺术。[①]

3. "课堂评价标准"视角的审视

(1) 什么样的课是一堂好课

我国的课堂教学评价体系的构建始于20世纪50年代,是在前苏联教学理论的影响下建立起来的一整套对课堂教学进行评价的系统,其核心就是依据教学理论确立的"一堂好课的标准"。教学理论研究中都有对一堂好课的标准或特点的研究,这在20世纪80年代以来各个版本的教学论方面的教材和专著中都有所体现,如李秉德在其主编的《教学论》中提出"一堂好课"的特征在于"目的明确、内容正确、方法恰当、组织得好、积极性高"[②]。我国的课堂教学评价标准研究在实用性和简洁性上有了很大进步,标准简明清楚,在实践中受到欢迎。20世纪80年代以来,随着西方现代教育评价思想被介绍到我国,我国的课堂教学评价迅速开展起来,此时的课堂教学评价,虽然是从评价的角度对课堂教学进行规范,但评价内容大多是依据教学过程的展开确定的,而且从评价项目的解释来看,前苏联和我国教学论中对"一堂好课"标准的研究对我国课堂教学评价内容的确定有很大影响。[③]

叶澜在"新基础教育"实验研究中,针对"什么样的课是一堂'好课'"提出"五个实":其一,有意义的课,即扎实的课;其二,有效率的课,即充实的课;其三,有生成性的课,即丰实的课;其四,常态下的课,即平实的课;其五,有待完善的课,即真实的课。其中,"扎实"指的是"好课"是有意义的,它的意义性体现在"好课"是符合当前课程标准要求的,符合相应的教学任务和要求的,可以促进学生对知识的理解和掌握的;"充实"指的是有效率的,即在教学条件有限的情况下,可以充分地实现教学目标,完成教学任务;"丰实"指的是教学是富有成果的,这种成果是生成性的,教学相长可以说是它的具体表现;"平实"则强调了"好课"是常态下的课,它不是摆设,不是修饰,而是具有非常强的普适性,"好课"的原则或者理念,不需要特殊的条件支持就可以实现;"真实性"则主要是提醒我们必须关注"好课"的缺点,通过反面来认识和学习"好课",而避免

---

① 龙宝新,折延东. 论高效课堂的建构[J]. 教育研究,2014,35(06):122—129.
② 齐晶莹. 初中课堂教学有效性现状分析与改进策略研究[D]. 温州大学,2010.
③ 陈玉琨. 中国高等教育评价论[M]. 广州:广东高等教育出版社,1994.

不实的夸张或者歪曲。由此可以看出,叶澜视"好课"为常态下的有待完善的课,侧重于其真实性,使课堂教学评价得以从"公开课"或"表演课"中摆脱出来。当然,"好课"与"真实、平实的课"之间并不能简单划等号,"好课"应该是"真实的课",但"真实的课"不一定就是"好课"。

郑金洲将"好课"的标准概括为"十化":课堂教学的生活化、学生学习的主动化、师生互动的有效化、学科教学的整合化、教学过程的动态化、教学资源的优化、教学内容的结构化、教学策略的综合化、教学对象的个别化、教学评价的多元化。这可以说是给"好课"作了一个全景式的描述,评价对象包括了学生、教师以及课堂教学活动的各要素,但侧重点仍然在评价教师。从标准的设计策略来看,既有教学要素分割策略,又有教学行为分析策略,因此在标准之间难免出现重叠。

崔允漷将"好课"标准归纳为"教得有效、学得愉快、考得满意"十二字。"教得有效"是指一堂课有一堂课的标准,一个学期有一个学期的标准,要精教精学,不要浪费学生的时间;"学得愉快"指学习的过程应该是愉快的;"考得满意"是指要同时注重评价结果。这些标准既包含了对教师的评价,也包含了对学生的评价;既注重对教学过程的评价,也注重对教学结果的评价。但似乎显得过于笼统,而且也无法反映出教学过程的丰富动态性。

王光明、张春莉从建构主义理论出发,认为一堂"好课"的评价标准应主要考察:①学生主动参与学习;②师生、生生之间保持有效互动;③学习材料、时间和空间得到充分保障;④学生形成对知识真正的理解;⑤学生的自我监控和反思能力得到培养;⑥学生获得积极的情感体验。①② 这种标准完全以学生的学习状态和学习成效来评价课堂教学水平,突出课堂教学对学生个体的发展价值。这对于革新传统的以评价教师为主的教学评价标准有重要意义,但是,这种评价标准的科学性还有待于研究。

文慈衔认为,评价课堂教学质量的根本标准是学习者能否进行积极有效的学习。为此,他提出评价"好课"的五项标准:学习内容要适切;学习环境应力求宽松;学习形式应多样;学习组织过程要科学;学习活动评价应有较强的包容性。这些标准与上述

① 王光明,王合义. 运用建构主义观点探讨一堂好课的标准[J]. 中国教育学刊,2000(02):60—61.
② 张春莉. 从建构主义观点论课堂教学评价[J]. 教育研究,2002(07):37—41.

王光明、张春莉的观点颇有相似之处，都强调对学生"学"的评价，只是更侧重于评价"学"的外部条件罢了。

我们再来选取国外的一个实例。美国"教育多元化与卓越化研究中心"（简称CREDE）提出的"有效教学"的标准包括：其一，学习共同体：教师和学生共同参与创造性活动；其二，语言发展：通过课程发展学生的语言能力，提高学生的文化素养；其三，情境性学习：教学联系学生真正的生活，促进创造性学习的理解；其四，挑战性教学：教学应具有挑战性，发展学生的认知思维；其五，教育性对话：教师通过对话进行教学，特别是进行教育性对话。[①] 这些标准与我们上文所呈现的"好课"标准具有相当的一致性，如都强调教学过程中师生之间的积极对话，重视评价学生的发展水平等。当然，与"好课"的标准相比，此处提及的"有效教学"的标准更加具体，更具有操作性。

（2）什么样的教学是有效的教学

当代基础教育领域一直存在着关于"什么是一堂好课"的标准的争论，随着新一轮基础教育课程改革的推进，又出现"教学如何有效"，即"有效性教学的评判问题"的争论。对于中小学课堂教学评价的共识和争论，主要可以概括为以下三个方面：

第一，教学评价的目标指向性大体一致，即通过提升教学质量促进学生的全面发展，但评价目标的重心存在差异。教学目标一般分为基础性目标（知识技能目标）和发展性目标（能力目标），二者孰重孰轻，争议较大。而且，在处理新课程中的"知识与技能、过程与方法、情感态度与价值观"这三维目标的关系也有不同的看法。叶澜在"新基础教育"实验研究中，就针对"什么样的课是一堂'好课'"，提出了"五个实"——扎实、充实、丰实、平实、真实。这"五个实"的划分依据便是对于教学目标的不同理解。

第二，构建教学评价框架要有一定的理论基础，但以何种理论作为教学评价的理论依据却差异甚大。比如，是以"马克思关于人的全面发展学说"为理论基础，还是以一时流行的所谓建构主义、多元智能为理论基础，人们的争论很大。比如：王光明、张春莉就从建构主义理论出发，通过参与学习、保持互动、时空保障、知识理解、能力培养、情感体验六大维度，梳理了一堂"好课"应该具有的评价标准。

第三，教学过程是由教师教的活动和学生学的活动构成的，但评价的关注点在"教

[①] 张璐. 略论有效教学的标准[J]. 教育理论与实践,2000(11):37—40.

师的教还是学生的学抑或二者兼而有之"方面仍有争议。这里主要涉及课堂教学关系的问题,即是"以学定教"还是"以教定学"的问题。从目前的实际看,"以学习者为中心"的有效性课堂教学评价观占主导。比如,有研究者提出"以生为本"的课堂教学观,认为"以生为本"就是要以学生的进步、发展和生命成长为本。据此构建了整合、协调学生在"知识与技能、过程与方法、情感态度与价值观"之三维目标的"三维十项"课堂教学评价框架,具有开拓性价值和启发性意义。[①]

综上所述可以看出,在过去提升课堂的阐释中,更多注重的是"质量"课堂,而课堂品质不仅仅关注课堂的质与量,更加注重课堂中的品质与感性因素等诸多方面。教学的基本组成单元是课堂,教学的成功其实就是课堂教学的成功。因此,努力打造一个高效的课堂抑或高品质的课堂,基于质量从而提高教学品质,是每一位教师应该努力的方向。

二、 框架: 课堂品质的分析框架

在"框架"板块,呈现了课堂品质的分析框架抑或理论结构。首先,呈现出课题组对于"课堂品质"概念的理解和建构。继而,提炼出课堂品质的分析框架,包括"价值判断、课堂要素、课堂过程、学习品质"四大要素,目的指向于"品质课堂"的构建。最后,基于国内外相关研究成果,勾勒出"品质课堂"的评价结构,并从"课堂特征、学生发展、教师发展、知识再生产"四大维度对品质课堂的特质予以了界定。

(一) 概念:"课堂品质"的概念建构

1. 课堂品质的界定维度

从前文对"品质"概念的梳理来看,课堂是一个相对复杂的系统,既不能说是人,也不能说是物。用"品质"来描述课堂,我们要考虑到其中既包含着人的要素,也包含着产品的要素,其产品固然不能说是"物化"的体现,但多少包含着一种过程和一种结果。所以,对课堂品质的界定必然要包括以下要素:人(师生发展)、事(课堂事件)、物(条件与环境)、过程与结果(过程与结果中既应当有相对客观的事实尺度,也应包含着主体的满意度等的价值尺度)。

---

① 郝志军. 中小学课堂评价的反思与建构[J]. 教育研究,2015,36(02): 110—116.

2. 课堂品质的基本要素

课题组整合诸文献的概述，拟用拆字法提出相对容易为一线教师所能理解的对课堂品质的界定。课题组认为，课堂品质的通俗化理解包括"品的要素"与"质的要素"。

（1）"品"的要素

"品"的要素包括"品格"和"品味"。其中，"品格"即课堂品质中包括真理性（正确的价值）、伦理性（教师各种教育行为是否符合伦理）、育德性（关注立德树人）要求；"品味"即课堂品质中包括审美性要求。

（2）"质"的要素

"质"的要素包括"质量"和"特质"。其中，"质量"是指课堂诸要素的发展结果呈现；"特质"是指课堂体现出来的风格与特色。

（二）框架：课堂品质的分析框架

基于上述分析，课题组提出课堂品质的分析框架，从最上位的维度出发，包含四个相互联系的部分，如图 1-1 所示：

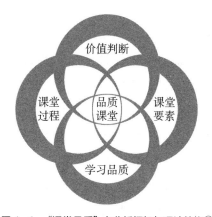

图 1-1　"课堂品质"之分析框架与理论结构①

1. 价值判断

价值判断，即课堂品质是否满足课堂评价主体之价值需求的一种内在评判。价值判断作为一种评价引领，居于课堂品质之分析框架的上位。价值判断，可视为"课堂品

---

① 在图 1-1 中，四者重叠处可以理解为"品质课堂（有品质的课堂）"。亦即，在价值判断的引领下，课堂要素与课堂过程要符合新时代教育主体的价值判断，品质课堂的终极旨趣在于形成学习者的学习品质。

质"之分析的核心标准。

2. 课堂要素

课堂要素,是指静态层面的课堂包含的基本要素。从静态角度来审视,课堂要素包括:学生、教师、教学信息、教学媒介(环境)。课堂要素,可视为"课堂品质"之分析的静态维度。

3. 课堂过程

课堂过程,是指动态层面的课堂诸要素之间的互动组合。从动态角度来审视,课堂过程包括:教学诸环节实施的过程、课堂中人的发展过程、知识再生产的过程、环境氛围变化的过程。课堂过程,可视为"课堂品质"之分析的动态维度。

4. 学习品质

学习品质是教学品质的核心。学习品质既可作为"课堂品质"的重中之重,又可视为"品质课堂"的价值指向。在此,我们更倾向于将其理解为品质课堂的一种结果性的指向。学习品质,可视为"课堂品质"之分析的终极旨趣。

5. 品质课堂

品质课堂,即有品质的课堂,是课程品质诸多要素合力状态下所共同指向抑或期待生成的一种理想型的课堂形态。简而言之,课堂品质的四大要素——价值判断、课堂要素、课堂过程、学习品质,共同指向于建构有品质的课堂——品质课堂。

在课堂品质之分析框架和理论结构中,我们可以看到课堂品质本质上是融入主体需要满足程度的价值判断的,所以"价值判断"居于分析框架的顶层,而这一价值判断主要针对的便是课堂中相对静态结构的"课堂要素"及相对动态的"课堂过程"。基于"价值判断"的宏观引领,以及"课堂要素"和"课堂过程"的保驾护航,品质课堂的最终目的抑或期待性结果,指向于课堂品质的核心——学习品质。

(三)特质:品质课堂的特质界定

综观现有的研究文献,有关课堂评价的设计主要有两种策略:一种是课堂教学要素分割策略;另一种是教学行为分析策略。也有学者指出,课堂评价应该指向课堂的整体情境,而不是仅仅指向教师或学生的分离的行为,或某一方面的行为。

课题组认为,建构品质课堂的评价结构可以将"过程导向"和"要素属性"两个维度的价值判断相融合。如此,再结合前文对"课堂品质"概念的理解,课题组建议对品质课堂的特质界定如下：

1. 课堂特征维度的考察

从"课堂特征"维度来考察，品质课堂的评价要素包括：目标饱满、内容真理、方法适切、过程完整、互动高效、氛围民主、评价全面。

2. 学生发展维度的考察

从"学生发展"维度来考察，品质课堂的评价要素包括：学习品质的提升（衡量品质课堂的核心指标）、身心品质的发展。

3. 教师发展维度的考察

从"教师发展"维度来考察，品质课堂的评价要素包括：角色意识的明晰、专业技能的提升、文化修养的积淀。

4. 知识再生产维度的考察

从"知识再生产"维度来考察，品质课堂的评价要素包括：新知识的发现、新观点的生成。

三、 核心： 学习品质是品质课堂构建的核心

基于学习品质的价值意义，以及学习品质的分析框架和指标体系，完成了对"学习品质是品质课堂构建的核心"这一论点的论证。

课题组认为，课堂是一个融合了时空、物质等多维要素在内的复杂结构，提升其品质可以从多维视角、多种渠道着手，但课堂的本质使命还是为了促进学生发展，因此应当把学生"学习品质的提升"作为其核心的抓手来实施。

（一）关注学习品质：价值与意义

1. 关注学习品质能够追踪学生未来的学业成就

关注学生的学习品质，首先有助于学生的学业成长，能够提升学生后续的学习质量，学习品质对学生长期的学业成就追踪有重要的影响。Duncan 等人基于 ECLS－K 等六个大型纵向研究的数据发现，控制了入学前的语言、数学能力后，入学前的学习品质仍显著预测儿童一年级、三年级的语言和数学成就。类似研究还发现，学习品质能够显著预测从幼儿园到初中、高中学业成就的提高率。也就是说，学习品质越好，学业能力的提高就越快。研究者用累积发展循环（cumulative development cycle）进行解释，认为学习品

质为早期学业能力发展奠定基础,从而促进未来学业能力的获得,而学业能力的提高反过来又影响学习品质,这种相互影响使得学业能力的个体差异持续增大。①

2. 关注学习品质是对有效教学研究的延伸和超越

关注学习品质又超越了有效教学,这就意味着教学不仅包括有效的传递、让学生理解学习内容,更重要的是改进学生的学习品质,让学生更投入地学习,更有计划性地学习,更专注地学习,渐渐凝练成一种对学习的倾向性。这些学习倾向性是在一种公平而有挑战性的学习环境中发生的。保障每一个学生在课堂中平等而优质的学习,不仅仅是学生、教师个体的事情,事实上需要学校整体共同的努力。让每一个学生为其未来的终身学习奠定乐观的学习心态、具有持久的学习内驱力、富有想象与创造的思维方式,这些是全世界范围内的学校变革正在追求的内容。

(二) 学习品质: 分析框架及指标体系

为了更好地提升学习者的学习品质,我们分析了国际上关于学习品质的一系列研究,进一步提炼出八大学习品质②,并基于此搭建出学习品质的分析框架,研制出学习品质的指标体系。

1. 学习品质分析框架

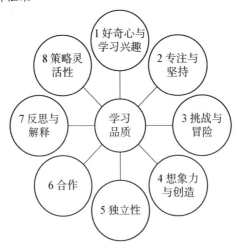

图1-2　学习品质之八大要素

① 夏雪梅. 融入学习品质的教学　一个关于下次怎么吃苹果的解读[J]. 上海教育,2016(09): 30—31.
② 来源于嘉定和上海市教科院普教所的合作研究成果《嘉定"品质教育"蓝皮书(2015)》。

由图1-2可知,学习品质的分析框架由八大要素构成,分别是:好奇心与学习兴趣;专注与坚持;挑战与冒险;想象力与创造;独立性;合作;反思与解释;策略灵活性。

2. 学习品质指标体系

基于学习品质分析框架,我们研制了学习品质指标体系。学习品质指标体系的一级指标有三项,分别是:学习动机、学习监控、学习方式。二级指标有八项,即学习品质分析框架中的八大要素,分别是:好奇心与学习兴趣;专注与坚持;反思与解释;策略灵活性;挑战与冒险;想象力与创造;独立性;合作。

具体而言,"学习动机"维度包括:好奇心与学习兴趣。"学习监控"维度包括:专注与坚持;反思与解释;策略灵活性。"学习方式"维度包括:挑战与冒险;想象力与创造;独立性;合作。

此外,学习品质指标体系还基于一级指标,对相对应的诸项二级指标予以了内涵阐释,具体如表1-4所示:

表1-4 学习品质指标体系及内涵阐释

领域	一级指标	二级指标	指标内涵
学习品质	学习动机	好奇心与学习兴趣	学生对周围的人或事物产生新鲜感,渴望学习,并有积极探索的愿望。
	学习监控	专注与坚持	学生在学习过程中不受他人或事物的干扰,注意力集中,并能够按照预定的目标、计划进行学习,在遇到困难与挫折的时候,仍然能调整自己的情绪和行为,继续学习活动。
		反思与解释	学生有意识地思考已经完成或正在进行的学习活动,并能用自己的话描述出自己对学习任务的思考。
		策略灵活性	学生灵活采用多种策略完成任务、解决问题;根据不同的学习任务或针对不同问题选择、调整合适的策略。
	学习方式	挑战与冒险	学生在学习过程中勇于尝试有难度的学习任务,勇于表达出自己的不同观点,表现出自己的独特性。
		想象力与创造	学生在面对常规、枯燥的学习任务,在解决问题时充分发挥想象,形成具有一定新意的观点或解决问题的方法。
		独立性	学生在不依赖成人的情况下,面对学习任务时能自主思考与探索。
		合作	学生能够通过互助、分享和讨论等与同伴交往,并且能运用妥协和讨论等解决同伴冲突。

需要指出两点：其一，此处所呈现的"学习品质指标体系"和第六章所提及的"课堂品质评估框架指标体系"息息相关。这是因为，"学习品质"是"课堂品质"的重要构成部分，抑或说"学习品质"是衡量"课堂品质"的重要标准和核心指标。故而我们能够看到，在第二稿的"中小学课堂品质评估框架指标构建"（见第六章表6-3）中，将"学会学习"和"社会性情感"并列作为一级指标加以呈现；在最终确定的"课堂品质评估框架指标体系"（见第六章表6-4）中，将"学生学习"和"教师教学"作为课堂品质评估的两大维度，并在该表中重点展示了"学生学习"维度的二级指标"主动、合作、反思"。

其二，此处所呈现的"学习品质指标体系"和第六章所提及的"课堂品质评估框架指标体系"指向不同。具体而言，前者"学习品质指标体系"重点指向于学生的学习品质，后者"课堂品质评估框架指标体系"则重点指向于对课堂品质的评估。所以我们能够看到，对于学生的学习品质而言，"学习品质指标体系"呈现了更多的指标：一级指标包括"学习动机、学习监控、学习方式"三项，二级指标包括"好奇心与学习兴趣、专注与坚持、反思与解释、策略灵活性、挑战与冒险、想象力与创造、独立性、合作"八项；而"课堂品质评估框架指标体系"由于侧重点在于通过对"学生学习"和"教师教学"两大维度的描述从而评估整个课堂品质，故而其对"学生学习"这一维度的描述会有所取舍，仅通过"主动、合作、反思"这几项指标来进行。此处特作以说明。

第三节 嘉 定 视 角

在前两部分中，"国际视野"为我们描绘出课堂品质研究的国际画卷，"本土建构"为我们呈现出课堂品质研究的本土探索。那么，基于"国际视野"和"本土建构"，以及围绕课堂品质和品质课堂构建，嘉定区域有着怎样的思考和探索？本部分将遵循"思考、内涵、特征、方向"的思路，逐一予以阐述：在"嘉定思考"模块，展现嘉定区域对于课堂品质研究的理论及实践思考；在"内涵特征"模块，阐述嘉定视角下的品质课堂的内涵与特征；在"未来方向"模块，勾勒出嘉定区域课堂品质提升的未来方向。

一、嘉定思考：课堂品质研究的理论及实践

(一) 基于理论指导的实践探索是应然方向

基于课堂品质之实践研究的分析，可以发现，上述研究基本上是基于实践的应用研究，结合的大多是具体科目的课堂品质的视角，案例、实践占主要内容，侧重于对真实课堂情境中的教学方式进行研究。已有的课堂品质实践研究，通过转变新的教育理念，把微课、对话教学、翻转课堂的教育理念都付诸于实施过程中。在这些积极的实践探索中，教师层面也进行了反思学习。既组成备课小组，以集体的力量提升课堂，同时自身亦不断地挖掘潜力，加强专业修养。可以说，教师在课堂品质的实践探索中承担了积极的先行开拓者形象。

然而从现有的国内外相关研究来看，现有研究中对于课堂品质的价值追求、理论基础、相关概念的确定探讨较少。整体呈现出以实践探索为主，从教学入手，试图通过外在形式的改变来尝试探索内在教育精神和价值追求的变革。仅仅改变形式的课堂是否真正有效？这是一个值得思考也是应该予以回答的问题。课题组认为，理论与实践是密不可分的整体，在研究的初期阶段，常常会处于经验的总结阶段，只有通过理论研究上的推进才能让课堂品质的提升路径具有现实价值和可操作意义，也只有具备了课堂品质理论研究的思想逻辑性和结构系统性，才能实现课堂品质实践研究在纵向维度上的深入性，以及在横向维度上的多样性。然而，在现在的课堂品质的理论探究和实践探索过程中，这一规律显然还有待认清。

在课堂教学改革中，基础教育教师采用行动研究法进行探索，课堂品质的理论研究者又未真正地触及实践层面。这便使课堂品质理论研究和实践探索出现断层。在未来的课堂品质研究过程中，二者应走向结合。因此，从实践走向理论，再从理论指导实践是研究的必然思路。

(二) 从关注教学到关注学生需求是现实转向

1. 从关注教学到关注学习，是课堂品质研究的重心转向

基于一些实证研究，我们不难看出，教师作为课堂的引领者在不断地更新自己的知识结构，力图从个人层面上提升课堂品质；学校及各类机构从教学方式到教学形式以及教学内容的不断探索，也让教学为课堂品质的提升贡献了不少的力量。可见，在当今的研究中体现出了对于教学方式的日益推进，这是一种对课堂品质提升的形式。

特别是在基础教育领域,关注教学,通过教学提升课堂品质的实践已经有了一定程度的发展,但是这些研究仍处于初期的探索阶段,对于是否有利于学生的发展还未进行深入根本的探讨。而学生作为学习者,本应是课堂的主人,却还未被置于提升课程品质的主要位置上。另外,学生的需求呈现出不同的特点,有显性需求和隐性需求之分。教学在很大程度上是传道、授业、解惑的过程。在这一过程中,如何真正地符合学生自身的本质需求,是未来课堂品质理论研究的重心,亦是课堂品质实践研究的未来转向。

2. 从注重教学到关注学生需求,是教育研究的必然趋势

教学的本质指向于促进学生的发展,从注重教学到关注学生需求是教育的必然趋势。课堂品质最终的价值取向应该是注重学生的发展。有研究指出,学生认为教师课堂教学的精心准备、授课思路清晰及培养学生的学习能力对课堂教学效果的提高,具有显著性的影响。这也体现出学生对高效的课堂教学的诉求。高效的课堂教学,往往要求教师具有丰富的知识储备,充分搜集相关的教案教辅材料,精心准备课堂讨论,巧妙地设计提问,尽最大可能满足学生的需求。在课堂教学中,研究者已经在不断地探索着如何更大程度上符合学生的发展需要。[①]

3. 从方式方法到价值取向,是课堂品质研究之应然的思路转向

新课改中最主要的问题是聚焦课堂品质的提升,更多地是探求提高课堂品质的方式方法,而对课堂品质的终极价值取向却很少有研究者涉及。课堂品质的价值取向研究,根本上是思考教育的最终归宿问题。在确定教育价值取向的过程中,教育者偏重于教育结果的价值,受教育者则重视教育过程的价值,由此往往导致教育过程与教育结果之间的价值冲突。而片面追求教育结果的功利性的价值取向,则加剧了这种冲突。要充分发挥教育在促进社会发展和个体发展中的作用,全面实现教育的价值,在价值取向的研究过程中就必须追求教育过程的价值。同时,提高课堂品质也为减轻课业负担提供了良好的基础。[②] 从教育目的的角度而言,教育的终极目的是关注个人的需要还是为社会服务,这些争论都很好地体现在了我们的课堂教学中,体现在对于课堂品质的追求过程中。

---

① 程永佳. 大学课堂有效教学的影响因素及提高策略[J]. 教育与教学研究,2012(05):22—25.
② 裴娣娜. 论我国课堂教学质量评价观的重要转换[J]. 教育研究,2008(01):17—22+29.

4. 注重形式的研究思路突破：现实路径

整体来看，课堂品质的研究呈现出"多实践、少理论"的景象。新课改以来，从"质量"到"品质"的转变，显示了人们对于教育的更深层次的思考。从片面地追求分数的想法转变为不断提高课堂软实力，在一定程度上改变了学校教育的现状与问题。然而在追求品质的过程中，一味注重形式突破的这种研究思路和方式也值得我们去深思。

那么，如何突破这种注重形式的研究思路和方式？如下这些现实路径，可供参考：首先，教师应该成为有品质的人。正所谓"树人先树己"，教师要提升自己的素质，要学习别人的先进经验和方法，学会如何让自己的课堂变得有"品位"，学会如何感受那份由此而带来的成功和喜悦。其次，应该创设课堂情境，营造和谐的课堂氛围。品质课堂不是喊出来的口号，品质课堂也不是某一教师的做秀。要想让课堂成为有品质的课堂，就必须先营造起和谐的课堂氛围。再次，品质课堂的最终指向对象应该是学生。打造品质课堂，就是对学生生命成长和发展规律的尊重。所以应该从学生角度出发，深化课堂教学改革，关注学生需求，激发学生的学习热情，充分挖掘学生的学习潜力，让学生在自主学习和合作探究中体会学习的快乐。

二、 内涵特征： 嘉定视角下的品质课堂

对课堂品质研究之理论与实践的思考，能够为嘉定区域构建品质课堂带来怎样的启发？以下篇幅将呈现嘉定视角下的品质课堂的内涵与特征，以此展现嘉定区域对于品质课堂构建的理论思考，以及明确嘉定区域提升课堂品质的实践方向。

（一）品质课堂的内涵

如前所述，品质课堂是既追求高质量，又重视社会性情感价值培育的课堂。从这一描述中可以看出，品质课堂具有两大构成要素——高质量及社会性情感价值。基于此，品质课堂的构建亦应围绕这两方面来进行，即既要拥有对课堂高质量的追求，又要兼顾对学习者社会性情感价值的培育。

（二）品质课堂的特征

构建品质课堂，需要厘清品质课堂的特征。嘉定区域基于课堂品质的"国际视野"和"国内建构"的前期研究，结合对品质课堂的理论思考以及区域基础教育的实践探索，提出了品质课堂的特征：

1. 体现学习品质，促进学会学习

正如课堂品质的凝练无法脱离教师的"教"以及学生的"学"，品质课堂的构建其核心亦在于"教"与"学"这两大重镇之中。就"学"这一角度而言，嘉定区域认为，品质课堂的构建应该体现学生的学习品质，以促进学生学会学习作为价值旨归。具体而言，遵循学习品质分析框架，品质课堂应该致力于彰显学生的"好奇心与学习兴趣、专注与坚持、挑战与冒险、想象力与创造、独立性、合作、反思与解释、策略灵活性"这八大学习品质。遵循课堂品质评估框架指标体系（终版），品质课堂尤其应该致力于学生在学会学习方面的"主动、合作、反思"。

2. 辩证处理教与学的关系

嘉定区域认为，在品质课堂的构建过程中，"教"与"学"的关系应该辩证地审视和对待。而辩证处理"教"与"学"的关系，至少包括两方面：①教与学是构成课堂教学的两个重要方面，都不可忽视。在品质课堂的构建实践中，更应该同时兼顾教师"高质量地教"，以及学生"高效率地学"。②教是为了不教，教是为了让学生学会学习。在品质课堂的构建实践中，应该看到，教与学虽然是品质课堂构建的两大重要载体，但是二者的指向有所不同，具体而言：教是手段，学是目的；教是途径，学是方向。教是为了不教，是为了让学生获得学习的方法，从而能够更好地学会学习。

3. 重视课堂中的社会性、情感性和价值性

嘉定区域认为，品质课堂的构建需要彰显课堂的品质。遵循中小学课堂品质评估框架指标体系，并参照"目标、内容、过程"的评估维度，品质课堂的构建需要在"目标"维度彰显教学目标的适切性、饱满性、指引性；在"内容"维度彰显教学内容的情境性、生成性，挑战性；在"过程"维度彰显教学过程的灵活性、参与性、民主性、互动性、启发性和及时性。各课堂品质的内涵描述以及相应的师生课堂行为表现，具体见中小学课堂品质评估框架指标内涵及行为特征描述（见第六章表6-5），在此不作赘述。

三、 未来方向： 嘉定区域课堂品质提升的方向

从前期的调研来看，嘉定区在知识与技能的基础性教学上已经取得了比较好的成效，但在指向思维的教学上还有很大的改进空间；在学生学习习惯的培养上已经有了很好的基础，但是在一些重要的指向未来终身学习与发展的非认知维度上，比如想象

力、创造力、思维方式等方面还需要有所改进。基于此调研结果,嘉定区域课堂品质提升的未来方向,如下所示:

(一) 以学习品质提升为基点,以核心素养培育为要义,打造情感体悟、文化浸润、思维创新型的品质课堂

课堂教学的基本目标是学习,品质课堂的基本价值在于学习品质的提升。学校育人目标的确立应紧紧围绕"学习品质"这一基点,以保证达到课堂教学的基本要求。在促进课堂知识学习、生成和创新的基础上,向学生发展核心素养的培育迈进,注重课堂教学中文化浸润、情感体悟、思维创新、知识创造、勇于探究、教学相长等方面的体现。课堂教学目标的确立要摆脱仅仅局限于课堂教学质量的狭隘思维模式,勇于追求更深层次的课堂教学价值,打造情感体悟、文化浸润、思维创新型的品质课堂。

(二) 以生命关怀为引领,以过程变革为重点,打造参与、互动、合作、探究、兴趣等要素自由生发的课堂教学模式

学生作为学习者是教学的主体,是课堂教学的中心,在课堂教学中是第一位的。学校教育的根本价值在于学生生命的成长,学校教学、管理、服务等工作的中心也是生命的关怀。因此,应以学生生命关怀为引领,以学生的需求,包括显性需求、隐性需求、生存需求、发展需求等为出发点进行学校的变革。课堂教学应该是过程导向的,课堂教学变革的重点在于过程变革。要特别注重课堂教学过程中学生是否已经深入体验;是否达到全员参与的状态;师生互动是否高效真实;是否有合作交流的学习方式;学生是否基于主动探究、兴趣驱动;等等。课堂教学改革成功的标志,在于参与、互动、合作、探究、兴趣等要素在课堂中自由地生发。

(三) 以文化特色为课堂品牌,立足中国特色,放眼国际标准,打造课堂教学的嘉定流派

品质课堂包含着符合主体满足程度的一种价值判断,因此具有文化属性。嘉定区域的品质课堂文化,一方面应该是立足中国特色,放眼国际标准,促进多元文化交融的课堂,是能体现中国特色的课堂;另一方面应强化课堂文化建设的地域意识,我们期待嘉定的课堂品质提升工程,在关注教育共性、普遍性规律的同时,要更多关注疁城的地域文化,关注疁城地域文化对教育教学改革的影响,关注地域性的教学流派,以使嘉定的课堂、嘉定的教师更具个性。对于区域教育来说,需要各校具有校本特色的品质课

堂其内在神韵,又能够统整成区域特色,形成区域的特色教育流派,如典型的浙派教学、苏派课堂等。

结　　语

总体而言,围绕课堂品质研究与品质课堂构建,本部分逐一描绘了课堂品质研究的国际概况,呈现了课堂品质的核心概念,勾勒了课堂品质的分析框架,并基于嘉定区域的课堂品质理论研究及品质课堂构建实践,指明了嘉定区域课堂品质提升的未来方向,从而遵循"国际视野—本土建构—嘉定视角"的逻辑思路和结构框架,完成了对"课堂品质的国际视野与本土建构"的研究综述。

基于理论角度的对课堂品质相关研究的评述,以及实践角度的对嘉定区域品质课堂的前期调研,课题组建议:嘉定区域基于课堂品质的已有研究成果,遵循课堂品质的分析框架,以"学习品质"的培养作为核心,构建具有嘉定区域文化特色的品质课堂,通过"有品质的教育"来提升"教育的品质",最终彰显出"品味高、质量优"的嘉定区域"品质教育"特色。

（撰稿者：夏雪梅）

第二章　课堂品质研究设计及实践历程

2013年,嘉定区提出了"传承教化之风,熔铸品质教育"的核心理念,打造具有区域特色、符合时代精神的现代化品质教育。经过几年实践,在提升育人质量、强化教育内涵、优化教育功能、服务区域发展等方面成就明显。随着"品质教育"研究的深化,我们越来越意识到,课堂是教学的主阵地,"品质教育"的最佳落脚点是课堂的品质,实现学生课堂中真实学习的发生,才有可能实现"品质教育"。所以,在新一轮"品质教育"推进行动中,将研究的主题确定为"聚焦学生学习,提升课堂品质的区域行动"。本章从嘉定课堂品质的现状与问题、区域推进课堂品质提升的研究设计及实践历程等三个方面,呈现本项研究的逻辑起点与实践概况。

第一节　研究的起点

为准确把握嘉定课堂品质的现状与问题,2017年嘉定区教育学院对区内小学、初中和高中进行了大规模的问卷调查,仅小学阶段就有近3万人次参加问卷调查,形成了近50万字的调研材料。2018年6月嘉定区教育学院会同上海市普教所项目团队分别在曹杨二中附属江桥实验学校和安亭小学进行实地课堂观察,并举行个别访谈与集中座谈会,深入了解嘉定课堂的现状及教师对课堂品质的理解。

一、嘉定课堂品质的初态特征

项目组在调研的基础上,选择语文、数学和英文学科报告作为分析对象,从课堂特征维度(包括目标饱满、内容真理、方法适切、过程完整、互动高效、氛围民主、评价全面等方面)考察了嘉定区中小学课堂教学的现状与问题。具体情况如下:

（一）小学课堂品质的初态特征

根据嘉定区小学各年级语文、数学和英文的学科报告及课堂教学现场观察结果，嘉定区小学阶段的课堂现状有如下特征：

在课堂教学目标方面，有目标意识，大部分教师能较好地解读课程标准，在形式上能够按规范叙写教学目标，但对学科的本质和素养缺乏把握，饱满度还有些欠缺。

在课堂教学内容方面，大部分教师能关注到教学目标、教学内容、教学过程和教学环境的整体性，能够注意对教材的整合与统筹，但对教材的理解与把握的能力还有待提高。

在课堂教学方法方面，能设计与教学目标相匹配、适应学生年龄特征、难度适宜的学习活动，且有以学生为中心的意识，但在实践中还缺乏对学生体验、参与、实践、合作、探究式等学习方式的运用，惯性地仍以教师的"教"为主。

在教学过程方面，课堂过程完整，但过程中学生被动学习的时间居多，且环节之间缺乏联系。

在师生互动方面，形式增多，但仍以教师为主体，趣味性待提高。

在课堂氛围方面，学生的发言权增多，但对于与教学设计不符的回应，往往被忽略。

在评价方面，逐步转向多元评价方式，但以语言为主，缺少过程性的记录。

（二）初中课堂品质的初态特征

根据嘉定区初中各年级语文、数学和英文的学科报告及课堂教学现场观察结果，嘉定区初中阶段的课堂现状有如下特征：

在教学目标方面，能够按照规范叙写教学目标，目标定位比较明确，但三维目标有割裂的现象，教学立意偏低，重教轻学的现象比较普遍，需加强目标中的科学性和能力素养成分，体现年级的特征，饱满度比较欠缺。

在教学内容方面，关注教材校本化的设计和使用，进行教材重组和教学设计，但需提高对教材结构的把握能力，对教材内容的整合与再构能力，以及教学设计和内容的深化能力。

在教学方法方面，有以学生为中心的意识，关注教学情境的生活化设计，重视激发学生学习兴趣，开展互助式小组学习，但在安排上随意性大，缺乏精心安排，容易流于形式,教学方法的多样性和创新性还需提高。

在教学过程方面,比较完整和流畅,但为完成教学内容,没有关注学生普遍的学习吸收状态,年轻教师的课堂教学节奏的稳定性有待加强。

在师生互动和课堂氛围方面,具有"以学生为主体、教师为主导"的理念,在实践中,教师也开始尝试与学生一起讨论和探索,鼓励学生主动思考、提问、选择,尊重学生个性,营造和谐课堂,但学生仍缺少自主总结归纳的时间和空间。

在教学评价方面,对学生的评价朝着多维立体、多角度的方向发展,注重开展有效评价,以及评价的可视化和多样化。

(三) 高中课堂品质的初态特征

根据嘉定区高中各年级语文、数学和英文的学科报告及课堂教学现场观察结果,嘉定区高中阶段的课堂现状有如下特征:

在教学目标方面,教师能够重视对学情的分析,依据学生的学习基础和能力水平设计各类教学活动,设定较明确,但过于宽泛,缺乏可检测性和针对性,导致教学活动之间缺乏一定的关联性。有提升学生能力和素养的意识,目标饱满度还需提升。

在教学内容方面,教师对教学内容的理解比较到位,能够清晰表达课堂教学中的知识点以及重难点。但在基础知识和基本技能的训练,关注学生综合素养的提升等方面有待加强。

在教学方法方面,教师能创设一定的学习情境,让学生明确学习内容,利用丰富的教学内容,通过提问、情境创设、讨论等方法激发学生的思考,注重教学过程中学生的参与,组织学生参与课堂讨论,课堂提问与对话与教师讲授相结合,对于学生在课堂中的生成性问题能够给予一定的关注。但需要加强对数学深层次的再现与再探究,减少简单重复的内容,且教师课堂教学的形式还比较单一。

在教学过程中,流程清晰,教师能有意识地创设情境,联系学生的生活经历和社会热点,提高学生的语言表达能力。但教学过程还是有简单化、表面化和程式化的缺憾,缺乏时间和空间以关注学生发展程度的不同。

在师生互动和课堂氛围方面,有一定的师生互动环节,但学生的交流发言不够充分,忽视部分学生的独立思考,教师的点评有待深入,对学生学习过程中思维表现的关注有待提高,师生互动的质量有待进一步加强。

在课程评价方面,教师能对学生采用多元评价方式,不以学生的考试成绩作为单一的评价手段,且更多地关注对学生学习的过程性评价,关注学生的课堂表现和作业情况。

(四)嘉定课堂品质的现状汇总

综上所述,从课堂特征维度看,嘉定区中小学课堂教学现状主要呈现以下六个特征:

在教学目标方面,教师重视对学情的分析,能够按照规范叙写教学目标,目标定位比较明确,但过于宽泛,缺乏可检测性和针对性,教学立意偏低,重教轻学的现象比较普遍,导致教学活动之间缺乏一定的关联性。有提升学生能力和素养的意识,但对学科的本质和素养缺乏把握,目标饱满度还需提升。

在教学内容方面,教师能关注到教学目标、教学内容、教学过程和教学环境的整体性,注意到对教材的整合与统筹,对教学内容的理解比较到位,能够清晰表达课堂教学中的知识点以及重难点。但需提高对教材结构的把握能力,对教材内容的整合与再构能力,以及教学设计和内容的深化能力,在关注学生综合素养的提升等方面有待加强。

在教学方法方面,教师有以学生为中心的意识,能创设一定的生活化学习情境,让学生明确学习内容,利用丰富的教学内容,通过提问、情境创设、讨论等方法激发学生的思考,注重教学过程中学生的参与,组织学生参与课堂讨论,开展互助式小组学习,但在安排上随意性大,缺乏精心安排,容易流于形式,教学方法的多样性和创新性还需提高。需加强对教学内容深层次的再现与再探究,减少简单重复的内容。

在教学过程中,流程清晰,过程完整,教师能有意识地创设情境,联系学生的生活经历和社会热点,提高学生的语言表达能力。但过程中学生被动学习的时间居多,且环节之间缺乏联系,教学过程有简单化、表面化和程式化的缺憾,在时间和空间上缺乏关注学生发展程度的不同,教学节奏的稳定性也有待加强。

在师生互动和课堂氛围方面,教师开始尝试与学生一起讨论和探索,鼓励学生主动思考、提问、选择,尊重学生个性,营造和谐课堂,但学生的交流发言不够充分,缺乏自主总结归纳的时间和空间,忽视部分学生的独立思考,点评有待深入,对学生学习过程中思维表现的关注有待提高,师生互动的质量有待进一步加强。

在课程评价方面,正朝着多维立体、多角度的方向发展,教师能对学生采用多元评价方式,不再以学生的考试成绩作为单一的评价手段,更多地关注对学生学习的过程性评价,关注学生的课堂表现和作业情况。注重开展有效评价,以及评价的可视化,但缺少过程性的记录。

二、 嘉定教师对品质课堂的初始理解

根据 2018 年 6 月召开的现场调研会议情况,项目组总结出嘉定教师对课堂品质的初始理解。

(一)教师对建设品质课堂的必要性有广泛认同

教育是面向未来的事业,我们需要一种新型的课堂文化和教育形态,联接儿童当下学校生活和未来社会需求。随着嘉定区"品质教育"研究的深化,教育综合改革任务、培养学生关键能力任务的落实,需要坚持课堂是教学的主阵地,并实现学生课堂中真实学习的发生。要改变课程实施过于强调接受学习、死记硬背、机械训练的现状,就要倡导学生主动参与、乐于探究、勤于动手,培养学生搜集和处理信息的能力、获取新知识的能力、分析和解决问题的能力以及交流与合作的能力。这些问题的解决,不只是教育观念的转变问题,还有许多操作性问题,需要在先进的理论指导下进行实践探索。品质课堂就是进行实践的最佳场所。

(二)教师从不同角度来认识品质课堂

从宏观角度、技术角度、实际操作角度、历史的角度和横向比较的角度,对于品质课堂的理解可以有不同的层面。比如,从历史的角度讲,在提出品质课堂的情况下,如果还是采用基于"双基"和"考纲"的教学方式,便无法培育学生的素养。品质课堂应该高于高效课堂,品质课堂是对高效课堂的继承,同时也是超越,其加深了对学生的理解,具有新时代的新内涵。

(三)教师对品质课堂特征的认知还需提升

首先,品质课堂要体现新的课堂价值追求。品质课堂以育人为中心,不能过分以教学为中心,不能忽视学生的主体地位。学生的合作意识、合作能力、个性表达以及全员参与都是必不可少的。其次,培育学生素养的品质课堂,需要学生能够调动社会资源解决问题,形成新的可以迁移、可以积淀的综合素养。教师需要真正理解学习品质的提升是衡量品质课堂的核心。要构建以学生学习为中心的课堂学习生态,发现影响

学生课堂学习的关键因素,探索有利于促进学生积极、主动、高效学习的教学策略,以发展学生的核心素养为导向,以促进学生思维的发展、知识与方法的掌握、技能与积极情感的形成为重点,从根本上改变目前课堂教学中存在的被动、低效的学习现象,提升课堂教学品质和学生学习质量。

三、 嘉定区提升课堂品质的初心与使命

(一) 要解决的主要问题

2013 年,嘉定区教育工作推进大会提出"传承教化之风,镕铸品质教育"的理念,使"品质教育"成为嘉定教育发展的新愿景和新目标。2014 年,嘉定区教育局和上海市教科院普教所签署了"品质教育研究"合作协议,共同开展嘉定品质教育研究与实践。嘉定区品质教育项目实施以来,在教育教学改革、学校内涵发展等方面取得了显著成效,提升了嘉定教育的品质。品质教育已经成为嘉定教育的"名片"。品质教育成为嘉定区传承教化,落实教育综合改革要求,回应百姓期盼的必然选择。

品质教育是品味高、质量优的教育。但是,项目组发现,作为教育主渠道的课堂仍然存在诸多不足,课堂仍然比较传统,课堂更多聚焦教师的教,"灌输式"教学还比较普遍,教师的站位不高,在聚焦学生的学的方面不够理想,对学生学习的关注度不足,与新时代人民群众高质量教育需求之间存在一定差距。

课堂不变,学生成长也不会变。以课堂为改革支点,可以推动品质教育的深入发展。为此,就要加强对学生学习的研究,加强对学生学习方法与策略的指导,激发学生主动学习的品质,使学习在课堂上真正发生,着力提升学生发展核心素养。本项研究要解决的主要问题是如何聚焦学生学习来提升课堂品质,实现从关注教到关注学的根本转向。提升课堂品质的关键,是聚焦学生学习品质,尤其是学会学习的能力。学会学习是以素养为导向的全球范围内教育改革所关注的重点问题之一。课堂教学不仅仅是让学生通过学习获取知识与技能,更重要的是培养学生应对社会变化、获取新知识和技能的能力。

具体研究内容包括:

① 明确聚焦学生学习的课堂品质的内涵及关键特征,呈现关于课堂品质的研究现状。

② 探索提升课堂品质的策略与方法,总结出若干有效经验。

③ 开发实用、方便的课堂观察工具和量表,探索应用课堂观察工具提升课堂品质的经验,开展课堂品质评估实践研究。

④ 形成区域提升课堂品质的机制。

(二) 区域推进课堂变革的行动要求

作为区域提升课堂品质的行动,首先需要解决认识上的问题,需要激发学校的参与热情和创造力,形成改革合力,实现课堂品质的提升。

建设品质课堂学校要有自发的内驱力。首先校长和教师们要花精力、花时间去学习理念,反思现有的课堂,才有可能形成以学习为中心、以学生素养培育为中心的品质课堂。

建设品质课堂要讲究策略。可以从细微的角度或试点开始,以点带面地进行。在教学的目标、内容、过程、课堂氛围等方面,注重课堂教学中文化浸润、情感体悟、思维创新、知识创造、勇于探究、教学相长等的体现。勇于追求更深层次的课堂教学价值,打造情感体悟、文化浸润、思维创新型的品质课堂。注重课堂教学过程中,学生是否已经深入体验、是否达到全员参与的状态、师生互动是否高效真实、是否有合作交流的学习方式,等等。

最后,在建设品质课堂的过程中,要养成分析总结的习惯,定期提炼、总结、归纳。教师不只是完成教学,更要有课程设计、实践、评估、反思、归纳的全链条意识。

第二节 区域提升课堂品质的研究设计

根据前期研究,项目组认为,嘉定区的课堂品质提升路径是以学习品质提升为基点,以核心素养培育为要义,以生命关怀为引领,以过程变革为重点,构建具有嘉定区域文化特色的品质课堂。项目组通过多次讨论,确定了"聚焦学生学习,提升课堂品质的区域行动"的方案,明确提出项目研究目标、主要内容、研究方法与技术路线、研究的组织管理与制度保障。

一、 区域提升课堂品质的四项行动

（一）研究行动：构建嘉定特色的课堂品质内涵

提升课堂品质是一个理论性与实践性很强的研究。其中，理论研究是基础，对实践具有指导作用。为此，项目组必须首先回答课堂品质是什么，课堂品质有哪些特征，包含哪些分析维度，具有嘉定特色的课堂品质的价值追求是怎样的等一系列核心理论问题。围绕以上核心问题，项目组首先要开展国内外关于学生学习和课堂品质的文献梳理，全面把握课堂品质研究的国际趋势，并基于嘉定教育实际，完成课堂品质研究的本土建构，形成聚焦学生学习的课堂品质内涵及关键特征的研究。

（二）改进行动：探索提升课堂品质的教学策略

课堂品质的提升最终要在课堂实践中体现出来。嘉定区通过双向选择，确定了10 所项目实验学校。各项目学校根据总课题的研究思想，结合本校课堂教学实际，明确研究主题，确定本校的课堂改进方向，开展课堂改进行动，探索提升课堂品质的教学策略与方法，为更大范围内推广研究成果奠定基础。

（三）研修行动：用工具引导教师持续改进课堂

课堂变革的主体是教师。教师的认识与实践水平决定了课堂变革的最终成败。项目组一开始就将提升教师专业能力作为重要的任务。项目组设计了每月一次的教师集体研修机制，主要内容是应用诊断分析工具，引导教师持续的课堂改进。项目组要求项目学校研发课堂品质自我诊断工具，通过案例研究方式，学校自主实施课堂品质自我诊断研究，开展课例研修活动，并形成学校课堂品质自我诊断实践报告。通过课例研修活动，引导教师应用诊断分析工具持续改进课堂。

（四）评估行动：聚焦学生学习研判课堂品质状况

在项目研究过程中，项目组在研究初期与研究后期开展了嘉定课堂品质现状评估，准确把握课堂品质发展情况。在课堂评估方面，项目组聚焦学生学习的核心特征，凝聚上海市教科院普教所、嘉定区教育学院以及项目实验校教师的力量，研发嘉定特色的课堂品质关键特征及评估工具，通过评估数据分析，研判整个项目的实践效果。

二、 区域提升课堂品质的行动模式

本研究是区域层面的教育改进行动，采取的是专业科研院所与区域合作的伙伴协

作模式下的行动研究范式,是基于证据的课堂改革。

（一）伙伴协作模式下的区域课堂变革

1. 伙伴协作模式的基本内涵

本项研究是由专门科研院所与区域教育管理和研究部门及中小学校合作完成的一项区域教育改革项目。这种合作研究方式是一种伙伴协作式的行动研究,较好地整合了专业研究机构、行政管理机构和中小学校的各方优势,使区域和学校教学改革的品质得到了更好的提升。

自 20 世纪中后期,西方学者开始关注大学与地方政府、中小学的合作问题,并逐渐探索了大学—地方政府（University-District，U‐D;或者 University-Government，U‐G）、大学—地方政府—中小学校（University-District-School，U‐D‐S,或 University-Goverment-School，U‐G‐S）、大学—中小学（University-School，U‐S）、大学—地方政府—中小学校—中小学校（University-Goverment-School-School，U‐G‐S‐S）等多种伙伴协作模式,较好地解决了教育理论与教育实践“两张皮”的问题,促进专业研究者和区域及中小学校在伙伴协作过程中实现学校改进与理论创新的双赢。

教育学者有其自身的理论优势,具有良好的学习习惯,在面向一线教育实践时,普遍扮演着“专家”角色。然而,教育学者的知识素养存在三方面的不足:第一,学者的理论知识、逻辑体系往往是线性的,必须结合实践问题才能变身为复杂理论。教育改革中出现的问题是复杂的,要将问题较透彻地讲清楚并且提出有操作性的解题方案,必须深入实践,综合运用相关理论才能做到。第二,学者的知识体系往往来自西方,必须加以本土化改造。在遵循普遍教育规律的同时,中国教育改革的推进还需要尊重本土事实与本土逻辑,在这方面,学者做得不够充分。第三,学者的理想、信念应具体化,以期具有现实操作性。学者必须在现实与理想之间找到一个可实现的近期目标,继而提出可操作的方案,这样才能真正凝聚力量。为此,从“专家指导”到“伙伴协作”是教育学者的应然选择。[①]

伙伴协作是教育学者进入教育实践领域,与区域、校长、教师共同面对区域和学校

---

① 刘长海. 伙伴协作:教育学者与中小学校的应然关系[J]. 教育科学研究,2009,168(03):25—28.

发展中的具体问题,通过亲密合作,改善教育教学质量,创造人民满意的教育的一种教育合作方式。在这个过程中,大学与区域及中小学校共同建构知识,运用并验证理论,创造性解决教育教学实际问题,反思教育改革经验。因此,行动研究成为许多伙伴协作计划的载体。

在具体操作中,香港中文大学教育学院的大学与学校伙伴协作中心提出了简明易懂、富有操作性的 4P 模式①:

- 澄清问题(Problem clarification):协作讨论,辨明学校问题的症结所在;
- 拟订规划(Planning):提出解决问题的方案;
- 计划行动(Programme action):在协作中实施行动方案;
- 进展评估(Progress evaluation):检视行动成果,为下一轮行动研究提供基础。

随着研究的推进,研究者发现,操作程序固然重要,但要拓展教师的理解,反思其核心的教育价值观,使其对学校、专业共同体乃至整个教育系统的发展担负责任,我们就需要帮助教师由个体的学习者和协作行动研究者发展为一个富有使命感和创新精神的教师专业学习共同体。因此,伙伴协作下的行动研究就有必要从 4P 迈向 4R②:

- 关系建立(Relationship-building):大学与学校成员建立愿景一致、平等互惠、相互依存的共生关系;
- 概念重建(Reconceptualizing):大学成员重视实际运用的学术成就,学校成员重视具有研究及理论基础的实践,并且双方强调校本脉络下基于协作探究的知识获得与理论重构;
- 寻求资源(Resourcing):双方积极地扩展资源,将周边的同事、学校和社区视为资源提供者;
- 反躬自省(Reflecting):大学和学校成员开诚布公、互为诤友,通过反思、对话和分享对理论的限制与误区进行修订,对实践的成效进行检讨,对理论与实践的落差做出调整。

以上研究发现对于本项研究具有重要的参考价值。4P 和 4R 从不同的角度为做

① 李子建.大学与学校伙伴协作式行动研究从:4P 迈向 4R[J].上海教育科研,2007,238(08):1.
② 李子建.大学与学校伙伴协作式行动研究从:4P 迈向 4R[J].上海教育科研,2007,238(08):1.

好伙伴协作模式提供了研究指导。有效整合 4P 和 4R 也是做好本项研究的关键。

2. 伙伴协作的角色和运作

在伙伴协作模式中,专业研究人员、区域行政管理者、中小学校长和教师等各方参与人员的角色及相互关系是人们始终关注的一个问题。专业研究者既是"局外人",又是"局内人",这种双重角色及角色之间的转变,一方面促进了专业研究者真正理解和合理解释真实教育情境中的教育现象,另一方面也使教育改革始终保持清晰的方向,能够得到客观、理性的判断,保持学术敏感与追求。大学和学校的协作是一种由"共栖关系"所衍生的试验。[①]

无论是"局内人"与"局外人",还是"共栖关系"中的自私与无私,都在努力阐明大学与中小学协作的性质与关系。第一,双方应有明确的协作目标——改进学校教育教学实践,协作是有共同目的的;第二,双方任何一方都不是另外一方的"救世主",协作中双方的地位是平等的;第三,双方都有通过协作获得各自发展的需求,协作是互惠的;第四,有效的协作需要双方彼此诚悦接纳,能够很好地沟通、理解,协作是互信的;第五,双方的协作不仅是"坐而论道",更重要的在于"起而力行",协作具有践行性。这样的"协作"不仅表明一种关系,更重要的是反映了大学与中小学教师为了改善教育实践,共同探索的过程与结果。[②]

由此可见,相比"专家指导",伙伴协作有着突出的特点。首先,在伙伴协作过程中,学者与教师有明确的研究主题和目标。双方围绕学校发展中的实际问题展开讨论、实验,逐步提出解题思路,共同提升教学效能与办学质量。其次,在伙伴协作过程中,学者与教师有良好的情感认同。双方以平等姿态相遇,以对话方式实现相互了解,在心理上逐步走近,教师对学者的到来持欢迎态度,学者也对学校产生一种"我们感"。最后,在伙伴协作过程中,学者与教师结成发展共同体。双方平等交流,根据需要制定学校改进的具体思路。在研究过程中,双方相互启发,形成关于学校发展的共同愿景,教师在有困惑时能够得到学者的及时帮助,学者的新思路也能得到教师的积极实验。[③]

---

① 张景斌. 大学与中小学的伙伴协作:动因、经验与反思[J]. 教育研究,2008,338(03):84—89.
② 张景斌. 大学与中小学的伙伴协作:动因、经验与反思[J]. 教育研究,2008,338(03):84—89.
③ 刘长海. 伙伴协作:教育学者与中小学校的应然关系[J]. 教育科学研究,2009,168(03):25—28.

上海市教科院普教所与嘉定区开展的这项合作研究项目,正是一种典型意义上的伙伴协作式的行动研究模式。

第一,在这项研究中,合作双方具有共同的愿景与目标,在前期已经开展了为期三年的"品质教育"合作研究,对嘉定区"品质教育"项目推进中的问题有着清醒的认识,对聚焦学生学习、提升课堂品质的行动研究目标有着共同的认识;

第二,合作双方是平等的参与者、探究者,合作双方彼此悦纳、信任、沟通、理解,各自发挥各自的优势,共同致力于合作目标的达成;

第三,合作项目反映了各自的发展需求,体现了互惠协作的特点。嘉定区的品质教育项目逐步深化,品质教育的品牌影响力逐步提升,嘉定区的课堂改革项目也成为上海市教科院普教所科研人员实践、成长与形成研究成果的重要平台;

第四,合作指向课堂改进行动,专业研究者、区域管理者、中小学项目实验学校通力合作,聚焦学校的课堂问题,由学校根据项目总体要求,结合本校学情,自主提出改进问题,因此,课堂改进具有更强的针对性。

第五,伙伴协作模式的有效运作需要强有力的支撑体系。从内在支撑体系看,包括教育学者的务实作风、中小学校的改革热忱、合作机制的有效建构。从外在支撑体系看,包括经费方面的支撑、政府作用的合理发挥、舆论力量的介入等。[①] 这项合作项目具备了完备的内外部合作保障支持体系。

(二) 基于证据的课堂改进

循证决策与实践是近年来逐渐兴起的国际教育趋势,其主要思想是将目前能够获得的最佳研究证据与教育人士的专业智慧、实践经验结合起来,以便更加科学明智地作出教育决策,开展教育实践。循证决策与实践是相对于传统上基于经验与思辨观点的教育决策与实践而言的。

循证理论根源于循证医学和卫生领域。从 20 世纪 70 年代开始,医疗健康领域提出了基于证据的研究和决策的概念和方法,它将最好的研究证据、临床技能及病人的价值观三者整合起来,即医生利用自己的临床技能,遵循研究者提供的最佳研究证据,根据病人的特性来进行治疗。

---

① 刘长海.伙伴协作:教育学者与中小学校的应然关系[J].教育科学研究,2009,168(03):25—28.

循证医学出现后，其"遵循证据进行实践"的理念，迅速在医学与邻近的社会科学、心理学等实践领域中传播开来，形成了一场声势浩大的循证实践运动（Evidence Based Practice Movements）。第一波在临床医学内部形成了众多的循证学科，第二波形成了循证心理治疗与循证社会工作，第三波形成了循证教育学、循证管理学等新的学科领域。①

教育领域中基于证据的研究首先在英美等国家迅速兴起。政府开始旗帜鲜明地提倡和资助基于证据的研究。在布什政府颁布《不让一个孩子掉队法案》后，法案中关于支持那些"基于科学证据的研究"被提及一百多次。②

循证实践就是基于研究证据进行科学实践。实践者根据研究者提供的最佳证据，在管理者的规划与协调下，参考相关的实践指南、标准或手册，在考虑实践对象（实践者所服务的对象或对象群体，如病人、顾客等）具体特征的基础上所进行的实践。具体来说，循证实践是一个涉及研究者、实践者、实践对象与相关管理者四个方面的理论体系。③

当然，由于实践的丰富性和复杂性，不可能每次具体实践都能找到最佳的证据。为此，实践者的主观技能与经验在很多时候仍然起到至关重要的作用。鉴于此，结合实践经验与研究证据，以及采用多重证据观来指导决策和实践的观点越来越受到人们的关注。

教育变革研究领域的著名专家 Michael Fullan 在《教育变革的新意义》（第四版）中提出了成功变革的十大要素，其中之一是"在外在绩效和内在绩效之间建立联系"，认为"当教育学者变得对评价更有解读能力，他们就不仅会习惯于这些特殊的数据，而且还会寻找和使用评价数据"。④因此，评价是每一项变革都必不可少的一部分。评价是收集证据的一个重要途径，评价结果会反馈并影响到教育改革过程。

当然，我们也必须认识到，教育领域不同于卫生健康领域。教育活动是一项复杂

---

① 杨文登. 社会工作的循证实践：西方社会工作发展的新方向[J]. 广州大学学报（社会科学版），2014，13（02）：50—59.

② 阎光才. 对英美等国家基于证据的教育研究取向之评析[J]. 教育研究，2014，35（02）：137—143.

③ 杨文登. 循证实践：沟通研究与实践的桥梁[N]. 中国社会科学报，2010-09-28(8).

④ Michael Fullan. 教育变革的新意义（第四版）[M]. 武云斐，译. 上海：华东师范大学出版社，2010：46.

的人际过程,文化、情境、特定因素都与之存在着关联。教育变革不仅是技术问题,更涉及文化、价值观、意识形态等影响。循证实践为研究与实践的整合提供了一个现实的、具体可行的实践框架。大致包括以下步骤:考察实践情境,确定实践问题;根据问题检索证据;评估研究证据;根据证据进行实践;实践完成后进行即时的总结评估。循证实践为研究向实践的转换提供了良好的中介平台,促使研究者关注日常实践,将实践对象纳入了研究与实践的互动过程中。① 上海市教科院普教所与嘉定区开展的这项合作研究项目是基于证据的课堂改革的一个典型案例。在研究之初,进行课堂现状诊断,提出问题与改进方向;在课堂改进过程中,注重运用科学的教育教学理论和研究工具指导学校的改进行动;在项目结束时,重视课堂改进效果的评估。整个研究过程就是一个循证实践与改进的过程。

(三) 研究技术路线

本研究以行动研究为基本范式,综合运用文献研究法、调查法、自然实验法、课堂观察法、案例研究法、经验总结法等方法开展研究,期望形成丰富的研究成果,且实践成效可以得到多种研究方法的印证和补充。

具体的技术路线框架如下:

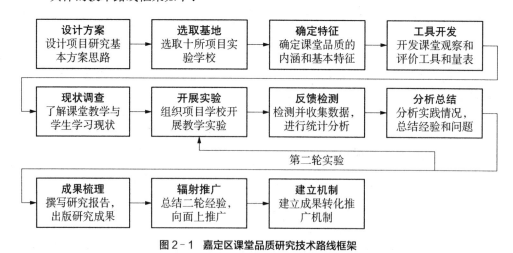

图 2-1　嘉定区课堂品质研究技术路线框架

---

① 杨文登.循证实践:沟通研究与实践的桥梁[N].中国社会科学报,2010-09-28(8).

三、 区域提升课堂品质的运作机制

本研究是区域教育专业机构与专业科研院所合作开展的一项区域教学改革研究项目。由嘉定区教育局、嘉定区教育学院和上海市教育科学研究院普通教育研究所(以下简称市普教所)协作承担研究任务,项目实验学校承担具体的实践研究任务。作为全区推进品质教育的一项综合改革项目,需要建立完善的组织管理与制度保障,通过项目引领,校本化实施,研、训、教一体化推进,改变课堂生态,实现课堂真正转型。

(一)建立工作机制,明确工作职责

项目组成立了三级研究工作组织,包括项目领导组、嘉定项目工作组、市普教所项目专家团队、实验学校项目研究团队。

1. 成立嘉定区项目团队

嘉定区成立以教育局副局长、嘉定区教育学院院长祝郁为组长,嘉定区教育学院常务副院长路光远为副组长的项目领导组,负责项目的组织领导工作,把握研究的基本方向和着力点,制定有关项目过程管理政策,提供必要的研究经费,保证各项任务能顺利落实。领导组下设四个工作组,负责项目的具体组织实施和协调推进工作。具体为:

策划联络组:主要任务是在市普教所指导下,完成项目方案的设计,配合市普教所专家对项目实验学校进行研究指导,策划研究过程的培训、研讨、评价和总结活动;与市普教所及项目实验学校进行项目研究的联络,在领导组指导下设计项目研究推进策略。

实践指导组:主要任务是指导项目实验学校开展实践探索,收集和整理项目实验学校的研究经验和典型案例,帮助项目总结教学经验,并在此基础上形成以项目研究为载体的研修机制。

宣传报道组:主要任务是收集研究过程中的先进事迹和典型经验,及时做好项目研究、重要活动的宣传报道工作。

方略推进组:由教育学院院长负责,主要任务是制定研究推进的基本方略,推进项目研究工作,协调市普教所与区项目工作组、区各项目工作组之间及区项目工作组与学校项目工作组之间的关系,保证项目研究沿着正确的方向顺利进行。

区教育学院有关部门根据自己的工作职能和项目领导组的安排,主动对接项目研究,同心协力服务于课堂教学改革,做好研究过程中的技术支持、教师培训、后勤支持等方面工作。

2. 成立市教科院普教所项目研究团队

市教科院普教所建立相对稳定的研究队伍,负责研究方案的设计、研究工具和评价指标的开发,有计划地开展业务培训,定期深入项目实验学校进行指导,组织有针对性的专题研讨,在项目研究过程中能不断地提炼经验在教育杂志上宣传发表,在项目完成时形成专著。

市普教所组建了理论研究组、方法策略组、工具开发组、质量评估组等分课题组,合力推进研究。理论研究组负责开展课堂品质的理论与调查研究,形成提升课堂品质的理论框架。工具开发组负责研制课堂品质分析与诊断工具。方法策略组负责指导项目实验学校探索提升课堂品质的策略与方法。质量评估组负责确定聚焦学生学习的课堂品质评估指标和方法。

3. 成立项目实验校研究团队

项目实验学校成立以校长为组长的领导组,全面负责项目的组织领导工作。领导组下设由校长或分管教学的副校长担任组长(项目负责人),教导处主任、科研室主任和有关学科教研组长为核心成员的项目工作组,具体负责项目的研究和推进工作。工作组下设若干个研究团队,由工作组核心成员兼任团队负责人,负责具体研究实施任务。鼓励学校全体教师积极参与项目研究,在研究和实践中进一步转变观念,改革创新,促进学生发展和自身发展。

(二) 建立管理和评价机制,促进研究工作有效开展

1. 建立研究工作制度

项目工作组定期深入项目组开展研讨,组织项目学校开展专题研讨和交流,准确把握研究过程,推进研究开展;定期组织召开研讨交流会,把握研究方向,分析研究过程中的问题,共享研究成果,确保研究高质量地开展;建立研修制度,加速课堂转型,促进教师专业成长,为提升课堂品质提供制度保障和智力支持。

2. 建立工作责任制

根据项目研究的总体设计,各合作单位和研究部门,各司其职,明确责任,通力合

作做好项目研究和推进工作。区项目工作组根据职能分工按总的设计方案,明确工作目标和要求,细化工作任务,做好规划和指导工作。各项目实验学校,校长作为工作第一责任人,切实担负起领导和组织管理工作,指导学校工作组按照区项目组的总体布置,结合学校的实施方案,扎实开展项目研究和实践工作。充分发挥项目学校在实践中的首创精神,引导教师积极投入到研究和改革中去,高质量地完成预定的研究任务,在实践中有所创新突破,让研究真正成为改变课堂生态与质量,促进学生与教师发展的重要手段。

3. 建立评价和激励机制

区教育局会同市普教所专家对项目研究的过程和各阶段结果进行检查,对工作扎实,富有创新,成效明显的单位和个人给予表扬,并在年终考核中予以体现,对通过审核的重点攻关的子项目,视为区级立项课题,对项目研究中获得的教改经验和典型案例,优先在区级杂志上发表。

第三节　区域提升课堂品质的实践历程

该项目研究周期为三年,从确立项目开始,双方组建研究团队,确立项目学校,明确具体研究项目,然后通过普教所、嘉定区教育学院、项目学校三方的紧密合作,扎实推动课堂改进行动,取得了较为明显的成效。

一、组建研究团队

(一)成立项目领导小组和工作小组,明确项目研究内容,组建项目团队

2017 年 3 月 9 日,嘉定区教育局、嘉定区教育学院及市普教所召开会议,明确双方合作意向,讨论"聚焦学生学习,提升课堂品质的区域行动"初步合作研究方案。

2017 年 5 月,成立由嘉定区教育局、嘉定区教育学院和市普教所联合组成的项目领导组和工作组,继续研制项目研究方案,申报嘉定区教育科研重大课题,确定核心研究团队。

(二) 确立项目重点实验学校,初步确定实验学校的研究主题

2017 年 6 月 29 日,项目组召开会议,再次讨论"聚焦学生学习,提升课堂品质的区域行动"合作研究方案。通过双向选择,确定了十所项目实验学校,分别为嘉定二中、安亭高中、曹杨二中附属江桥实验中学、德富路中学、苏民学校、震川中学、安亭小学、古猗小学、嘉一附小、上海同济黄渡小学,另有若干所学校申请成为项目观察员学校,参与项目主要研究活动。这些学校的校长具有强烈的发展意识,不满足于学校发展现状,对该项研究内容非常感兴趣,认同该项目的意义和价值,主动性较强,希望学校在原有基础上更进一步发展。

2017 年 9 月 13 日,项目组再次召开会议,讨论并最终确定项目合作研究方案。与此同时,十所项目实验学校根据总课题的要求,申报了学校的研究方案,初步明确了学校的实践研究方向和研究重点。

至此,课堂品质项目研究方案和研究团队正式确立。

表 2 - 1　项目实验学校子课题名称

学校名称	子课题名称
嘉定二中	立体课堂：基于"勿离手"意涵的课堂教学转型研究
安亭高中	新高考改革背景下"助学提纲"的开发和运用研究
德富路中学	初中科学"为学而教"的课堂教学设计与改进
江桥实验中学	以磁性为特征创建品质课堂的实践研究
苏民学校	构建"快乐有效"的品质课堂提升学生学习品质的实践研究
震川中学	新中考背景下提升课堂教学思维品质的策略与方法的研究
安亭小学	技能集中强化项目化学习的研究
古猗小学	提升"和乐课堂"品质：以资源设计变革学习方式的实证研究
嘉一附小	以学习规则设计提升课堂生态环境品质的实践研究
上海同济黄渡小学	基于学习任务驱动的"美丽课堂"建构研究

二、 推动实践改进

(一)启动项目研究,开展课题研究培训工作

2017 年 10 月 10 日,项目组召开十所实验学校校长培训会议,解读"聚焦学生学习,提升课堂品质的区域行动"合作研究方案,市普教所五个工作组分别介绍项目研究的背景和意义、项目研究目标与内容、实践推进的方法与策略等方面,让实验学校全面了解项目合作内容,明确实验学校的任务和要求。会上,还分组讨论了实验学校的研究方案,市普教所团队给实验学校的研究方案提出修改建议。

(二)开展理论研究,对核心概念进行本土化建构

对于核心概念"课堂品质"的界定,是本项研究的基础。市普教所项目团队理论组从启动研究开始,就通过文献资料研究,着手开展"聚焦学生学习,提升课堂品质"的理论框架研究,对课堂品质的内涵、特征、要素、分析与评价结构等进行了梳理,并基于嘉定区的教育背景与实践基础,提出了嘉定区对课堂品质的概念理解,及提升嘉定课堂品质的若干建议。

(三)进行课堂现状初态诊断,找准研究与实践起点

市普教所理论组根据研究计划,在 2018 年上半年开展了嘉定区课堂品质现状调研,撰写了调研报告,分别对小学、初中、高中的语文、数学和英语学科进行了分析,提出了聚焦学生学习、提升课堂品质、建设品质课堂的教学建议。

课堂现状诊断研究主要采用了问卷调查、课堂观察和课后访谈的方法。嘉定区教育学院在 2017 年对区内小学、初中和高中进行了大规模的问卷调查,仅小学阶段就有近三万人次参加问卷调查,形成了近五十万字的调研材料。2018 年 6 月 6 日,嘉定区教育学院会同上海市普教所项目团队分别在曹杨二中附属江桥实验学校和安亭小学,进行实地课堂观察,并举行座谈,进行集体访谈。参加座谈会的人员还包括十所项目实验学校的校长、教导主任、一线教师等共计四十余人。在以上材料基础上,市普教所研究团队对嘉定区小学、初中和高中阶段各学科的课堂现状进行了汇总分析,从教学目标、教学内容、教学方法、教学过程、师生互动、课堂氛围、课堂评价七个角度,发现一些共性特征,形成了基本结论。

调查报告对如何建设品质课堂提出了三个方面主要建议。首先,学校要有自发的内驱力,校长和教师们要花精力、花时间去学习理念,反思现有的课堂,才有可能形成

以学习为中心、以学生素养培育为中心的品质课堂。其次,要讲究策略,可以从细微的角度或试点开始,以点带面地进行。最后,在建设品质课堂的过程中,要养成分析总结的习惯,定期提炼、总结、归纳。教师不仅要完成教学,更要有课程设计、实践、评估、反思、归纳的全链条意识。

以上课堂现状诊断报告为学校实践改进行动提供了一定的参考依据。

(四) 开展项目实践,探索提升课堂品质的方法与策略

从 2018 年开始,10 所项目实验学校开展了实践研究工作。实践研究以实验学校为主体,市普教所、嘉定区教育学院及项目实验学校紧密合作,从提升课堂品质策略、形成课堂诊断工具、研究课堂品质诊断工具、实验效果评估等方面,有序推进,各司其职。

1. 开展研究实践指导,明确实验学校研究重点方向,探索课堂品质提升的方法与策略

在实践推进方面,项目组形成了学期工作计划研讨与小结交流、每月项目学校集中研修、项目学校自主实践与专家分头指导相结合的研究机制。

建立研究计划研讨与小结交流的机制。每学期开学初,市普教所与嘉定区教育学院项目领导小组召开会议,研讨本学期项目研究计划。每学期结束之前,召开项目组与项目学校的研究小结交流活动,一方面交流学校研究的亮点,同时发现研究中需要解决的问题。2018 年 3 月 7 日、2018 年 9 月 12 日、2019 年 3 月 7 日、2019 年 6 月 26 日分别在嘉定区教育学院召开了研究计划研讨会议;2018 年 6 月 6 日、2019 年 1 月 10 日、2019 年 6 月 26 日分别召开了项目研究小结交流会议。

建立每月一次的项目实验学校展示交流研讨机制。2018 年 4 月 4 日在嘉定区教育学院、2018 年 4 月 18 日在嘉定区教育学院、2018 年 6 月 6 日上午在江桥实验中学、2018 年 6 月 6 日下午在安亭小学、2018 年 10 月 9 日在德富路中学、2018 年 11 月 14 日在嘉定区教育学院、2019 年 3 月 7 日在嘉定区教育学院、2019 年 4 月 25 日在黄渡小学、2019 年 9 月 29 日在嘉一附小、2019 年 12 月 10 日在苏民学校分别召开研修活动。

建立项目实验学校自主实践与专家分头指导机制。项目实验学校根据总课题的要求,开展日常研究实践。市普教所项目团队实践组(策略组与工具组)分头到 10 所

学校进行指导,提高学校实践研究质量。项目组杨四耕老师以《用目标导向做好实践研究成果提炼》为主题,就如何提炼课堂教学策略和学校研究成果多次在实验学校集中研修活动中进行了解读。实验学校根据总课题组的要求,撰写了实践研究成果框架。市普教所项目团队则对相关学校的成果框架分别进行指导。各实验学校在此基础上开展本校研究成果的提炼和撰写工作。至 2019 年 12 月,已经有部分学校形成专著初稿。

2. 研制课堂诊断工具,开展学科诊断课例研究,探索应用课堂观察工具提升课堂品质的经验

2019 年 4 月 25 日,项目组在上海同济黄渡小学举办实验学校研讨活动,主题是"用工具诊断我们的课堂品质"。项目组指导实验学校结合学校研究主题和内容,开发课堂品质诊断的维度方向,明确学校尝试用工具开展诊断课堂的课例研究工作。项目组杨玉东老师以《用诊断技术在理性中提升课堂品质》为题作专题微型报告,指导实验学校开展相关研究。

各实验学校根据总课题的要求,自主开展实践研究,研发本校课堂品质诊断工具,并开展相应学科的研讨课和课例研究工作。所有学校都开设了多堂研讨课,提交了多个课例报告。

在此基础上,市普教所团队从各校选取一篇课例报告,由普教所团队撰写课例点评,2019 年 12 月编制成册。

三、 开展实验效果评估分析与研究总结

(一) 研究课堂品质评估指标,开展实验效果评估分析

从 2018 年开始,总课题组下属的评估组就开始了课堂品质评估的文献研究和评估指标研制工作。2019 年 6 月形成了嘉定区中小学课堂品质敏感指标分级评估框架,并开发了面向学生和面向教师的两套评估工具。项目组在评估维度上以课堂上学生学习的三个学习特征(主动、合作、反思)为评估维度,从目标、内容和过程(方法 + 评价)三个方面具体加以评估。

2019 年 11 月,项目组在 10 所实验学校实施了具体的评估工作,12 月形成了初步的评估研究报告。

(二) 进行项目总结,撰写研究成果

2019 年 7 月和 11 月,市普教所项目团队分别召开会议,研究课题结题成果的撰写事宜,形成了"课堂品质研究丛书"的出版计划,并着重讨论了总课题组专著的框架目录与任务分工,启动成果撰写任务。与此同时,各实验学校也积极行动,不断完善成果框架,开始撰写具体成果内容。

2020 年 4 月与 5 月,市普教所项目团队与嘉定区项目团队召开会议,研讨项目成果总结与结题事宜,重点交流了研究丛书的进展和下一步工作。

2020 年 6 月至 9 月,项目组完成"课堂品质研究丛书"(三本)的编写任务,交给华东师范大学出版社。

作为三年合作项目,项目组积极探索了专业研究机构与区域教育专业机构合作推动教学改革的机制。项目组采取边研究边实践,边总结边推广的策略,一方面加紧成果总结工作,另一方面持续推进课堂品质提升的教学策略探索与实践工作。

课堂品质的提升没有终点,学习品质的提升是研究的初心,我们一直在努力。

(撰稿者: 李金钊)

第三章　提升课堂教学品质的内生策略

课堂教学是立德树人的主渠道,是每一所学校都高度重视的领域,提升课堂教学品质是每一位教师义不容辞的责任。如何提升课堂教学品质,这是一个理论与实践交织的课题。我们认为,提升课堂教学品质有不同的切入口。就课堂教学本身而言,提升课堂教学品质就是提升课堂教学的本体性品质,由此就衍生出提升课堂教学品质的内生策略,此时提升课堂教学品质就应该关注课堂教学的价值赋予、理念渗透、亮点扩展、经验提炼和规则建构等。本章就上海市嘉定区中小学提升课堂教学品质的内生策略作一阐述,以进一步凝练提升课堂教学品质的策略和方法。

第一节　价值赋予策略：提升课堂教学品质的实践策略

在一定意义上,提升课堂教学品质就是要依据学校对课堂改进的主体诉求,倾向性地赋予特定价值取向。江桥实验中学以"学生的学习兴趣、情感体验"维度和"课堂教学的效率、效果等价值"维度确定课堂价值取向,并在"教学的设计与运作"和"关注教学的程序、方法"等方面形成价值赋予策略。

一、价值赋予策略的基本内涵

教师是提升课堂品质的主体,其背后是教师的观念和行动。规约着教师的观念和行动的是价值赋予。我们将"价值赋予"的内涵分为两个方面,一是观念层面的"价值取向",它规约着教师的教学观念;二是行动层面的"价值赋予",它规约着师生的课堂行为。我们认为,如果学校在改革和发展过程中逐渐形成的并相对稳定的"价值取向"能被大多数教师认可,便可以通过价值赋予策略落实到课堂教学之中,如此,学校的教学改革就进入了品质持续提升的通道之中了。

（一）我们的价值取向

我们从"学生的学习兴趣、情感体验"维度和"课堂教学的效率、效果等价值"维度确定课堂的价值取向，并借用自然界的"磁性"概念，表达课堂价值取向。师法自然中有"有序磁场""磁力吸引"和"磁化剩磁"等磁性概念，因此我们的课堂价值有三个方面取向。就课堂形态而言，形成一种以"有序场"为特征的课堂形态——"有序课堂"；就课堂特性而言，构建一种以磁体间"相互吸引"为特点的课堂逻辑——"吸引课堂"；就课堂效果而言，创建一种以"磁化剩磁"为特质的，学生"学有所获"为目标的课堂——"增值课堂"。

（二）价值赋予策略

价值赋予策略就是落实价值取向的程序化、序列化的课堂教学行为。我校品质课堂有三个价值取向，每个价值取向对应有三个"价值赋予策略"，形成了我校"三取向九策略"的品质课堂价值赋予策略。（见表 3 - 1）

表 3 - 1　江桥实验中学课堂教学的价值取向及价值赋予策略表

课堂教学的价值取向				价值赋予策略	
有序课堂 program	品质课堂是有序的课堂。在这个有序的学习场中，课堂诸要素有序地发生相互作用，由此形成学生丰富的学习经历。	P1	思维进阶有序		形象思维 模型思维 结构思维
		P2	教学流程有序		直线式程序 衍枝式程序 莫菲尔德程序
		P3	结构呈现有序		问题产生 问题解决 迁移应用
吸引课堂 attractive	品质课堂是有吸引力的课堂。在课堂中，师生之间、生生之间相互作用并吸引。	A1	个体自感		率性而为 真实情境 主动学习
		A2	群体互感		激发兴趣 同伴互动 合作学习
		A3	导向行动		有向吸引 以危致动 以圆致行

续　表

课堂教学的价值取向		价值赋予策略		
增值课堂 increment	品质课堂是增值的课堂。学生在知识获得、学科知识、学习能力和学习经历等方面均有积累和提升。	I1	强化训练	即时强化 举一反三 以简驭繁
		I2	即时检测	当堂笔测 当堂口测 课后作业包
		I3	阶段检测	阶段测试 长作业 评估档案

二、价值赋予策略

(一)"有序课堂"价值赋予策略(P1)：思维进阶有序

课堂教学过程中隐含着学生思维进阶过程，知识点只是学生课堂思维活动的媒介。所谓进阶，就是学生的思维有一个符合一般思维规律的分阶段行进过程。课堂上学生思维行进序列通常是形象思维、模型思维和结构思维，在教学中要结合教学内容、依据学生的认知基础，确定在某一个内容教学时进阶的重点和节奏。

1. **强化形象思维**

形象思维是以直观形象和表象为支柱的思维过程。强化形象思维，就是要在课堂上尽可能通过图片、音频、视频、实物等素材，创设课堂情境，并由此吸引学生的注意、引发学生的思考。

2. **归纳模型思维**

每一门学科都有经过锤炼和检验的思维模型，学科教学的重要任务之一就是要让学生在各个学科中，拥有若干模型思维。这里所说的模型思维指的是思维过程，这是学生思维品质和思维能力的重要标志，真正的学霸其实都有若干模型思维。

3. **搭建结构思维**

由于空间和时间的交织，学生在各学科学习过程中，知识点、问题、方法等往往会混杂在一起，这时候需要把表象杂乱的问题变得结构化而有序，这个思维工具就是结构思维。结构思维是一种思维工具，同时也是一种思维管理的方法，更是学生难得的思维品质。

（二）"有序课堂"价值赋予策略(P2)：教学流程有序

每一堂课都有自己的教学流程，而教学流程不是课堂各环节的简单叠加，而是各教学环节之间有逻辑的关联，这种关联依据的是具体的教学内容和学生思维发展的特点。磁性课堂的教学流程反映的是一堂课的整体架构，体现的是课堂吸引力所具有的指向性。在程序教学的分类中，教学流程有直线式程序、衍枝式程序、莫菲尔德程序三种方式，都是教师把材料分成很多细小的单元，分成一系列连续的小步子。

1. 直线式程序

这是斯金纳首创的一种教学程序，是经典的程序教学模式。在这一流程里，教师把材料分成一系列连续的小步子，每一步一个项目，内容很少。系列的安排由浅入深，由简到繁。这种教学程序适用于教学情节和知识结构简单的课堂，其特点是更能凸显课堂各环节之间的递进关系和逻辑关联。

2. 衍枝式程序

由于各个学生的学习能力及已有知识的基础不一样，另外，学习材料本身也有难易程度的区分，因此有人便在经典程序的基础上提出了两种变体，衍枝式程序便是一种。它是由美国人 A·克劳德提出来的一种可变程序模式。这一模式同样把学习材料分成小的逻辑单元，但每一步比直线式程序的步子要大，每个项目的内容也较多。学生掌握一个逻辑单元之后，要进行测验。测验用多重选择反应进行，根据测验结果决定下一步的学习。这种程序有助于消除不同能力的学生之间的学习差异。

3. 莫菲尔德程序

这个程序是美国心理学家凯(Kay·H)在莫菲尔德大学任教时提出的一种程序教学模式，它是直线式和衍枝式程序原则的结合。这一模式遵循的始终是一个主序列，它与直线式不同的是，只有一个支序列来补充主序列；它与衍枝式不同的是，学生通过支序列的学习不再回到原点，而是可以前进到主序列的下一个问题上，这样有利于学习效率的提高。

（三）"有序课堂"价值赋予策略(P3)：结构呈现有序

"五段教授法"的上课结构，渊源于赫尔巴特学派，迄今100多年，在近代教学中发挥了一定的作用，具有一定的科学性，直到今天仍有其生命力，被各国的学校所沿用。

其结构是组织教学、复习过渡、新课教学、课堂巩固、课后作业。

从"问题"角度观察，通常情况下，五段教授法中的复习过渡是问题产生过程，新课教学是问题解决过程，课堂巩固和课后作业是迁移应用过程。为此，我们用问题产生、解决和应用三个阶段来观照大多数课堂的结构。

1. 问题产生

问题一般都是在情境中产生的，所以在课堂引入时要创设有利于学生形成问题的课堂情境。大多数课都是平淡的，我们要设法在平淡中，通过教材以及各种补充的视频、实物、图片、文字等材料，通过"看所未看"来创设惊奇，这就是我们"磁性课堂"所谓的"无中生有"。我们要通过仔细推敲用词的课堂提问，通过"想所未想"形成"匪夷所思"，这就是我们追求的问题产生方式。

2. 问题解决

讲授新课是教师进行逻辑推理，进行比较、分析、综合、概括的过程。要抓住重点，巧破难点，揭示本质，要精练地将知识的基本要素展现出来。讲授中要全面贯彻教学原则，体现启发式教学思想，善于根据教材和学生的特点选择最灵便、最有效的讲授方法，既发挥教师的主导作用，又积极地引导学生主动地探求知识。为此，讲授开始，要向学生简要说明学习新课的目的、意义和要求，以便学生从总体上有所把握，引起学习的愿望与动机。讲授结束时要进行小结，归纳、概括讲授要点，使学生获得系统、完整的印象。

3. 迁移应用

在传授新知识后，一般都要随堂进行复习巩固。目的在于使学生对本节课所教的知识能当堂消化理解，加深巩固。没有巩固，就不能发展记忆，不能形成技能、技巧。随堂复习巩固不仅可以判明学生理解掌握新知识的程度，有针对性地纠正错误，弥补遗漏，而且可以通过初步运用新知识的练习，形成一定技能，为顺利完成课外作业打下基础。

(四)"吸引课堂"价值赋予策略(A1)：个体自感

自然界中磁体是如何吸引物体的，那是因为物体在磁场中能够自我产生感应。学生是课堂的主体，真实情境就是最重要的课堂"磁场"，在这个"磁场"中学生能产生自我感应。

1. 率性而为

树立"率性而为"的观念,以发展儿童个性作为教育的主要目标,将培养儿童的责任意识等作为实现教育目标的有效路径。"磁性课堂"是学生充分自由地表达的课堂。

2. 真实情境

情境在"磁性课堂"中不可或缺,是构成教学的要素之一。创设和运用情境是教学中常见的设计方法和课堂方式,意在触发学生积极的学习情绪或情感,促进学生的认知建构和思维发展,培育学生正确的学科价值观和社会责任感。创设真实情境,不只是为了学生的"愤悱"态,不只是为了课堂的引入,不只是为了阐述知识。真实情境应易于学生体验,要让学生主动去感受现实、去发现问题、去分析思考、去尝试探索,在解决问题中学习新知,因此要便于学生进行实验探究、信息查阅、交流讨论及成果体验。

3. 主动学习

好奇心是个体学习的内在动机之一,是个体寻求知识的动力,是创造性人才的重要特征。好奇心往往是随着学生探究问题而产生的。在探究问题的过程中,学生本身的知识积累和经验不能够解释眼前的问题和现象,那么好奇心就产生了。好奇心产生了,学生的情绪就会兴奋,思维也会随之活跃起来,并且初中学生通常会表现出比成人更强烈、更积极的心理去解决这些问题,解释这些现象。"磁性课堂"要激发和利用学生好奇的本性。

(五)"吸引课堂"价值赋予策略(A2):群体互感

磁场中的各个磁体,相互之间都会发生影响和感应。在课堂中,师生之间、生生之间的相互感应,对教学会产生非常重大的影响。

1. 激发兴趣

兴趣是吸引的表现形式,课堂上激发学生兴趣的方法很多,这里激发兴趣指的是利用从众心理,学生在课堂的群体活动中学习兴趣被激发。课堂教学是在多元心理活动同时发生的群体环境中进行的,一个和谐的群体发挥的作用往往超出该群体中单个个体作用的机械总和,会很好地起到促进学习质量提高和数量增长的正效应. 在群体的正确舆论导向下,个体的观念和行为与班集体和教师的主导倾向更多地保持一致时,个体的心理与群体是和谐统一的,这有利于保持其身心健康,激发并巩固其学习积极性,提高心理活动水平,增强记忆效果。

2. 同伴互动

同伴互动学习指在两个或两个以上学生间发生的,以学习能力提升为指向,通过多种手段开展的旨在实现学生持续主动地自我提升、相互合作并共同进步的合作研究活动。根据教育主体自主性发展的教育理论,所有能有效地促进学生发展的学习都一定是自主学习。让学生像小老师一样把所学知识讲授给同伴,会加深其对知识的理解,从而促进自身学习能力的提高。真正要提高学生的学习水平,靠上课这点儿时间是不够的,平时的监督很重要,课堂上应尽量给学生多点儿时间加强同伴学习,减轻学生课后负担。

3. 合作学习

合作学习是指在课堂上,学生为了完成共同的任务,有明确的责任分工的互助性学习。合作学习鼓励学生为集体的利益和个人的利益而一起工作,在完成共同任务的过程中实现自己的理想。磁性课堂上的合作学习,在结果上强调有效合作,在形式上强调分工合作。

(六)"吸引课堂"价值赋予策略(A3):导向行动

所谓导向运动,是一种"自主导向性学习",就是以学生个人自我驱动、自我管理为核心,在同学或教师的帮助下或独自操作完成的活动过程。在整个过程中,学生自我评估自己的学习需求、寻找各自学习所需的资源、拟定各自的学习计划、选择并实施各自适当的学习方法与策略,并评价各自的学习效果。其主导要素和典型特征是学生自主学习,教师和他人起引导作用。意为在师长的引导下,帮助学生进行自主的学习。

1. 有向吸引

就像磁场的吸引都是有方向的,有吸引力的课堂也一定是有目标指向和实际运行方向的。教学目标是教学的目标指向,教学目标始终贯穿在备课和上课的每一个环节中,是指导教学行为的风向标。磁性课堂的有向吸引,要求课程内容立足学生核心素养,基于概念探究,依托单元教学计划表,组织和开展课堂教学。

2. 以危致动

课堂上,紧张是"致危"的最重要方式,但是,紧张感要保持在适当的范围,既防止"过",又要防止"不及"。适度紧张有利于调动学生的积极性,提高创新思维能力,提高学习效率。紧张是一种有效的反应方式,是应付外界刺激和困难的一种准备。有了这种准备,便可产生应付瞬息万变的力量。紧张的情绪也可予以升华,专用于学习。当情绪突然紧张起来时,往往精力特别集中,有利于把事情做得更好。而随着任务的顺利完成,内在的紧张也得以渐渐消失,因此紧张并不全是坏事。课堂上的适度紧张要让学生觉得:课堂上的任务的完成情况都将必然或大概率地在课堂上即时地做结果呈示和评价。老师课堂上问的问题、布置的任务,每个同学都有可能被问到,任务完成情况都有可能在班级呈示出来。对于小组任务,则要尽可能全部做结果呈示。挑战性任务是课堂"致危"的另一种方式。课堂布置的任务,如果没有难度,就没有紧张感,所以要布置具有挑战性的任务。这个挑战性,就是所谓的"跳一跳能摘到苹果"的难度。挑战任务的设计,通常考虑从"完成的时间""内容的难度""活动的方式"三个方面体现挑战性。

3. 以圆致行

如果将认知进步和发展看做向前行,那么思维也需要成为"圆形"才容易前行,即"圆则行"。心理学上,将阻滞思维的因素称为思维障碍,它们是思考问题时的误解、曲解、困难、困惑等。以圆致行的方式之一是"打磨问题",就是要打磨掉圆周线之外的突起,消除思维"圆形"的障碍。打磨问题,首先是打磨核心问题链。"磁性课堂"的灵魂应该有一条线,一条连续的、有方向的磁感线。这条线决定了一堂课的目标指向和演进路径。所以,一堂课的核心问题不会是一个,而是多个核心问题通过逻辑关系、位列关系、时序关系链接形成的核心问题链。以圆致行的方式之二是"填补缺口",原本应该是一个完整的圆行有了缺口,缺口越大,就越无法前行。所以要填补缺口。缺口可以分为两种,一种是知识方面的缺口,另一种是思路和方法方面的缺口。填补知识缺口,我们更重视从单元教学的角度去预估和检测学生的知识缺口,并在课前课后做补救。在课堂上,要及时接收学生传过来的反馈信息,即时填补缺口。课堂上的填补缺口,往往是通过教师有意识的一个提醒、几句话的回顾等方式来实现的。学生思维中的思路缺口主要是两个方面,一是缺乏整体思维,二是缺乏理性思维。学生思维中的方法缺口,主要在逻辑推理方法上,往往是缺乏推理的科学性。

(七)"增值课堂"价值赋予策略(I1):强化训练

强化训练就好比磁化,磁化就是使原来没有磁性的物质获得磁性的过程,课堂增值就是磁化后的剩磁,是指一个物体离开磁场之后剩余的磁性。就像磁化需要一个外部强化的磁场一样,强化训练需要强大的课堂磁场,在强大的磁场中,扭转学生的思维和认知偏差。

1. 即时强化

即时强化一方面要提高课堂教学中记忆强度。一说到记忆,人们往往以为是让学生死记硬背,以为是一种低级的教学方法。其实,记住核心概念和知识对初中学生来说非常重要,它也是学生厘清概念以及学会知识应用的基础。让学生自己在讲讲、想想、议议中记住核心概念和知识。即时强化另一方面要强化课堂即时评价,特别是正面评价、肯定性评价、鼓励性评价。教师要有即时评价的习惯和智慧。

2. 举一反三

课堂上,在结论出现之后,为了使新知识与学生的认知架构发生同化或顺应,需要举一反三地做知识的强化和应用。这里的"一"指的是新课所学的知识和方法,"三"就是多次课堂练习或活动。举一反三的活动内容可能就是简单的一次师生对话。但是,对于多次课堂练习或活动,教师要在课前做精心的设计,考虑到多次训练中的共性特点和递进关系。

3. 以简驭繁

以简驭繁,就是运用简捷了当的方法来处理复杂纷繁的事物。磁体之间的相互作用可以是纷繁复杂的,但是磁场的性质是简单的。那么该如何以简驭繁,让课堂不再繁琐和臃肿呢? 通过课堂教学形成的原理、方法都是至简的,而现象、结果的呈现则是复杂的。以简驭繁的要诀就是——理解原理,学会方法。

(八)"增值课堂"价值赋予策略(I2):即时检测

即时检测,就是在本节课学习结束后,当堂检测学生对新知识的记忆和理解。检测的方法分为笔测和口测。笔测须有分层检测功能。

1. 当堂笔测

课堂即时检测。笔测就是要让学生动手写,常用的方式是作业纸或小卡片、小组合作使用小白板等。当堂笔测需要在课堂上即时反馈,目前采用较多的方式是手机同屏将作业呈现在大屏幕上。笔测题可以有三类,即记忆检测、理解检测、应用检测。

2. 当堂口测

口头测试,可以是问答形式,也可以是提出问题后,学生就答案作交流和表达。每节课,教师都要尽可能设计口头测试的内容。

3. 课后作业

各学科有校本化的作业包。

(九)"增值课堂"价值赋予策略(I3):阶段检测

阶段检测的方式包括阶段测试、长作业和评估档案。内容包括知识、方法和综合能力三个方面。简单记忆容易随着时间推移而遗忘,而学习过程中形成的原则和方法就不容易遗忘。

1. 阶段测试

阶段测试除了常规的单元测试、期中期末测试之外,还有阶段微测试。微测试,就是在课堂上用 5 到 10 分钟时间,对之前的学习内容做检测。

2. 长作业

长作业,又叫做发展性作业,分为拓展题和探究题两种。拓展题对学有余力的学生提出更高的学习要求,题目的难度要求相对较高,学生可以在一个单元学习阶段完成。探究题是课题研究和社会实践方面的作业,单元学习初期或学期初就提出并交给学生,在一个阶段或一个学期内完成。

3. 评估档案

每个学生有一个电子评估档案,内容包括学生的基本情况,以及阶段测试和长作业答题情况汇总表。每个班级有一个评估汇总表,汇总表的纵向是班级学生姓名,横向是主要知识点、基本技能、思维能力等。

三、"价值赋予"对提升课堂教学品质的启示

提升课堂品质以观念更新为前提,以行动落实为保证。"价值取向"是观念的逻辑起点和框架,"价值赋予策略"引领和塑造着教学行为。教学价值取向转型是教学改革的重要内容。江桥实验中学"三取向九策略"辩证地看待教学的各个维度,对教学以及人的发展给予全面观照,体现了对教学过程与结果的兼顾,对教师主导作用与学生主体地位的并重,以及对教学的工具性与伦理性的整合。教师对三种价值都给予了较为

均衡的认同和关注,没有片面强调某一方面的情况。特别是在以往教学中被忽略或轻视的"过程""学生""伦理",如今也受到了充分的重视。而且,教师这种较为全面和均衡的价值取向不仅表现在观念层面,在行动之中也有所体现。

课堂品质提升,需要对课堂教学不断反思和调整。虽然整体上教师对三种价值取向都给予了较高的关注和认同,但相对而言,教师在行动中对"教"的关注要比对"学"的关注更多一些。从课堂价值取向在观念和行动之间的差距来看,"学生""伦理"和"过程"方面的差距明显大于"教师""技术"和"结果"。这种差距提醒我们,教师的教学价值取向仍有进一步优化的空间,特别是缩小行动与观念之间的差距,把对"学生""伦理"和"过程"的重视落实到教学行动之中。在今后教学改革课堂品质提升的实践中应密切关注教师价值取向的发展变化,及时调整偏差。

第二节　理念渗透策略：高品质课堂教学的理念之维

一直以来,我校坚持以课程教学的变革为根本,立足于"为了师生的幸福成长"的办学理念。在"十二五"期间,学校提出了"打造快乐有效的课堂"的幸福苏民品质课堂理念,倡导为学生提供快乐学习、快乐活动、快乐成长的环境,促进学生健康、快乐成长。怎样用"快乐有效"的理念来指导教师提高教育教学品质,让学生真正乐学、善学?我们一度提出过"教师应在课堂中有效提问""要在课堂教学中注重教学方式方法的多样性""师生互动"等切入点,但都没有具化为具有苏民特色的课堂实践。

2017年6月,苏民学校正式成为嘉定区教育局"聚焦学生学习,提升课堂品质的区域行动"项目重点实验学校。以参与区重大课题项目为契机,坚持以课程教学的变革为根本,通过打造"幸福课堂"聚焦学习变革,推动学校课堂品质的提升。

2018年4月,学校上报了项目子课题实施方案《构建"幸福课堂",提升学习品质的实践研究》。同年9月,经过嘉定区教育学院及上海市普教所的论证与指导,学校正式开展"幸福课堂"的实践探索,将"幸福课堂"理念渗透到日常教学中。

一、 理念渗透策略的主要意涵

高品质的课堂教学总是有其内蕴的理念的。新时代思想下的教育内涵熔铸于基层学校的教育实践中,处在社会转型发展关键期的教育需要树立"幸福成长"理念。学校需要转变教学方式以得到教育专家的认可,其共识就是教育要体现以人为本,切实实现课堂内的"快乐"和"有效",才能凸显学校文化理念:一切为了师生的幸福成长。我们将此理念渗透到教学实践过程中,建构"幸福课堂",推进教学变革与转型。

学校"幸福课堂"理念传递的是一种快乐、有效的学习理念,倡导人人学有所乐,人人学有所得。以学生的学习为中心组织教学,要加强对学生的"学"的研究,把课堂教学的出发点和着力点从"教师如何教"转向"学生如何学",教师的教学要从"课堂讲授"转向"有效地设计和组织学习"。"幸福课堂"建设着力在课堂品质的提升方面做深入的实践研究,即应该从学与教的结构转换、学与教的时间分配、学与教的顺序变换、学与教的组织形式变革等角度推进改革。"幸福课堂"的建设,魂在理念,主阵地在课堂。在学校"为了师生的幸福成长"办学理念的指引下,用"幸福课堂"理念来指导课堂教学,有利于打造具有个性特色的课堂,有利于促进教师独特教学风格的形成,同时也有利于为学生的学习和成长奠定坚实的基础。

用"幸福课堂"理念来指导课堂教学,首先需要探索"幸福课堂是什么"。在前期准备过程中,我们通过对学生、教师、家长、专家的调研,从不同利益相关者和研究者的视角收集了有关"幸福课堂"的要义。从学生视角来看,理想的"幸福课堂"是愉快、轻松的,师生互动性强,教师态度亲切,学生能够得到老师的支持、肯定;从教师视角来看,"幸福课堂"能让学生享受到学习过程的快乐,体验苦尽甘来的过程,品尝学有所成的滋味,最终获得生命成长的幸福;从家长视角来看,"幸福课堂"能激发学生的兴趣,让学生学到知识、获得信心,体会到学习的乐趣;从专家视角来看,"幸福课堂"具有安全与自由、民主与关怀、轻松与愉悦、趣味与美感、自主与挑战、合作与分享、满足与实现等特征。可见,大家对"幸福课堂"都有着自己的想法,但无论哪种角度的理解,其中都隐含着"幸福课堂"既给人一种愉悦感,也给人一种获得感。

哈佛大学"幸福课"的讲师泰勒·本·沙哈尔认为,幸福是"快乐与意义"的结合。快乐代表现在的美好时光,属于当前的利益;意义则来自于目的,属于未来的利益。形象地说,幸福不是为了拼命爬到山顶,也不是在山下乱转,而是尽情享受向山顶攀登过程中的美好。与之相应,幸福课堂,就是在课堂上教师创造有利的条件,为学生提供不同的学习机会和平台,引导学生在充满自主性和愉悦感的情境下掌握知识、形成技能、发展智力并体验成功感和自豪感。可见,"幸福课堂"的结果应该是有效的,"幸福课堂"的过程应该是快乐的。因此,结合前期调查结果,我们确定了"有效"和"快乐"是打造苏民"幸福课堂"的两个关键点。

二、 理念渗透策略的实践操作

(一) 以评价指标引领"幸福课堂"

一般来说,教学评价具有导向性、激励性、检测性、反馈性与发展性,在"幸福课堂"理念指导下的教学评价,有利于课堂幸福文化理念的形成和展现。那么如何将"快乐"和"有效"这两个关键点落实到课堂中,使课堂成为大家所一致认同的"幸福"的样子呢?我们开始查阅文献、寻求指导、开展研讨,探寻与"快乐"和"有效"相关联的细化点,即课堂观测指标。通过不断地研究探讨,我们先后设计了三个版本的指标:

在1.0版本中,我们简单地把"有效"归为教师的教,把"快乐"归为学生的学。后来我们渐渐明白"教"和"学"是互相融合、不可孤立的,我们的分类较为片面,同时也缺乏较好的理论支撑。

在2.0版本中,我们将有效和快乐融入到"教学方式""课堂文化""课堂学习"三个一级维度中。"教学方式"包含了生动讲解、有效指导等,是将有效、快乐体现在教师教学中;"课堂文化"包含了合理设计、丰富资源等,是将有效、快乐体现在教师和学生的交流互动中;"课堂学习"包含了专注倾听、积极互动等,是将有效、快乐体现在学生学习中。2.0版本的优点在于体现了"教"和"学"的融合,关注了教师的教和学生的学之间的互动,但是还是没有非常清晰地理清"有效"和"快乐"这两个关键点具体包含的下级指标维度及联系。

因此,在3.0版本中我们汲取了前两个版本的优势,将有效和快乐作为一级维度,并在"有效"和"快乐"维度中同时体现了教师教学和学生学习两方面。于是我们一边梳理了苏民学校"幸福课堂"指标设计的理论基础,一边探索"有效"与"快乐"一级维度下的细化维度。"有效"指向的是"幸福课堂"的结果,直接引导指向的是促进学生的发展,尤其是学生心理能力的发展。通过理论研究,我们认为提升学生的思维品质是构建"有效"课堂的关键因素。北京师范大学的林崇德教授认为通过对学生思维品质的培养和训练,能够帮助学生在质疑、思考、分享、碰撞中思索问题,积极地、主动地、广泛地获取知识与信息。思维是智力和能力的核心成分,思维品质的发展即智力和能力的发展,通过知识传授这一"中介",让学生在教师的引导下掌握知识,形成技能,发展智力,培养能力,最终达到全面发展。思维品质包含了思维的敏捷性、灵活性、独创性、批判性和深刻性五个方面。于是我们将敏捷、灵活、独创、批判和深刻作为一级指标"有效"下的五个二级维度。而"快乐"是"幸福课堂"的过程性体验,即这种体验应该是"快乐"的。它包含了四层含义:第一,快乐是一种轻松的课堂氛围。轻松的课堂氛围是"快乐"的基础,是能让学生在课堂上产生愉悦的心理体验。课堂承载着师生的生命律动,让课堂洋溢着轻松与快乐、愉悦与舒畅应该成为师生共同追求的目标。第二,快乐是一种投入的学习状态。在轻松的课堂氛围中,学生能对课堂教学内容感兴趣,能够投入到课堂学习中。第三,快乐是学习过程中的合作与分享。学生不仅作为个人能投入到学习中,而且能作为集体的一员在小组合作中积极主动地参与讨论,乐于将自己的想法分享给大家。第四,快乐是一种自我价值的满足与实现。马斯洛需求层次理论认为自我实现的需要是最高层次的需要。从课堂上来说,这种自我实现意味着学生在课堂上较好地发挥了自己的创造潜能,在课堂学习中最终成果是充实的、成功的,这样的学习过程才是快乐的。所以我们认为在一级指标"快乐"维度下包含了"轻松、投入、合作和满足"四个二级维度。从而形成了苏民学校幸福课堂观察指标维度框架,如表3-2所示。

（二）用教学实践支撑"幸福课堂"

理念渗透需要课堂教学实践来支撑,在搭建了幸福课堂观察指标框架后,经过多次研讨,我们设计了每个维度下具体的检测点,形成了"苏民幸福课堂观察指标"。随后开始课堂教学实践,聚焦"幸福课堂"开展有效研修。

全体数学教研组教师首先开展了研究活动,结合数学课堂的特点确定了适合数学课堂使用的"数学学科课堂观察指标"。

表 3-2　苏民学校幸福课堂观察指标维度框架

一级维度	二级维度	内涵描述	对象	教学环节			
				目标	内容	过程	评价
A1 有效	B1 敏捷	指思维活动的速度呈现为一种正确而迅速的特征,它反映了智力的敏锐程度	教师	有目的地培养学生思维的敏捷性	能设计激发学生快速思考的教学活动	/	把学生思维的敏捷性作为教学评价指标,鼓励学生又快又好地解决问题
			学生	/	/	上课时能够紧跟老师的思路,并对老师的学习要求迅速做出反应	/
	B2 灵活	指灵活的思维活动,表现为方向灵活、过程灵活、结果灵活、迁移能力强等	教师	有目的地培养学生思维的灵活性	为学生提供各种学习情境,让学生能多角度思考问题	教学方法多样,课堂有交流、有分享	把学生思维的灵活性作为教学评价指标,能指导学生换角度看问题
			学生	/	/	能用多种方法解决问题	/
	B3 独创	指个体思维活动的创新精神或创造性特征	教师	有目的地培养学生思维的创造性	有开放性的预设,及时捕提教学过程中衍生出来的学习资源	调动学生创造的积极性,给学生留有思考的余地	把学生思维的独创性作为教学评价指标,给学生留有思考的余地,能正向评价学生的新想法
			学生	/	/	能提出与他人不同的观点和办法	/
	B4 批判	指思维活动中独立分析和批判的程度,是思维活动中善于严格估计思维材料和精细	教师	有目的地培养学生思维的批判性	给学生提供能够培养批判性思维的学习情境	给学生留有思考的余地,引导学生质疑问难	把学生思维的批判性作为教学评价指标,教学评价反馈及时,给予改进学习的机会

一级维度	二级维度	内涵描述	对象	教学环节			
				目标	内容	过程	评价
		检查思维过程的智力品质	学生	/	/	能够反思自我,敢于质疑别人	/
	B5 深刻	指思维活动的广度、深度和难度,表现为深入思考、善于概括归类、逻辑抽象性强等	教师	有目的地培养学生思维的深刻性	定位学生最近发展区,对学生有一定的挑战性	有开放性的预设,给学生留有思考余地	把学生思维的深刻性作为教学评价指标,教学评价方式多元,让学生能够全面深入地认识自我
			学生	/	/	能深入思考学习内容,回答问题逻辑性强、有深度	/
A2 快乐	B6 轻松	轻松的课堂氛围,能够体现平等、关怀、自主等	教师	/	/	关爱学生,平等对待每个学生,给予学生自主学习的机会,乐于与学生交流互动	/
			学生	/	/	课堂学习状态轻松,没有过大压力	/
	B7 投入	学生对课堂教学内容感兴趣,能够投入到课堂学习中	学生	/	/	上课认真,积极思考问题,有持续的学习兴趣	/
	B8 合作	学生在课堂学习中能够与他人进行合作	学生	/	/	能够在课堂上与他人进行合作	/
	B9 满足	学生在课堂学习中能够获得满足感和成就感	学生	/	/	能够在课堂上获得成就感	/

在首次课堂观察和研讨活动中,全体数学组教师在金婉老师执教的数学公开课上利用观察量表对"幸福课堂"进行了量化观察和评价。利用纸质版的指标,从有效和快乐两个维度、教师和学生两个视角的所有观测点,对课堂进行打分并给出建议和评价,也为以后用于课堂观察的小程序提供了研究样本。在公开课后的研讨过程中,我们结合金婉老师的这堂课,讨论了中学数学观察指标的适用性,同时我们发现要想在一节课中观测到所有指标是非常不现实的。经过老师们的讨论,我们决定每节课减少到十条指标进行观察,并且在观察的过程中老师们可以深入到每个学习小组,近距离地观察每个学生的表现。

我们再度深入课堂观察,用课堂观察的小程序对蔡媛媛老师执教的数学公开课进行了量化观察和评价。在课前我们根据蔡媛媛老师提供的教案在所有观察指标里选取了十条指标进行观察,课后全体数学教研组教师、幸福课堂研究项目的全部组员对这节课进行了研讨,在研讨中老师们建议可以在课前集中研讨对于观察指标的设定,随后再进行课堂观察,并且对每个指标具体怎么评进行了讨论,老师们一致认为采用打分、图片与评语结合的方式对每条指标进行评价,更加有助于上课的老师找到本节课堂教学中的优势与不足。

有了前两次的实践,我们为优化课堂观察进行了第三次课堂观察与课例研究工作,用课堂观察的小程序对吕龙老师执教的数学公开课进行了量化观察和评价。老师们在课前进行了研讨,吕龙老师首先对本节课的教学目标、内容进行了简单的介绍,随后老师们围绕具体教案挑选了深刻、批判两个二级维度的四条最适合本次课堂观察的指标。在课堂观察过程中,每个老师选择一个学习小组,坐到学生中间,近距离地观察每个学生的表现。听课教师定点定位,对每一个指标进行打分并配上上课时的图片给出具体建议和改进意见,进一步明晰了"幸福课堂"的构建路径。

三次课堂观察研讨活动,我们采用了不同的形式进行尝试和改进。通过实践,我们也对"幸福课堂"的理念理解得更加深刻。有了数学组的实践经验,接下来学校科研室继续结合语文、英语等学科特点,制定出适合各学科的观察量表对"幸福课堂"进行量化观察和评价,为进一步完善课堂观察进而形成课例研究机制,提升教研水平与课堂品质而努力。

我们通过语文和英语两节研讨课深入推进基于课堂观察量表进行课堂评价的研究工作,中小学语文和英语老师用课堂观察小程序分别对刘静和肖植桑两位老师执教的语文和英语课进行了量化观察和评价。语文和英语教研组的老师坐到学生小组里面，采用课堂观察小程序对课堂进行了量化观察和评价。之后，大家根据小程序收集的观察数据，开展了热烈的研讨交流。参与课堂观察的老师对于本次教学研讨活动给予了充分肯定，大家一致认为将针对性强的评价指标与近距离观察结为一体，用小程序即时记录观察结果，可以更加优化课堂观察与评价，更好地通过课例研究，找到短板，优化课堂，提高学生的学习品质。

每一次的课堂实践既是对教学经验的总结，也是苏民老师敬业精神的体现。我们对本阶段研究工作进行了总结，并在嘉定区教育科研重大课题"聚焦学生学习，提升课堂品质"专题研讨会上，对现阶段取得的成果进行了汇报。通过八年级数学课《共顶角顶点的等腰三角形的旋转问题》和六年级的学科融合课《考拉的生存危机》，向嘉定区教育局、教育学院领导、专家以及南翔学区各校的领导和教师代表展示了苏民学校"幸福课堂"的实践成果，得到了各位领导、专家的一致好评，也让我们更有信心继续"幸福课堂"的探索，真正让"幸福课堂"在课堂中给予学生快乐的学习经历和学习体验。

第三节　亮点扩展策略：从突出亮点出发演绎教学品质

自 2002 年始，嘉定二中以物理实验教学改革为切入点，开展"勿离手"高中实验教学改革的研究与实践，历时多年的"勿离手"实验教学改革，在"小"上做文章，引发师生的"大"思考，为促进师生的思维转变提供了很好的载体，教师改变了已有的教学方式，引领学生参与到实践研究中去。学生改变了已有的学习方式，能自觉利用物理知识分析、解释生活中有关现象，将所学知识运用于生活实际，课堂上学生不仅敢于提问，还敢于质疑，养成了探索研究的学习习惯。为此，学校将"勿离手"高中物理实验教学改革的研究与实践的成果继承发展，采用亮点扩展策略将"勿离手"的意涵延伸到其他学科，立足课堂，加强体验实践，引导学生转变学习方式，立足教学做合一，建构师生间动口、动手、动脑的"立体课堂"，培养和发展学生的思维能力，让学生学会思考、判断与表达，在学科教学中落实核心素养，提升课堂品质。

一、 亮点扩展策略的意涵与特点

我校亮点扩展策略是通过聚焦"勿离手"成果中的亮点,结合学校多年教育教学改革中所获得的经验进一步丰富亮点,结合文、理不同学科扩展亮点,在教学实践与教育研究中突破亮点,最后形成成熟课例、案例及成果整合亮点这一分层递进式扩展策略。

美国著名教育心理学家奥苏贝尔在研究学习的分类时指出,学校是以有意义的接受学习为主要教学形式的。课堂教学的历史先进性,在它产生之初以及现在对教育的发展都起到了十分积极的作用。从这个意义上说,在学校教学工作中,课堂教学既是重点又是难点。课堂是教学的主阵地,课堂变革是实现教育深度变革的关键点。学校针对新课堂评价标准的定位、新课堂基本特征的把握、师生在课堂中角色改变进行思考和实践才能清晰认识教育的发展方向,进行改革的精确定位。

我校亮点扩展策略的主要目标是试图结合"勿离手"意涵改变课堂教学中缺少师生平等的构建,教学内容的确立基本由教师预设决定,忽视学生学情;课堂尚缺师生间思维的深入推进;课堂环节相对单一、静态,较多体现知识单向性传输等特点。建构各个学科立体的课堂教学设计的模型,形成一个思考教学问题、进行课堂教学设计的一般程序,使得教师能够在头脑中建立一个立体的课堂框架,进而培养出具有嘉定二中融合人文的科技教育特色的人文底蕴厚实、勇于创新实践、具有国际视野、科学素养突出的现代社会公民。

我校亮点扩展策略的特点是将学校实践活动与"勿离手"研究成果紧密结合起来,将研究成果推广到其他学科以改进学校的教育实践。学校带领教师采用多种方式边研究、边总结、边应用、边推广,在研究中促进推广,在推广中深化研究,形成独具特色的亮点扩展方式。

二、 亮点扩展策略的实践操作

（一）瞄准亮点,提炼品质

作为上海市"二期课改"实验学校,嘉定二中针对新课程强调实验教学的重要性与现实教学中实验教学被忽视的矛盾,以及新教材设计的很多实验缺乏实验器材的现状,制定了《"勿离手"物理实验教学改革实施方案》,成立物理创新实验室,发动全校师生开展实验设计,制作教具和学具,营建动手实验的学习氛围。

物理创新实验室在建设的过程中,积极将学生科技创新活动中的小制作、小发明与学校三类课程相整合,构建了开放型、实践型的物理校本课程,提高了师生创新能力,推进了素质教育,培养了学生重科技、重实践、勤于动脑动手的良好习惯。

学校历时16年的"勿离手"实验教学,已经成为区域、市级乃至全国有名的教学改革。近年,学校举办了由市教委指导,市教研室、区教育局主办的"实验教学与教师创新——学校创新团队的启示"的圆桌论坛。而今,"勿离手"不但代表了物理学科的改革,也成为学校特色教学的理念和方法。同时,恰逢嘉定区在"品质教育"研究的深化,确立了"聚焦学生学习,提升课堂品质的区域行动"项目,学校积极响应嘉定区的号召,结合多年"勿离手"实验教学的积累与沉淀,实现当下的课堂从"关注教师"向"关注学生"转变,建构"学中心""生中心"的课堂。课堂上学生动手动口动脑,在操作体验实践中获取知识,获得获取知识的能力和运用知识的能力。但是理念和实践之间还存在一定的差距。表现为:课堂缺少师生平等的构建,教学内容的确立基本由教师预设决定,忽视学生学情;课堂尚缺师生间思维的深入推进;课堂环节相对单一、静态,较多体现知识单向性传输等缺点。学校基于对课堂评价标准的定位、课堂新的基本特征的把握、师生在课堂中角色改变的思考和实践能清晰认识教育的发展方向,进行改革的准确定位,进一步提炼出"立体课堂"作为学校课堂的独有品质。

(二)丰富亮点,聚焦品质

近十多年,嘉定二中先后以"青蓝计划""地平线计划"和"阿基米德计划"为载体,以"提升课程品质、教学品位、教师境界"为思想指导,分阶段实现了"有课程意识的教学、有文化素养的教学和有哲学境界的教学"。为此,我们在研究中,通过专题讲座、暑期务虚会、教研活动等形式来强化"一个转变、两个抓手、三个关注"。

所谓"一个转变",就是通过政策解读和命题研究,解决教师们的新理念、新要求与传统惯性间的矛盾,转变教师的教学理念,改变其教学行为。"两个抓手",就是"考改"的着力点是高考招生制度的改变,"考改"推动的是高中课堂教学方式的变化,"考改"的终极目标是育人模式的变革和学生学习方法的转变。所以围绕高考新政,以"教改"和"学改"为抓手。"三个关注"即关注标准、关注学生学习动机和认知的投入、关注学生的深度学习。第一,关注标准。基于标准开展教学,研究新课标和考题,保证教学基本要求的落实,考教一致性,关注教师命题能力的提升和作业的改善,让教和学真正发生,让学和教双落地。第二,关注学生学习动机和认知的投入。关注学习任务的价值,营造友好协助的学习氛围,注重探究,提供更多收集、分析、解释信息的机会,从而培养学生在学习中的自主性。第三,关注学生的深度学习。提升课堂教学品质,促进学生深度学习。基本策略:诊断(课前的学情、生情分析到位);聚焦(备课时寻找教学内容对学生发展的价值);架桥(为学生的深度学习提供支撑条件,将学生已有的知识和新知识勾连起来);侧重(侧重分析问题与解决问题、阅读与表达、思维等品质)。

根据各学科特点,按教研组下设学科研究小组,由教研组长担任本学科指导研究工作负责人,及时指导本组教师开展相关研究工作。各组员既可以在课题组统筹安排下针对本学科现状开展课例研究(规定动作),也可以根据所任班级学生学情需要实施个性化课例开发(自选动作)。

(三) 扩展亮点,提升品质

文科与理科分别由语文组与物理组率先进行实践研究。学校遴选语文与物理学科教师在个别班级进行实验,依据学校基于"勿离手"意涵的"立体课堂"的内涵,创建和完善学生课堂实践学习活动,观察效果,积累课例。在研究中及时发现问题,边实践边修正,最终形成文、理学科模板。

在研究中及时发现问题,边实践边打磨边修正,最终以李孝华老师撰写的《在思辨性阅读中拓展学生生命体验的多重维度——以〈长恨歌〉整本书阅读实践活动为例》作为"立体课堂"的文科学科模板。这堂课是为了打破当下学生学习文言文过程中功利性认知、片面化定位的弊端而做的一次全新的尝试,教学环节以思辨性问题为引导,具有开放性和挑战性。在文言合一的探讨过程中,促使学生们主动动手查阅学习资料,在小组合作的过程中积极思考,勇于表达,形成思维碰撞,在思辨性话题讨论中激发学生对史传文学深度阅读的探究意识,发现《史记》这类文言作品的全新阅读体验和阅读价值。这种动口(勇于表达、善于表达)、动脑(积极主动思考、思辨)、动心(关联学生成长的价值观的养成)的语文课堂,真正体现文科学科与"勿离手"意涵的"立体课堂"模型的内在本源联系。

以李伟号老师撰写的《以递进式的课堂例题引导学生形成有逻辑的思维——以电路的动态变化为例》作为"立体课堂"的理科学科模板,本节课教师将自己和其他老师分别在高二、高三年级教学"闭合电路的动态变化"的内容进行比较,尝试用有层次的课堂例题来引导学生形成逻辑思考能力,在教学设计中需要突破的难点用实验来验证,以起到提起兴趣、加深印象的效果。课堂中,教师尽可能地创设学生独立表达的机会,在表达的过程中,提升学生如何用科学的、严谨的语言阐述自己的观点的能力。这堂课真正突破"勿离手"实验教学的固有教学模式,呈现了"立体课堂"形态下物理核心素养培养的崭新模式的一堂课。

(四) 突破亮点,凝聚品质

根据文、理形成的"立体课堂"模板,语文与物理学科首先由点到面开启了"立体课堂"模式下的课堂实践。语文学科许正芳老师的语文教学以学生的疑惑为教学起点,引导学生渐入语文之境。她在课前收集学生的问题(或质疑),同时结合教材本身的特点及语文教学的基本要求,在新课标的理念之下,形成教学的主问题。在此基础上,她设计得宜的学生学习活动将学生置于课堂的主体,引导他们沉浸、体会、感悟、思辨。课后,让学生梳理和总结课堂所学,并将学习的要求延续到课堂之外。如在古代诗词教学中,她将学生引入到品味诗句进而分析诗歌深刻内涵的读诗路径上,采用"品味诗句—教师品读—名家评论"的基本步骤,让学生试着走进诗人的内心世界,进而读懂诗歌。在"知人论世""以意逆志"的过程中,完善学生学习诗歌的方法和经验。语文学科王燕君老师注重对学生综合素养的培养,她注重课堂上学生思维能力和鉴赏能力的培养。她在执教汪曾祺《胡同文化》时,善于把握散文教学的基本要求和特点,通过富有层次和梯度的问题带领学生逐步深入文本,达到鉴赏的目的。语文学科倪玮老师注重对学生思维能力和表达能力的培养。她执教冯友兰《我所认识的蔡子民先生》一课时,带着学生去品读作者复杂的内心世界,以学生的实际阅读情况作为起点,依托相关典籍资料作为支架,让学生真正体会到作者所写的蔡先生的伟大人格的真正内涵,并敏锐地抓住作者作为学生、学者、哲学家等身份,带着学生渐入深境,形成了"基于深度学习的语文课堂体系的建构与实施"的语文学科"勿离手"意涵的"立体课堂"教学模式。

物理学科马小草老师的物理教学注重培养学生对所学知识的应用能力,课堂上经常出现许多生活情景或物理实验,让学生用所学知识进行分析,以此提升物理素养。例如在"牛顿定律的应用"这节课中,他以"摇一摇""计步器""横屏竖屏"等常见现象作为引入,对一个自制的加速度器实验装置进行分析,最后还要求学生应用牛顿定律来解释许多生活现象并自己制作一个简易加速度器,在动手实践的过程中深化对于所学知识的认识。物理教师张绪华老师善用"启发式"教学启迪学生思维,注重从生活实例出发,引导学生建模、分析、体验,从中获取知识,提高能力,落实学科核心素养。例如在《力的分解》这节课中,通过演示"台秤上斜拉木块"的实验,启发学生分析拉力产生的作用效果,初步知道分解力的方法;通过用铅笔、细绳、砝码等器材,模拟"支架模型",体会力的作用效果,加深理解;通过"三角板插入夹子"的实验,探究"劈"的夹角对分力的影响,提高分析和解决实际问题的能力,形成了基于"勿离手"的物理课堂体系的建构与实施的物理学科"勿离手"意涵的"立体课堂"教学模式。

（五）整合亮点,延伸品质

随着语文、物理学科"勿离手"意涵的"立体课堂"教学模式的完善与形成,基于"勿离手"意涵的"立体课堂"主要分为三个维度:教师与学生(相互倾听,平等对话)、学生与教学资源(质疑探究,学做合一)、教师与教学资源(精准针对,关注差异)。教师通过对课堂中教学资源的合理使用,使学生成为"立体课堂"的主体,让学生学得更多(知识、观念、能力、品格),更想学(兴趣、关系、动力),更会学(方法、探究、实践)。

围绕"立体课堂"的三大维度,数学、英语、化学、生物、政治、历史、地理、音体美等学科也根据自身的学科特征形成适合自己学科的"勿离手"意涵的"立体课堂"教学模式。如:数学学科"基于学案式的数学课堂体系的建构与实施"、英语学科"建构具有思维流动性的体验式英语课堂体系"、化学学科"基于用实验教化学,强调学生的学习经历的化学课堂体系的建构与实施"、生物学科"关注学习经历的生命科学课堂体系"、政治历史学科"基于深度学习背景下的单元教学体系"、艺体美学科"寓教于动、寓学于乐的高效课堂体系"。基于"勿离手"意涵的"立体课堂"的学科课程,不仅充实完善了学校 HEMST 课程体系,同时也促进了学校特色课程群的建设。各学科在实践过程中,注意观察收集经典的实践案例形成初稿,经过打磨完善,形成系列的、完整的、具有区域辐射能力的成熟实践案例,最终为完成项目成果《学科课堂转型课例及策略集》奠定扎实的基础。

总之,亮点推广策略使"勿离手"的成果推广到其他学科并取得实实在在的成效,切实提升了我校的课堂品质。

三、亮点扩展策略的实践成效

随着亮点扩展策略的有效实施,我校各学科结合"勿离手"的研究成果,经过反复实践、提炼、深化与整合,最终形成了具有自身学科特色的亮点。如语文与历史学科

"深度学习"的立体课堂、数学学科"居家式"的立体课堂、英语学科"思维流动"的立体课堂、化学与生物学科"关注学习经历"的立体课堂、地理学科"行为体验"的立体课堂、体育学科"动与乐"的立体课堂、艺术学科"综合学习"的立体课堂。2019学年上海市课程与教学调研活动中,我校代表嘉定区高中学校承担了各学科的市级展示任务,学校教师结合自身学科亮点,充分展示我校"立体课堂"的特点与特色,获得市、区级别调研组的一致肯定与好评。随后在"上海市基础教育助力新秀教师教学展示与学习论坛"活动中,我校李孝华老师作为高中语文专场的代表教师向我市与南京市教师展示了具有我校"立体课堂"特色与亮点的语文课堂,课后于漪老师对我校"立体课堂"的课堂模式与研究价值给予了高度评价,并提出了宝贵的改进意见。

同时,我校学生近三年在各个学科领域累计获得区级以上奖项1956人次,其中在工程、科学、技术类比赛及研究学习中的表现不断提升。仅2017年10月至今,近800名学生在各科研院所和社会实践基地中开展选题立项、课题研究、考察调研、实验操作等活动,最终完成了各自的课题研究。2018届毕业生中超过50%的学生在高三学习期间将自己的课题研究报告提交第三方认证机构进行认证。2017年12月以来,沈书好等9名同学在上海市第十一届青少年生物与环境科学小论文评比活动中获得市级三等奖;张天璠等5名同学的《改善共享单车违停乱停现象的调研》在上海市"未来杯"中学生社会实践大赛中获二等奖;康鸿博等5名同学的《规范课外辅导机构管理的调研》在上海市"未来杯"中学生社会实践大赛中获三等奖;潘宇阳等同学在第十四届"上海未来工程师大赛"承重结构项目比赛中获得一等奖。

我校物理、历史、生命科学教研组基于学科特点积极开发"立体课堂"特色课程,编写了《求是·求知·求善》《史实·史学·史裁》《生态·生命·生活》等与创新实验室相配套的校本教材;综合教研组基于创新实验室的课程基础,携手编纂了配套的《嘉定二中学生研究性学习课题集》以及《嘉定二中学生研究性学习指导手册》,帮助学生更加有效地在"立体课堂"中成长提升。"物理小制作课程""公民道德修身"课程也于今年年初在上海市高中名校慕课平台完成开课。

三年来,学校全员参加"立体课堂:基于'勿离手'意涵的课堂教学转型研究"等10余个相关课题的研究工作。物理教师段玉文承担教育部重点课题"培养中学生物理语言表征问题能力的时间研究"获得"第九届嘉定区科研成果一等奖",同时被评为"上海市先进科研工作者""第九届嘉定区科研先进个人";化学教师管国琴承担区级重点课题"新高考模式下的高中化学校本化作业系统再设计的实践研究";语文教师许正芳、李孝华承担区级规划课题"高中语文学生学习活动有效设计的实践研究""基于学生发展核心素养的高中语文课前演讲活动的实践研究"获得第九届嘉定区科研成果二等奖;政治教师王建立承担区级青年课题"高中生核心价值观教育效果分析及对策研究"获得第九届嘉定区科研成果三等奖。

第四节 经验提炼策略：放大典型经验的育人价值

2017 年以来,嘉定区在"提升教育品质,聚焦学生学习"指导理念下开展"品质课堂"的持续探索,研究触及课堂教学样态变革和学校管理制度创新等多领域。2018年,基于长期的"助学提纲"探索实践与反思,安亭高级中学(简称安高)通过经验提炼与重构帮助"助学提纲"系统优化以有效推进学校课堂变革,实现教育品质提升与育人模式变革。

一、 经验提炼策略的内涵与特征

经验即"experience",日常指对感性经验所进行的概括总结,或指直接接触客观事物的过程。哲学上的经验是人们在同客观事物直接接触中,通过感觉器官获得的关于所接触对象的外部形态、表象与关联关系的认识。唯物主义认识论主张经验是客观事物在人们头脑中所反映的感性认识,有待于深化提升到把握对象内在的、本质的、必然关系的理性规律。从认知发展历史看,经验概括是人类认识与把握世界最初也是最广泛运用的途径。在研究方法论上,经验研究(empirical research)作为运用性研究(application research),着重关注现实生活中人们如何才能达到所制定目标的有效行动过程。[1]

---

① 风笑天.社会学研究方法[M].北京:人民大学出版社,2006:9.

经验提炼即"experience refining",就是将个体在与认知对象直接接触中所获得的直观感受和感性认识的理性再加工,是个体认知在理智制约推动下超越片面、表象、偶然而走向全面、深入、必然的智力加工过程。经验提炼具体体现在主体(单向度主体或复向主体)对认知过程与认知对象系统理性的推进。①作为实践驱动认知策略的经验提炼,通常包含着对经验的总结、验证、反思、拓展、完善等几个不同取向的认知实践阶段。

作为已经累积相对丰富的感性材料的实践活动,"助学提纲"项目实践的经验提炼应集中于目标、对象、过程等领域。"助学提纲"如何凝练、拓展、提升为整个学校育人模式与理念,实践过程中的感性认识与实践成果的共性特征作为经验性材料,均需通过系统的总结、验证、反思、拓展、完善,从而使得对"助学提纲"内涵理解与实践品质不断攀升。目前"助学提纲"项目的相关成果除朱光明、赵萍主编的《中学"助学提纲"教学方法研究》②于 2008 年由上海百家出版社出版外,许多基础教育阶段的学校如南京五十四中等也有经验借鉴③。当前关于"助学提纲"探索多集中于物理④、数学⑤、科学和语言类学科⑥的教学中,故急需对现有的感性经验成果加以提炼。

二、 经验提炼策略的主要做法

当前学校"助学提纲"项目将累计 12 年立足于各学科零星开展的"助学提纲"实践的既有感性经验进行总结提炼。具体而言,在"助学提纲"的开发与运用研究中,主要

① 杜晖,刘科成,等.研究方法论[M].北京:电子工业出版社出版,2010:11.
② 朱光明,赵萍.中学"助学提纲"教学方法研究[M].上海:上海百家出版社,2008:7.
③ 南京第五十四中学.H-E-L-P 教育观下的"助学提纲"——一所学校教学改革的探索[EB/OL].
https://wenku.baidu.com/view/1c17a8ec5ef7ba0d4a733b82.html.
④ 李静华.新课程背景下中学物理教学改革之探索——"助学提纲"在中学物理教学中的运用[D].苏州:苏州大学硕士学位论文,2009.
　　姜攀."助学提纲"在中学物理教学中的运用[J].沙棘(科教纵横),2012(12):168.
⑤ 张志科.如何提高"助学提纲"的有效性[J].师道・教研,2017(01):106.
⑥ 温虹雁.导学案助益阅读教学——以《威尼斯的小艇》第一课时为例[J].阅读・写作,2015(09):67.
　　刘坤.高中语文阅读教学助学导思策略研究[J].新课程,2016(12):6—7.
　　王革虎.阅读教学:助导学生学会重返生活现场[J].陕西教育(综合),2014(03):60,62.
　　丁粉林.提高英语课堂助学有效性[J].疯狂英语(教学版),2016(04):100—101.
　　黄莺.助学提纲在初中英语教学中的运用[J].镇江高专学报,2015(04):123—124.
　　许国武.阅读教学导学方法论[J].厦门教育学院学报,2001,2(06):54—56.
　　黄丽.阅读教学如何实施"以趣导学,以法导学"[J].河池师专学报学,2003(12):24—26.

是从目标、对象、过程方面展开对优化"助学提纲"变革学校教学的经验提炼。

（一）目标辨析：优质提纲的先行反思

从经典课程论到行为主义及其后认知主义与建构主义心理学都强调教学中目标的明确。[①] 教学情境下的目标感体现在教学设计与实施的对象感上。"助学提纲"研究中目标感的明晰需要教师对于前述相关目标有清晰深入的辨析，并以一种相对固定的"格式"保障"助学提纲"实践中对目标问题进行有质量的辨析。

1. 对比反思体察学生认知焦点

为破除对学生学习重难点的想当然预设，为"助学提纲"设计提供科学的切入点，需要教师开展多重实践对比，需要专家理论点拨和教师群体的监督与反思。如数学课《函数基本性质1（奇偶性）》的助学提纲研制中，在专家指导下明晰了数学专题复习课型后，及时抛弃了"函数奇偶性定义回顾"；同时在三次平行班教学与组内教师研讨辨析后，以"母题与变式题目组合"的类型，将学生存在认知盲点的相关题目归纳为三种层次四大类型，最终化解了本堂课助学提纲内容庞杂、效果不显著的问题。如《黄土高原生态环境治理》的助学提纲在针对黄土高原水土流失地理事项的表现、危害、成因、治理四块内容的主次定位上，也是通过课型定位与对比反思得以解决。

2. 机制预设推进整体变革效益

教育教学聚焦于学生的学习上，实现了"教育向学习的回归"[②]，这是20世纪初以杜威为代表的现代教育学"新三中心说"最深远的影响，也是新课改以来教育的指导性理念——"指向学生学习的教学"。要破除长久以来支配教学设计与课堂教学的传统教学理念，在行动中持续稳定地贯彻对"学生学习立场与需求关注"机制，则需要在行动层面预设变革基点——这是源自经济学机制与体制理论的智慧。在"助学提纲"类目名称上，项目组对"教学目标"与"学习目标"、"教学重难点"与"学习关键点"、"教学环节"与"学习环节"的确切内涵与价值取向展开严格的辨析，形成全新的类目名称，实现了"助学提纲"研发过程中对学生学习的必然关注，形式上的调整带来价值理念和教学品质的升格。

---

① ［美］R·M·加涅. 教学设计原理（第五版）［M］. 华东师范大学出版社，2000：37—39.
② 程介明. 让教育回归学习［J］. 上海教育，2012（25）：23.

（二）内容分解：提纲效能的对象保障

梅里尔提出"精确性"原则，即以不断分化、组合实现确定性教学情境下指向最佳效果的持续实践过程。[①]"助学提纲"研究中，作为效能基础保障的助学提纲的精确性通过内容分解得以实现。

1. 递进细分精确提纲设计定位

"助学提纲"设计中的"精确性"，即"助学提纲"与教学设计定位的精确性，直接影响教学效果。而要做到精准定位，需要对助学提纲设计所涉及的内容进行逐层递进细分，这种精细分解是整体把握与精准定位的基本前提。基于大量原子数据把握问题与趋势，正是大数据思维在教学决策中的运用，唯一不同在于单课设计参照数据的体量小于手动获取的结果。如数学课例的提纲设计中，通过课堂提问、学生研讨与订正辅导等途径对学生错题根源的逐层分解所形成的大体量数据显示：学生对"函数奇偶性"概念在具体情境中运用存在障碍。为此将专题性习题复习课的助学提纲的主体部分组织为"奇偶性函数特征"与"函数奇偶性质判断"两类题目的相互勾连与转化，有针对性地破解了概念情境化运用难题。

2. 解析验证促成学生认知勾连

认知体察学生是教师重要的教学机智，准确把握学生认知关契点与逻辑层次，能有效避免助学提纲"设非所用、用费所需"导致的教学过程缺乏针对性。课例的焦点始终在于关注反思教师对学生认知体察，始终集中于对学生理解盲点、思考规律的重点引导与强调，学生题目解析中的思维品质与规范意识的培养，练习题目的母题与变式间关联组合等问题上。项目组达成了以下共识，即从"学生学习基础、成就表现、问题疑惑上"寻求教学设计的生成点，"以学生的学习状况"为开启引领提纲项目组织顺序的依据，把握与判断学生是否明确理解、掌握程度与思维纠结点，为保障不同层次学生参与课堂提供多样化渠道和内容呈现方式，充分暴露并深入分析学生的相异构想等，并在学科教学研讨中形成共识机制。

（三）过程优化：提纲革命的动态机制

从行动逻辑和预设目标看，助学提纲研讨的过程优化集中于细节落实和经验拓

[①] ［美］M. 戴维. 梅里尔. 首要教学原理［M］. 盛群力，钟丽佳，译. 福建教育出版社，2016：26.

展——前者是对《首要教学原则》在教学设计中提出的"丰富性"原则及"精确性"原则的有效贯彻，后者是给予初步经验以跨领域验证与优化补充。

1. 细化规范保障学生素养累积

能力素养培养具有渐进持续性，课堂长期的规范化强调有助于实现对学生思维素养的潜在培养，其中规范化的"助学提纲"作用不容小觑。为此从课堂教学构成梳理学生活动表现的规范，作为与学科核心素养培养休戚相关的"助学提纲"的训练内容尤为重要。如"黄体高原生态环境综合治理"中对学生专业信息提取、逻式表达能力和现实地理问题关注意识的培养，在针对水土流失的"危害表现""成因分析"中，直接呈现"原生态"的新闻媒体资料、国家统计数据和专业研究表格，由学生自己在文字和表格数据中披沙拣金、解析提炼，其规范意识的内化效果远高于教师的有意再加工材料的提供。再如"助学提纲"主体任务后的总结和评价有助于强调学生学习中规范再认与即时反思等学习品质的培养。

2. 检验拓展提升提纲内涵境界

跨领域实践既是对现有助学提纲成果的检验与丰富，更是对创生于学科课堂教师的提纲助学经验化，向特色育人模式机制体制化的提炼与超越。目前学校"助学提纲"在学生社会实践指导、学生生涯发展和学生心理健康教育等学校整体性育人项目领域实践。如针对学生"义工服务"开发，学校德育部门与三批共十五家校外共建德育实践基地共同开发形成"我与生命""我与人格""我与责任"三大主题的结构化"助学提纲"及"目标与内容、过程与方法、管理与评价"分层分类体系。如针对本学期三个月在线教学期间毕业班学生的焦虑，学校确定心理课的热点互动讨论式的"助学提纲"——"这段时间你有没有 get 到什么新技能""钉钉一星差评，你会给自己的这段岁月打几星"，有效助力学生疏解心理压力，形成正能量。

三、经验提炼策略的实践效果

1. 典型经验提炼归纳以丰富项目研究成果内涵

在"助学提纲"实践推进中，锱铢以积的经验促进了对"助学提纲"更深入全面系统地认识。以数学、地理样板课例为例，"函数的基本性质 1（奇偶性）"以"典型化分析、同类整合、系列化与结构重组"的操作思路，形成分层次分任务的"子题目 + 变式题目"

的练习单,提供了理科专题性习题式复习课型的"助学提纲"的典型。"黄土高原生态环境治理"以"思维图示＋学习材料＋情景任务"的综合结构,构成了文科学生"合作探究课型""助学提纲"的基本模式。目前将提纲开发定位于课堂教学的"简化、分层、直观、精炼、系统、拓展"功能,需要将提纲归纳为内容、目标、线索、激发、巩固、规范、诱导、拓展、总结九种基本类型。

2. 经验提炼过程推动教师的全员研究与理念革新

"助学提纲"项目以课例研究的形式展开,整个研究过程除两个样板课例的深入研究外,已涉及 9 门学科 13 名教师的参与实践,全员接纳"优化提纲,提升品质"的学校教学变革理。其中,自学课的提纲注重学生认知序列的完整性,讲授课的提纲凸显逻辑线索,练习课的提纲强调规范性步骤与反思总结,综合探究课的提纲明确情境任务、操作要求、技术支架。探究课以任务单为依据,练习课以习题为补充拓展,讲授课以知识提纲为参照等更成为各学科教研的隐规则。

3. 优秀经验生成带来学校教育教学质量显著提升

作为"助学提纲"研发排头学科的数学与英语,连续四年在区内高考与等级考中的均分、优秀率上表现突出,在区同类高中高考上线率竞争急剧的背景下仍能稳步上升,凸显出"助学提纲"对提升学校教学质量的强效。在学生实践拓展和个性化发展方面,以系统化开发的"助学提纲"为主题的学校"义工服务"项目顺利完成了上海市德育课题成果鉴定,近年来学生在市区各级科技创新技能竞赛与成果展示中获得名次奖项十余项。在新近期学生家长对学校教育教学满意度调查中,学校荣膺 98.5％的高满意度也体现了家校和谐的良好局面。

第五节　规则建构策略：提升教学品质的有效工具

学习规则是师生社会互动所产生的课堂期待,是师生、生生之间的互动共同生成的,最终形成师生在课堂中共同的心智习惯。上海市嘉定一中附属小学(简称嘉一附小)围绕各学科的核心素养,基于各学科课程标准和教学基本要求,制定学科学习规则,改进教师的教学行为和教学方式,增强学生学习动力和自主自信的学习状态,最终提升课堂生态品质。

一、 规则建构策略的特点与意义

规则是指做事情的底线和是与非的标准。在课堂环境中,主要是指学生的课堂行为准则和学生的学习规则。教师在课堂教学中经常提及的一个难点就是管理课堂行为,学生在课堂中的言语干扰、拒绝配合和注意力不集中是最常见的课堂干扰行为。规则构建是课堂管理中的基础,也是其中的重要组成部分。规则构建可以由教师建立要求学生遵守,或者由学生自主构建并遵守这两种主要形式。在完成既定教学目标的同时还要提高教学效率,充分调动学生的学习主观能动性,有效的课堂管理就是达成这一目标的基础,而课堂学习规则是课堂管理中不可或缺的重要部分。学习规则是师生社会互动所产生的课堂期待,是师生、生生之间的互动共同生成的,最终形成师生在课堂中共同的心智习惯。学习规则的建构是提高课堂教学效率的重要前提,便于在教学中执行,并能够有效地预防干扰学习行为的发生,从而为教师节省大量的课堂时间、精力和所需的资源。

学习规则的制定和应用早期受行为主义方法的影响,在几十年的发展中,经历巨大的变革,逐渐发展为以认知行为方法为主导的建构策略,更加关注学生深层次的思考过程和认知技能的培养。越来越多的学习规则基于教师的教学实践逐渐被提出,并不断发展完善。这些学习规则的特点更多是以学生为中心,充分调动学生对规则的内在认可和主动遵循,进而营造出积极的学习环境,最大程度满足学生的学习需求,同时也让学生承担起对自己行为的责任。

学习规则建构和实施的特点主要体现在以下七个方面:第一是学习规则要少而精,通常不多于五条规则;第二是让学生参与到学习规则的制定中来,从而发挥学生的主观能动性,更好地执行自己参与设定的规则;第三是学习规则要正面积极地表达,在规则的描述中更多地描述期望行为而不是错误的行为;第四是学习规则的描述要明确具体,让学生能够充分理解规则的意思和实施;第五是学习规则最好能够以明确的书面形式展示给学生,为老师和学生提供视觉上的反复提醒,从而巩固规则的执行;第六是要明确清晰地把规则反复讲解给学生听,通过读出规则、陈述建立规则的理由和举出相应的具体事例,让学生不断地实践规则;第七是把规则和后果相结合,让学生同时了解每一条规则相应的正面和负面后果。

学习规则的建构是以学生为中心的动态过程。嘉一附小在学习规则的建构过程中,充分认识到学习规则建构策略的特点,基于每一节课堂实践中教师对学生的观察、学生行为的反馈和教师课后的反思,以学生为主体,提出符合学生认知特点和学习需求的学习规则。同时,所有规则在课堂实践中不断修正和优化,完善课堂预设,有效增强师生与生生之间的有效沟通,进而融入对学生有针对性的指导和形成性评价,巩固行之有效的学习规则,最终完善课堂的学习生态环境。

二、 规则建构策略在学科教学中的应用

嘉一附小在课堂教学和管理中始终坚持以学生为中心,同时兼顾各学科的特色来进行学习规则的建构和完善,提升学生学习的主动性和趣味性。整个学习规则的建构主要体现在以下三个方面:

(一)精心设计学习规则,让学生明确课堂预期

教师在课前结合学科特点,制定课堂所需的规则,并与学生达成共识,使师生形成共同的课堂期待,这充分体现在嘉一附小老师教授的数学课和道德与法治课的课堂案例中。

《平方分米》是一节认识面积单位的数学课,学生需通过动手操作、估测等活动来认识平方分米,建立1平方分米的直观表象。同时,经历平方分米与平方厘米、平方米关系的探究过程,培养面积单位的量感。为此,顾雨萦老师在课堂上准备了丰富的学习材料,如每人配有24张1平方分米大小的正方形纸片、一张透明方格纸和一张学习单,力求通过多样的学习材料帮助学生积极建立面积单位的量感。

试教时,在估测课桌面的面积这一环节,要求学生用1平方分米的正方形纸片铺在桌面上。操作结束后,老师发现有的学生将24张正方形纸片整理好放在桌角,有的学生一边听课一边在把玩纸片,没有集中精力听老师的课堂分析和讲授。学生这样的课堂行为反映出光靠普遍泛泛的学习规则,很难始终保持学生在课堂中的专注力,随着时间的推移,学生的课堂参与度可能会逐渐下降。

于是老师进行了课后反思,从数学的学科特点出发,总结出具有学科特点的一些

学习规则。比如,数学课经常会应用到一些教学用具和学习用品,如何规范摆放这些用具对于课堂秩序和学生积极参与课堂有密切的关系。根据课堂观察,老师在进行第二次试教时进行了学习规则的建构。

老师在课前向学生明确了操作规则并表达了自己对课堂的期待,这主要体现两个方面:

一是有序摆放学习用品。上课时,桌面上放一本数学书。拿出一张正方形纸片放在数学书的上面。装入正方形纸片的信封放在课桌肚的右边,方格纸和学习单依次叠放好放在课桌肚的左边,笔、直尺等学习用品放在课桌肚的中间。

二是有序进行学具操作。音乐响开始操作,保持安静,快速摆放。音乐停操作结束,手放膝盖,身坐端正。听到"收"的口令,就快速把24张正方形纸片装入信封,放回课桌肚,随后坐正听讲。

在第二节数学课中引入的学习规则,让学生明确认识到了在一节学习面积单位的数学课中,按照老师的教学计划,应该在哪个具体的时间节点完成哪一项具体的任务,并能根据老师发出的明确教学指令来规范自己对于学习用品和教具的使用。学生在这个过程中对自己的课堂行为有明确的预期和理解,同时又通过音乐这样一种新颖的教学指令形式得到了听觉上的提醒,很大程度上激发出了学生实践学习规则的主动性和积极性。

在周晓雯老师的道德与法治课《快乐过新年》中,为了调动低年级学生的各项感官,投入在课堂中,充分感受新年的热闹气氛,老师立足学生体验,设计了多个任务。但是学生在各种有趣的教学活动中,无法静下来倾听其他小朋友的发言。具体表现在:在"坐飞机"体验各国过新年情境中,学生因太兴奋,在座位上动来动去,甚至模仿飞机飞行的声音,课堂纪律较松散;学生体验西班牙过新年的习俗时,因为都想尝尝葡萄的滋味,导致课堂纪律较乱,有的甚至站了起来;接着,当教师提问新年葡萄的甜蜜滋味时,只有极少数的学生在思考及尝试回答;当有的学生在发言时,部分学生着急提出不同意见。

老师针对学生的倾听情况进行了探讨,进行反思:在第一次试教前的学情分析仅仅落在对学生已有知识的分析,并没有考虑到学生在课堂教学中的实际反应,对低年级学生的倾听能力没有进行准确的分析和预测。对此,老师决定要着重规范本节课中学生的课堂倾听。首先,教师在课前明确本节课的评价规则:通过"新年小星星贴纸"这一评价奖励,来促进学生的课堂倾听能力的养成。其次,通过教师在课堂中适时的评价语,来规范学生在倾听时的身体姿态、礼貌回应等。最后呈现的课堂样态是:老师的评价语及时、适切。当发言的学生一下子没有把话说完整,有些难以理解时,她耐心地等待并说:"不着急,再说一遍。"并对其他学生说:"我们一起来听听。"于是每个孩子都和她一起耐心地听清了该生的回答;当学生因为情境有趣,激动得坐不住时,她幽默地说:"快坐好啦,不要从飞机上掉下去咯!"学生笑眯眯地端端正正地坐在了自己的位置上;当有学生着急地想要反驳正在发言的学生时,老师用眼神及语言告诉他要先耐心听他人讲完,再说自己的想法⋯⋯

这节道法课老师关注学生的课堂倾听,真正做到了在理解学生、读懂学生、激发学生、引领学生的基础上,以学生为中心构建了具有学科特色的学习规则。

(二) 注重学习评价跟进,让学生主动遵守规则

学习规则的建构基于学生,课堂评价也要对标学习规则。融评价于教学过程,可以真正发挥评价对学生学习的激励和诊断作用,促进学生主动遵守学习规则。这样生机勃勃、组织有序的课堂,正是彰显了"＋课堂"的价值取向。嘉一附小的一节语文课和拓展课细致地体现了评价在学生遵守学习规则中的重要性。

在一年级的语文课中,由于一年级学生活泼好动,好奇多问,感知觉发展不够充分,所以需要老师想方设法用学生喜闻乐见、感兴趣的形式去吸引注意力,去建构与实施课堂"学习规则"。俞静峰老师通过游戏激趣、评价指引、口令管理等方式,围绕"学习规则"进行课堂教学改进,实践"以学习为中心"的课堂教学,激发学生求知欲,培育良好的思维品质和学习习惯,让学生感受到语文学习的乐趣。

首先,俞老师利用游戏激趣,引出规则。通过课前两分钟的"听儿歌猜季节"游戏,结合语文课堂任务"听、说、读、写"中的"听"和"说",在游戏结束的时候顺势把"仔细听、大胆说、大声读和认真写"的学习规则明确地呈现给学生。

其次,利用新颖有趣的课堂口令,使课堂管理井然有序,更增添了教学情趣。例如听到"泉水——叮咚叮咚,小雨——沙沙沙沙",活动中的学生瞬间安静;听到"读书准备——准备读书",学生立刻进入读书状态;"谁的眼睛亮晶晶? 我的眼睛亮晶晶",学生立刻把注意力集中在黑板上。

接着，在学习规则引入的基础上，老师利用了评价指引，强化了学生对于规则的认识。老师在教学中给出了精准有效、富有鼓励性的评价语，如"听得仔细，记得牢！给你点个赞！""声音响亮，读准字音，还读出了秋天的味道！"等评价语，对标课堂伊始提出的学习规则，指向听、说、读、写等语文关键能力的培养与强化，也使得课堂气氛融洽，情趣盎然。

在这节语文课中，我们观察到学生在得到老师明确且细致的评价后，对于前期引入的学习规则能够更好地主动遵守，并逐渐在后面的课中形成良好的语文学习习惯。

学习评价对于学生学习规则的强化还充分体现在了赵鹏老师的《吸尘器机器人》拓展课中。在教学中，赵鹏老师采用以"观察—提炼—实践—评价"的路径对吸尘器机器人进行组装，在设计过程中尽量丰富学生的学习方式从而提高学生动手实践能力、细致观察能力和团队合作能力。

在第一次的试教过程中，老师发现教学秩序较乱，学生活动杂乱无章，缺乏小组间的合作。针对这一问题，老师首先明确组长职责，由组长事先合理分配组员任务，做到有条不紊。在活动前，出示活动规则，并让学生读一读，做到明确要求。随后，在小组活动的过程中，分配给小组长任务，按照活动要求，根据小组活动的表现进行评价，发挥了组员之间互相监督的作用，培养了学生团队合作的规则意识。同时明确评价指标，即认真倾听、积极发言、合作发现。师评和组评相结合，老师在课堂教学中进行及时评价，同时在小组探究活动的过程中，小组长按照活动要求，根据小组活动的表现进行评价。

在第二次的试教中，大部分学生已经能够遵守活动的规则，但通过课堂观察却发现，在开放、活跃的讨论氛围中，学生虽然能通过发散思维，大胆地表达自己的想法和观点，但主要关注自己，鲜少倾听其他同学的发言，容易在别人发言的过程中走神。因此老师又进一步增加了"认真倾听"这一评价指标，引导学生遵守倾听的规则，让学生处理好踊跃发言和虚心听取的关系，从而学会倾听别人的想法和意见。

老师还在评价中结合校本评价方式——"嘉评价"，为积极参加活动，能够完成既定教学目标的同学颁发"勤业章"，为能够按照要求完成机器人拼装并能进行展示的同学颁发"乐学章"，为在活动过程中，态度积极，能够主动帮助同伴解决困惑的同学颁发"养正章"。在教学中，老师在引导学生遵守规则的同时，努力做到提升科目品质，真正做到促发学生思考,把拓展课堂还给学生,树立学生的主人翁意识。

（三）完善学习规则的实施,形成有特色的课堂文化

学习规则只有通过持续的系列评价和课堂实践,教师在后续的学科学习活动中反复"回归",最终才能形成真正的课堂文化。江雪老师的音乐欣赏课《阿细跳月》就充分展示了这一过程。

这节音乐课旨在让学生在听的基础上通过不同的体验活动体会热烈的音乐情绪,感知热情的音乐形象,感受阿细人对生活的热爱之情,更重要的是要培养学生倾听的好习惯。

第一次试教:聆听音乐,感受音乐的变化。用小乐器演奏及跳跳月舞的方式体验了乐段一。教师发现播放第二乐段时,只有一部分学生在安静专注地聆听。教师立即反思,发现学习规则的落实,需要教师在日常的学习中不断指导,不断提醒。这个环节中,教师没有提醒学生注意安静地聆听,所以有些学生没有注意到要安静聆听,也没有注意要认真听老师的问题。因此聆听效果不理想。

第二次试教:聆听音乐,感受音乐的变化。用小乐器演奏及跳跳月舞的方式体验了乐段一,学生安静地坐好后。教师提出要求:安静地聆听。随后教师播放音乐的第二乐段,并出示 PPT 提醒学生注意安静地聆听,并注意聆听音乐速度、力度及情绪的变化。大部分学生都注意到要安静专注的聆听音乐。在落实安静聆听这一规则时,教师也注意到要给学生创造安静倾听的环境,要在学生都安静地坐好后再提出问题或要求,保证学生能够听清问题和要求,并要把问题更具体化,要求也要讲清楚,学生才能更有目的地听音乐,聆听的效率也会更高。同时还要注意表扬安静认真聆听的学生,鼓励个别还不能达到要求的学生继续努力。

音乐课堂上的学习规则重在培养学生课堂常规、倾听习惯、演唱习惯以及小乐器演奏的习惯,等等。学习规则落实后,就会使人不必耗费多大精力而能自然而然地完成学习任务,并得到肯定的、愉快的情绪体验。在这里,教师真正打开了学生的自我系统,形成学习的内动力和积极的学习心态,课堂文化也由此生成。

三、 规则建构策略的实践效果

嘉一附小的教师在学习规则的建构过程中,始终以学生为中心,在每一次课堂实

践中认真观察学生的课堂行为,不断加深对学生认知特点的认识,在课后进行基于观察的课堂反思。同时围绕各学科的核心素养,基于各学科课程标准和教学基本要求,制定出了学科学习规则。在课程的实践中,这些有效学习规则的构建主要有以下几部分成效:

一是保障了教学活动顺利进行,使得师生互动和生生互动有序进行;二是提高了学生上课时的专注程度,使得课堂学习显得井然有序、张弛有度;三是增强了学生在学习过程中的主动性,使得学生的内在学习动机得到了较为显著的提高,培养了学生良好的学习习惯;四是有效的规则实施和精准的课堂评价,促使学生学会承担学习责任并养成社会性学习的行为习惯,锻炼深度灵活的思维能力;五是通过学习规则的构建改进教师的教学行为和教学方式,增强学生学习动力和自主、自信的学习状态,最终实现提升课堂生态品质的目标。

(撰稿者:杨四耕　吴连忠　陈丽雅　王　皓　秦　昊　柏　荣　何　兰)

第四章　提升课堂教学品质的推动策略

从外部驱动角度看,提升课堂教学品质就是不断推动课堂教学的外部促进行为,是以管理手段推动课堂教学变革,以外部措施促进课堂内部变革。如何从外部驱动角度推动课堂品质提升呢?就驱动课堂教学品质提升的做法而言,主要有巧用资源、重心关注、项目驱动、课例示范、课题聚焦等策略。本章就上海市嘉定区在这方面的思考和实践做一个全方位的介绍,以期给当前课堂教学改革提供些许参考。

第一节　资源设计策略:学习方式变革的关键手法

随着信息技术和人工智能的发展,社会生活的多样性更加凸显,作为教学主阵地的课堂越来越多地呈现出多样化的特征。公平性和多样性是教师在日常教学中所面临的两个关键的挑战性问题。[①] 作为学习主体的学生在社会文化背景、语言背景、学习方式、学习能力等方面的多样性,决定了教师在教学目标与活动的设计、教学内容的呈现方式、教学组织方式、教学资源的处理方式等方面上都需要有多样化的应对措施。作为教师,如何使教学与学生的多样化学习方式相适应,是值得研究的问题。基于此,我们以教学资源为切入点,来探讨教师如何通过对教学资源进行设计实现学习方式的变革,提升课堂品质,进而促进每个学生的发展。

一、何谓资源设计策略

在教学中,研究资源设计的问题,首先需要明确何谓"资源设计"?本研究中的资

---

① Sobel, D. M., S. V. Taylor, R. E. Anderson. Shared accountability: Encouraging diversity-responsive teaching in inclusive contexts [J]. Teaching Exceptional Children, 2003, 35(6): 46 – 54.

源设计,就是指在教学过程中,以促进学生个性发展为原则,结合教学目标、教学内容及学生的特点,对现有的教学资源进行选择利用和对所需的教学资源进行开发的过程。其中,对现有教学资源的利用,包括对资源类型、资源内容的选择,以及对不同类型资源的处理方式、呈现方式等方面的思考与处理。对所需教学资源进行开发,就是利用现有条件,制作出新的学习材料,为学生的学习提供支持。

对资源进行设计,不可避免地要回答"什么是资源"的问题。资源,在《辞海》中解释为可资利用的自然物质或人力。与此相对应,教学资源(instructional resources)在《教育大辞典》中被定义为支持教学活动的各种资源,分为人类资源和非人类资源。人类资源包括教师、学生学习小组、课外活动小组、旅行小组、课外辅导员、家长、社会成员等。非人类资源包括各种媒体和各种教学辅助设施。传统媒体有粉笔、黑板、印刷媒体、实物模型、挂图等。现代媒体有投影、幻灯、电影、电视、语言实验室、计算机、视盘、计算机多媒体系统等。此外,还有各种社会教育机构,如视听中心、图书馆、博物馆、少年宫等。[1]

教学资源是一个复杂的资源综合体,可以从不同的角度和层面进行分类。泰勒从探讨教学实践活动的内在过程出发,认为教学资源应包括四方面的内容:教学目标资源、教学活动资源、组织教学活动的资源和制定教学评估方案的资源。[2] 杨四耕教授认为教学资源包括前提性条件资源,即调度的资源,也包含对资源的组合、利用等过程性本体资源,即使用的资源。他提出,应该把师生关系作为一种重要的教学资源来认识和开发。[3]

还有学者结合资源、教育资源、学习资源等相关概念的分类,对教学资源进行了划分。从教学资源的形式角度,教学资源可分为有形教学资源和无形教学资源;从教学资源的内容上看,可分为人力资源、物力资源、财力资源、教育政策资源;从教学资源的使用角度,教育资源又分为有效教学资源和无效教学资源;[4]从媒体角度,可分为文本、图片、声音视频和动画;从教与学的角度,可分为知识学习和主题学习等;从资源对

---

[1] 顾明远.教育学大辞典(增订合卷本)[M].上海:上海教育出版社,1998.
[2] 杨四耕.师生关系与教学资源[J].当代教育论坛,2003(08):37—40.
[3] 杨四耕.师生关系与教学资源[J].当代教育论坛,2003(08):37—40.
[4] 韦正球.大资源观初探[J].学术论坛,2006(02):63—66.

象角度,可分为素材、课件、案例试卷和教案;从教学资源载体角度,可分为印刷出版物、电子出版物和网上动态教学资源等;从资源的作用角度,分为素材性资源和条件性资源;从资源获取的空间角度,分为校内资源、校外资源和网络化资源。①

可见,教学资源种类繁多。但是不管怎么划分,都主要来自于两个方面:一方面是现实世界中原有的可利用的资源,另一方面是专门为了促进学习而设计出来的资源,主要是各种教学产品。② 任何一种教学资源的使用,都是用以支持教学活动的,需要结合教学目标,与教学内容相匹配,最终为学生的学习服务,这势必会影响学生的学习活动及其方式。从这个角度来看,使用教学资源的过程其实就是对教学资源进行设计的过程。

既然将资源设计作为促进学习方式变革的重要策略,我们就需要知道这个策略的目的指向是什么,我们要实现的学习方式变革是指什么。我们理解的学习方式变革,并非全盘否定传统的学习方式,而是在承认接受学习价值的基础上,针对被动、单一的学习方式,构建由自主学习、合作学习、探究学习和接受学习等相结合的多元化的学习方式。学习方式本身并没有高低优劣之分,只是需要根据不同教育情境选择合适的学习方式。③ 我们不能因为要推进新的学习方式而忽视传统学习方式,而应注重传统的接受学习与新的学习方式的结合。那么,要实现这种多元化学习方式的变革,必然要研究多样的教学资源,明确教学资源设计与学习方式的关系。

二、 资源设计与学习方式之关系

研究学习方式的变革,必然要思考教学资源在其中发挥的作用。国外研究表明,教学资源对教学实践活动本身没有直接影响,它的影响有赖于资源的使用。④ 那么,我们需要对以下问题获得清晰的认识:教学资源与学习方式之间有着怎样的联系?教学资源是如何影响学习方式的?

---

① 张廷凯,丰力. 校本课程资源开发指南参考[M]. 北京:人民教育出版社,2004.
② 顾明远. 教育学大辞典(增订合卷本)[M]. 上海:上海教育出版社,1998.
③ 李宝庆,靳玉乐,樊亚峤. 新课程改革下学生学习方式的转变[J]. 教育研究与实验,2012(06):43—47.
④ [美]科恩,罗登布什,保尔. 资源、教学与研究[J]. 华东师范大学学报(教育科学版),2001,19(04):34—54.

（一）资源的特性影响学习方式的选择

心理学认为,学习方式也叫学习风格(learning style),是指学生在如何对待和处理学习内容、学习活动、学习伙伴、学习条件、学习环境等学习因素方面所表现出来的习惯、偏好和态度。[①]

学习方式根据标准和维度不同,可以有不同的分类。美国心理学家奥苏贝尔将学习进行了两维度的分类:按照学习进行的方式分为接受学习(将学生要学习的概念、原理等内容以结论的方式呈现在学生面前)和发现学习(学生要学习的概念、原理等内容不直接呈现,需要学生通过独立思考、探索、发现而获得)。按照学习材料与学习者原有知识的关系分为机械学习(当前的学习没有与已有知识建立某种有意义的联系)和有意义学习(当前的学习与已有知识建立起实质性的、有意义的联系)。奥苏贝尔倡导有意义的接受学习和有指导的发现学习,认为学生的学习以有意义的接受学习为主,有意义的接受学习是学生在教师的指导和传授下获得知识的最经济、最快捷、最有效的学习方式。[②] 同时,他还提出制约有意义学习的条件包括学习材料本身具有逻辑意义,学习者认知结构中具有同化新观念的相应知识,学习者具有有意义的学习动机。[③] 他倡导教学中设计"先行组织者",在学习前为学生呈现一种用学生熟知的语言来表达的在抽象性、概括性和包容水平上要高于新的学习材料的引导性学习材料,为学习任务提供认知固着点,提高学习者认知结构中适当观念的可利用性。可见,学习材料本身的特性会影响学习方式。

同时,作为学习主体的学生,在认知结构、经验、习惯和学习动机等方面存在的差异,必将导致其学习方式的多样化。正如教育心理学研究所表明,人格类型影响学习方式,不同人格类型倾向于不同性质的学习方式。[④] 而学生是一种重要的教学资源,因此,在一定程度上我们可以说,教学资源从人力的因素方面对学习方式发挥作用。

此外,学习目标与内容作为一种外部因素,也影响着学习方式的变化。学习方式

---

① 付大同. "转变学习方式"的心理学理解[J]. 教育探索,2009(06): 124—125.

② 夏萍如. "有意义学习"理论[EB/OL]. (2015-04-15)[2020-11-03]. https://wenku. baidu. com/view/6f12b09e524de518974b7d40. html.

③ 杨小微等. 从被动接受到主动学习——教学改革发展之路[M]. 上海: 华东师范大学出版社,2018: 167—169.

④ 付大同. "转变学习方式"的心理学理解[J]. 教育探索,2009(06): 124—125.

是学生在学习过程中，为达到某种学习目标而采取的作用于特定学习内容（对象、客体）的具体路径。这就决定了学习方式的选择一定要与学习目标、学习内容相适应。当学习活动的目标、内容发生变化时，学习方式必然会产生相应的变化。目标和内容本身由多个因子构成，它们又是通过一定的资源以特定的形式呈现的，而这些资源又是多样的，学习方式必然是多样化的。① 由此可知，所使用的教学资源承载的信息内容影响学习方式的选择。

我们研究的资源设计策略，就是要使教学资源的运用适应并促进学生学习方式的差异与选择，确保不同的学生能根据自身的特点与喜好，选择适合自己的学习方式，为每个学生的选择提供可能。

（二）教师的资源观影响学习方式的变革

资源观是人们对于资源的内涵、作用等的看法或观点。资源观的不同会导致人们的策略选择及行为结果的差异。教师的工作对象是学生，通过组织教学活动，借助教学资源对学生的学习产生影响。因此，教师对资源的理解将直接影响其教学的价值取向。而价值取向可以唤起态度，指引和调节行为。基于此，教师的资源观必然影响教师的教学方式。而教学是在某一时间段里，教师用某种特殊的教学组织形式，就一定的教学内容，与学生在一起进行的做、说、想的活动。教师的教就是一系列使学生能利用教材、教学任务及其他资源的活动。教师要考虑如何运用自己的知识、技能、策略等来帮助学生完成学习活动。可以说，教师教的方式影响学生学的方式。也有研究表明，教师教学方式转变与学生学习方式转变呈显著的正相关，教师教学方式转变能够预测学生学习方式转变。②

当把教师看做一种教学资源时，教师的知识、技能与策略行为也成为一种资源。这些资源依从于教学动机，并对时间和材料这类资源发挥着作用。如果教师把自己甚至是师生关系作为教学资源理解时，就会更重视对资源的设计；如果教师把学生及其经验、已有知识、学习方法等也看作是一种资源，教师在设计资源时就会考虑不同学生在学习兴趣、风格、方式上的差异，进一步思考如何利用这些差异促进他们的合作学

① 陈佑清. 关于学习方式类型划分的思考[J]. 课程·教材·教法, 2010, 30(02)：36—40.
② 江萍萍. 新课程改革中教师教学方式转变对学生学习方式转变的影响研究[J]. 天津市教科院学报, 2011 (04)：70—71.

习,使用哪些资源来满足不同学生的需要。从这个意义上,我们可以说,教师对教学资源的认识与理解可以影响学习方式的变革。

由此可见,学习方式在变革过程中受到上述诸多资源因素的影响。但是,国外的研究表明,教育资源本身不能直接影响学习成绩,对其使用方式的差异影响学习的成效。[1] 我们需要对教学资源在学习方式变革中发挥作用的方式有清楚的认识。

(三) 资源使用方式的差异性取决于学习方式的多样性

教学资源的基本功能是支持学习活动。因此,资源的选择与使用必须与学生的学习相匹配。学生的学习方式不同,所需要的学习资源也会有所差别。学习方式多种多样,没有好与坏的差别。但在个体的学习方式和教学材料或教学内容的呈现方式之间存在有效的和无效的匹配。学习者有不同的学习方式或方式组合,与此相适应,就应该选择不同的教学资源以不同的形式呈现教学内容。最常见的几种学习方式如听、看、讲、做对应着不同的知觉通道:"看"对应视觉通道,属于视觉型学习;"听"、"讲"对应听觉通道,属于听觉型学习;"做"对应触觉和动觉通道,属于动觉型学习。读、听、看代表的是被动的学习类型,讲和做是主动的学习类型。学生通过不同组合的学习方式来学习。[2]

视觉—言语学习方式的学习者对视觉刺激敏感,习惯从视觉接受学习材料,他们喜欢以自己看书和记笔记的方式学习。所以当教学内容以视觉形式和书面语言形式呈现时,更适合视觉—言语型学习者。与内容呈现形式相一致,应选用黑板、投影仪、文字等形式的教学资源。视觉—非言语学习方式的学习者能更好地理解以图片或图表的形式呈现的图解信息,电影、录像、动画、地图、图表之类的教学材料更适合这类学习者。触觉—动觉学习方式的学习者喜欢接触、操作物件,更适合能够亲自参与到其中的动手做的活动,因此能够在现场演示、动手操作的教学材料更能满足他们的需要。而当信息以口头语言形式呈现时,听觉—言语学习方式的学习者学得最好,所以能够与他人进行听说交流的如对话、小组讨论等活动方式更适合该类学习者,音频、声音效

① [美]科恩,罗登布什,保尔. 资源、教学与研究[J]. 华东师范大学学报(教育科学版),2001,19(04):34—54.

② [美]R·M·加涅,等. 教学设计原理(第五版修订本)[M]. 王小明,等译. 上海:华东师范大学出版社,2018:324—327.

果之类的教学材料和作为交流对象的师生资源能更好地促进其学习。

学生通过不同组合的学习方式进行学习，教师就要以多种组合的方式来处理教学资源，以满足学生学习的需要。如教师作为教学资源在使用的过程中要关注到学习者学习风格的差异，控制好自己的语速，注意结合不同通道刺激资源的呈现，调整语言节奏。在进行媒体设计时，注意视听资源呈现方式的变化。这样才能适应不同学习者的不同需求，促进每个学生的发展。[①]

（四）资源处理方式的适切性影响学习方式的有效性

资源对教学活动的影响作用取决于它们在不同方法中的可用性。资源类型不同，其在教学过程中发挥的功能会有所差异。即使是相同类型的资源，因处理方式不同，其功能也会有所不同。

对资源的处理方式就是对资源进行安排、加工的形式与方法。包括对资源类型的选择、资源应用的时机与形式、资源呈现方式等。教师在使用资源过程中，需要根据对学生与教学目标、内容的理解和认识，选择相应的资源形式，将不同类型的资源进行组合、编辑，设计资源呈现的先后顺序。资源的处理方式不同，学生的学习方式也会不同。

学生的学习需借助学习材料，学习内容也通过教学材料表现出来，资源种类丰富，因此，学生就会采用不同的学习方式与之相适应。如教师使用图片、图表、文字等视觉资源，能在一定程度上满足学生视觉学习的需要。图片、文字与声音组合使用，就是视听学习。但是资源使用的效果如何，学习是否真的发生，还取决于这些资源的适切性与内容的整合度以及学生的参与水平。因此，资源作为一种外部因素，其使用可以影响但不必然引起学习方式的变革，教学资源只有得到合理、适切地使用，才可能促进学习方式的变革。

（五）资源的不同使用方法影响学习方式的组合形式

根据国外的研究，资源的使用应该包括教师如何利用自己的教学知识和技能，如何借助教学材料设计出有创造性且有效的学习任务，如何组织学生和教师间的相互影

---

① ［美］R・M・加涅，等.教学设计原理（第五版修订本）［M］.王小明，等译.上海：华东师范大学出版社，2018：324—327.

响。影响资源使用的因素包括教学环境和学生学习的积极性。有研究也表明,资源的价值取决于它们被投入使用,而这又转过来依赖于教学方法的结果与手段。[①] 所以,我们设计资源的使用方式时,必须将这些内容与因素纳入考虑范围。

对于资源的使用,中心问题应该是资源要发挥什么作用,如何发挥作用;在使用这些资源时,学生用什么方法、以什么方式来学习。对这些问题的不同回答就是对资源使用方法的不同设计,资源使用的效果也会随之有所差异,对学习方式发挥的影响也会有所不同。在使用资源过程中,还要考虑在哪些内容上使用哪些形式的资源组合,使用的目的是什么,以怎样的顺序和方式呈现这些资源;在呈现这些资源时,学生将开展哪些活动,活动怎么实施。对这些问题的思考就是我们对教学资源使用方式的思考。思考的不同结果会对学生的学习方式产生不同的影响。

三、 以资源设计推动学习方式变革

为了切实有效地发挥教学资源对学习方式的影响,我们从观念转变、条件支持、特色推进、经验共享等方面推进资源设计策略的实施。

(一) 认识资源,转变观念

建构主义教学理论强调,为了支持学习者的主动探索和完成意义建构,在学习过程中要为学习者提供各种信息资源(包括各种类型的教学媒体和教学资料),来支持学生的自主学习和协作式探究。教师作为教学资源的开发者和使用者,对资源的认识与理解将直接影响其对教学资源的选择、处理与使用,影响到学习方式的选择。

在现实教学中,教师更多地把教育资源理解为"教育经济条件",把教学资源看作是学校对教学所提供的条件,对教学中的人力资源特别是教师这些资源认识不清。因此,我们认为,教师应该以大资源观指导自己的教学资源设计,利用一切可以利用的资源,特别是重视教师、学生以及师生关系在教学活动中的作用。为了帮助教师形成更全面的资源观,我们充分利用校内外的资源,帮助教师转变观念。

我们以专家指导与自主学习相结合的方式对教师开展培训。以转变观念为先导,

---

① [美]科恩,罗登布什,保尔. 资源、教学与研究[J]. 华东师范大学学报(教育科学版),2001,19(04):
34—54.

邀请了上海市教育研究院的杨四耕老师来校为项目组教师做讲座，还邀请杨玉东老师指导课题研究的方向与课例研究的实施；在校内组织全校教师认真学习《中国教育现代化2035》等国家有关教育教学改革方面的政策文件来把握教学改革的方向；通过收集相关文献资料、学校推荐的方式，组织教师学习有关教学资源、学习方式等方面的教育教学理论，厘清教学资源设计在学习方式变革中的作用，明确可供使用的教学资源类型。根据学校课题研究的需要，以校长、教学副校长领衔，以教导处、各级骨干教师和教研组长担任组员成立项目组，多次召开专题会议，进一步统一认识，强调在教学中引导教师关注自身、学生以及师生关系资源的有效利用。

（二）明确方向，提供支持

在我校课题"提升'和乐课堂'品质：以资源设计变革学习方式的实证研究"的推进过程中，我们以建构主义教学理论倡导的学习环境中的四大要素，即情境、协作、会话和意义建构为核心，结合《嘉定区中小学提升课堂品质"学会学习"敏感指标评估框架》确定的主动、合作、反思维度确定教学资源设计的方向，要求教师在进行资源设计时必须包含对上述要素及评估维度的考虑，为教师的教学资源设计提供理论框架。

此外，教学资源在使用的过程中要与教学目标、内容保持一致，任何资源都要经过选择、加工、应用的过程。这个过程大多情况下是借助现代信息技术手段实现的。在现代信息技术条件下如何获取资源、如何处理资源成为一些教师面临的技术难题。

因此，我们在资源设计方法上给予教师指导，要求其从资源使用的目标、教学内容、资源类型、处理方式、呈现方式、预期作用等方面对所使用的教学资源进行设计，并通过校本培训在媒体制作（图片、视频素材编辑）、PPT制作技术、单元整体资源设计等方面给予技术支持，曾邀请全国微课培训导师贾青老师开展微课制作的培训，并组织微课比赛，推选优秀作品参加区级比赛。我们还为教师推荐多媒体教学软件设计与开发技术方面常用的软件。

（三）重点推进，总结成果

在推进课题研究过程中，我校从资源前置、资源拓展、资源统整三个方面在学科中构建我们的"和乐课堂"，并以案例、课例的形式对研究成果进行提炼、总结。

资源前置，为学生自主性学习提供支持。老师们自己录制微课作为主要资源应用到翻转课堂中。我们在数学、信息、语文学科中尝试了资源前置，给学生提供了不同形式的课前学习资源,学生可以依据自己的情况有选择地进行提前学习。其中,数学学科录制微课视频,每个视频针对一个教学重难点,学生则依据自己的情况选择观看的侧重点、次数和速度等,完成信息的主动加工。信息技术学科进行"学件"设计,把教学内容设计成可以在任何一台计算机都能打开的 PPS 幻灯片放映文件,可以随意设置前进或后退,没有软件的要求,学生可以随时随地进行学习,达到资源前置的效果。语文学科则尝试运用课前导学单来丰富学生的学习体验,提升学生自主学习的积极性。目前,这三个学科在资源前置方面都已经积累了一些案例、课件、教案、教学说明、导学单等资料。本学年,因疫情影响,我们借助"空中课堂"开展线上教学。为了保证学生在家的自主学习,英语学科教师也录制了微课,为学生提供在家学习的指导与学习内容讲解,为其提高自学效率提供支持。通过资源前置,教师把学习的主动权还给学生,使得他们可以根据自己的需要结合学习资料进行自主学习,这其中教师发挥着组织者、帮助者、促进者的作用。

资源拓展,促使学生开展反思性学习,扩大学习的广度,增进学习的深度。我们着重在语文学科开展拓展阅读。通过对教材内容的梳理,提炼主题,围绕主题搜索课外阅读资源,使学生对相关作者、文体等方面形成更全面、深刻的认识;组织阅读小队、阅读节等活动,丰富学生的阅读路径,提升阅读能力,培养阅读习惯。我们还尝试开发特色语文拓展课程《悦读花开》并搜集校本教材资源,拓展了基础型教材的外延部分,给学生提供更加丰富的学习资料,逐步形成资源包。我校结合嘉定区图文中心关于如何优化校园空间对接课程构建的项目,利用校本课程资源包中的课外阅读素材进行公开课的展示,这本教材已在快乐活动日中全面普及使用。

资源统整,在主题式学习中促进学生之间、学科教师之间的合作。我们以全课程的教学理念为指导,打破学科的限制,从主题式的学习为突破口,实现学科间知识的融通,促使学生对同一主题的内容形成全面、综合的认识。在三年级各学科中选择了"水果"这一主题,涉及了语文、英语、美术、信息、体育五门学科。每门学科的教师结合自己学科的特点,围绕同一主题,使用不同的资源形式,组织开展相应的学习活动。在疫情得到有效控制而学校复课后,在四、五年级中组织开展了以"疫情"为主题的活动,围绕疫情期间的生活与学习情况,对线上学习与在家学习进行总结,并在一至三年级以"季节"为主题开展了具有学科特色的学科综合活动,串联"空中课堂"的教学内容,巩固复习学科知识,实现"线上线下"教学的衔接。我们相信,这样跨学科进行资源统整,有助于学生对相关知识形成更全面、更立体的认识,有利于提高学生整合知识结构和知识迁移的能力。与此同时,通过跨学科主题研修,也可以促进学科教师之间的合作与沟通。

此外,我们还在英语学科开展了针对一种资源——图片资源进行设计的课例研究。英语组采用同课异构的模式,试图从图片资源设计的视角,通过分析"使用了哪些图片资源,这些图片资源在各种教学活动中是怎样使用的,发挥了怎样的功能,学生在这些活动中是如何展开学习的"等,总结出合理设计图片资源,为学生创设乐学语境的经验与方法。

（四）面上推广,开展校际交流

我们重视校际间的经验交流与分享,通过教研课、展示课进行研究成果的推广。我们以课题为引领,实现课题研究与教研活动相结合,也推动了教研形式的变革。我们和精准托管学校普陀区真如文英小学进行系列联合教研,在英语学科中尝试了"进阶式教研",形成了《以图片资源设计创生乐学语境》的课例研究。2018 年 12 月 26 日,围绕研究课题"提升'和乐课堂'品质:以资源设计变革学习方式的实证研究"与真如文英小学联合开展教研展示活动。2019 年 3 月 21 日,我们承办"上海市嘉定区提升课堂品质实践与诊断项目"研讨活动,做了题为《以图片资源设计创生乐学语境——以四年级英语〈M3U1 In our school〉为例》的课例报告。2019 年 12 月,与苏民学校联合举办嘉定区"聚焦学生学习,提升课堂品质的区域行动"重大项目研讨活动,我校两位教师结合我校课堂观察工具的开发与应用进行课堂教学展示活动,展现了我校阶段性研究的成果。

通过研究,我们的教师对教学资源以及如何通过资源设计促进学生学习方式的变革有了更深刻的认识,自身也获得了专业成长。但是,资源的范畴很广,可供设计的资源仍在不断地变化、更新,学生的认知水平也在不断提升,这就决定了以资源设计为策略促进学习方式转变的研究还有很长的路要走,仍需要我们不断去探索有效的实践模式及可供推广的经验。

第二节 重心关注策略：提升课堂教学的思维品质

"重心"一词源于物理，是指在重力场中，物体处于任何方位时所有各组成支点的重力的合力都通过的那一点。重心也可以是工作的中心或事情的主要部分。在工作中，通过抓住重心，以点带面，能促进其他事务的有效解决。促进学生核心素养发展是我校课程与教学变革的重心，促进学生思维品质发展则是核心素养导向下我校思维课堂教学改革的重心，聚焦"思维链"①的构建则是基于思维品质发展的师生教学相长的重心。通过重心迭代（见图 4 - 1），结合我校实情，为更好地找准、调整、把握、压实重心，我校采取重心关注策略，从突出重点到全面推进，从总量控制到质量改善，稳步有序推进我校"聚焦思维品质发展的课堂实践与研究"项目的实施，争取让我们这所百年老校散发出更耀眼的光芒。

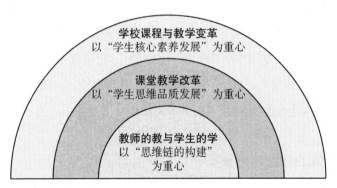

图 4 - 1 重心迭代

一、 重心关注策略的意涵与特征

我校的重心关注策略是指基于有效课堂教学和实证校本教研的理念，教师有意识地以提升学生思维品质为目标导向，设计组织相关教学活动与任务，引导学生开展具

---

① 赵震.构建"思维链教学"的实践研究［J］.小学教学参考数学.2015（11）：10—14.

有挑战性、前沿性、选择性的学习,让学生经历主动参与的、积极合作的、深度反思的、有意义的学习全过程,最终使其学习品质得到全面提升,尤其是在思维上获得长足发展。具体而言,我校的重心关注策略特征如下:

一是层层嵌套。从关键问题出发,基于课堂真实发生,寻找教学重心。在坚持课堂教改的导向下,为满足学生思维品质发展中不同层次的需求,逐层嵌套、迭代更新重心,促进教科研训的一体化,不断优化教学方法,形成发展合力。

二是关注过程。关注学生学习过程中的思维品质发展,找准重心促实效,牵引重心促高效,巩固重心促优效。以思维发展型课堂[①]为基础,既着眼于课堂教学中的思维活动(即教师的教学设计、课堂互动等),又聚焦课堂教学后的结果呈现(即学生的学习收获、评价反馈等)。

三是教学兼顾。我校的重心关注策略不是单纯只重视教师教学或只关注学生学习,而是"教师的教"和"学生的学"两者兼顾。课堂教学中以学生为主体,教师为主导。教师为学生思维发展提供真实的问题情境,有驱动性的学习任务,合适的学习支架以及交流合作的平台,同时,引导学生能够自主思考、自我构建、自我反思。

因此,从提升课堂品质的层面来讲,我校的重心关注策略并非局限于对课堂教学重心的找准与抓实,更是通过全员全过程地对重心的关注,坚持教改初心,从而集中学校有限的教研力量与资源,聚焦、剖析、牵引教学重心,打破原本低效的教学平衡,然后再抓实重心,通过整体聚焦、目标定位、多维规划、有序推进、分段达成的系统推进,不断促进学生思维品质发展,从而切实提升课堂品质。

二、 重心关注策略的实践操作

我校重心关注策略的核心构成包括:实证调研,聚焦重心;文献研究,解读重心;目标设定,牵引重心;环节加强,抓实重心;作业优化,巩固重心;课程建设,保持重心等。

(一)实证调研,聚焦重心

2015 年上海市中小学生学业质量绿色指标报告显示:我校学生高层次思维能力指数整体偏低,文科略低于市平均值。同时,2018 年的中考新政,进一步释放了发展

---

① 赵国庆,熊雅雯,王晓玲. 思维发展型课堂的概念、要素与设计[J]. 中国电化教育,2018(07):7—15.

学生思维品质的重要性和迫切性,核心指向学生的创新精神和问题解决能力的培养。对于教师而言,重点关注学生思维发展,审视教学活动的设计和组织已成为当务之急。为此,2018年我校组织开展课堂教学的调研,通过观摩分析语文等学科30多位教师的常规教学,并对部分执教教师进行"我心目中的'品质课堂'"的调研访谈,进一步明确推进方向。经过多次讨论与修正,编制完成《震川中学学生思维品质问卷》并用于新六年级学生调研统计。通过数据分析,发现学生思考问题的深刻性、灵活性等不够,且缺乏对问题的概括总结、深入思考等。参照嘉定区中小学提升课堂品质项目"学会学习"的核心指标(主动、合作、反思),我校将课堂教学改革的重心确立为发展学生的思维品质。

(二)文献梳理,解读重心

在分析问题、明确重心之后,我校项目组结合假期培训,梳理相关文献资料。思维离不开知识,又不局限于知识。有思维的课堂不一定是发展思维的课堂。通过知识背后的思维链构建,可以有效促进学生思维发展。因此,我校明确将思维课堂教学的着力点与突破口落在知识背后的思维链的构建与实施上,贯穿于学生学习的全过程。"思维链"构建是指教师设计合适的问题、活动、作业等教学活动,鼓励学生在学习过程中基于已有认知经验,针对认识新事物、解决新问题做出的完整的、连续的、指向性强的思维活动,其间伴随着学生主动进行的联想、类比、推理、归纳等思维过程,从而促进学习者的认识从模糊到清晰并不断走向深入。[1] 同时,从课前、课中、课后进一步引领教师从关注"教师的教"转向更多地关注"学生的学",对标"主动、合作、反思",以学生为主体,积极促进不同学生不同起点的思维特性得到个性发展。

(三)整体设计,牵引重心

基于华东师范大学教授祝智庭团队研究的面向思维教学的学生思维模型,为打破固有低效的课堂教学平衡,我校课堂教改着重以学生为本,加强教学整体设计,增加思维目标的设定,有效牵引重心,以点带面地推进教改,提升品质。根据思维教学目标的主要分类(如思维技能、智力类型、思维形式等维度)[2],由学科教研组对照学科核心素

---

① 赵震.构建"思维链教学"的实践研究[J].小学教学参考数学.2015(11):10—14.

② 祝智庭,肖玉敏,雷云鹤.面向智慧教育的思维教学[J].现代远程教育研究,2018(01):47—57.

养,确定学科单元及课时思维目标制定,开展专题教研活动,加深教师对学科思维教学的认识,加强对学科知识背后的思维链的构建。同时,对照绿色指标情况反馈,针对文科思维培养弱于理科,学校年轻的文科教师也有较为强烈的改变现状的意愿,因此我校项目组适时调整,侧重文科教研组,引进专家资源,对接名师课堂,通过理论知识的学习培训,结合日常测评的学习过程分析,着重进行"三实践两反思"的课例研究,有序开展思维教学的研究与探索。

(四)关键加强,抓实重心

为更好地抓实重心,我校项目组在关注学生能简单应用已有的思维能力的基础上,更为关注如何加强思维课堂教学的关键实施环节,即情境创设、问答对话等方面。因此,学科教研组关注单元设计,注重创设情境,设置问题链,构建思维链,关注学生在学习过程中的思维呈现,激励学生主动进行联想、类比等高阶思维活动,不断激发学生学习主动性。通过思维情境的创设、问题导学的设计、低效对话的梳理,激发学生思维、引导思维发展、提升思维层次,使学生从浅层学习走向深度学习,从而提升学生的整体思维水平。如物理组在《探究平面镜成像特点》实验教学中,创设思维情境激发学生思维,在设计时从注重知识传授转向注重促进思维品质发展,让学生在"做中学、学中做"收获知识,训练思维。再如化学组在《氯酸钾制氧气》一课中通过系统设计问题引导思维发展。根据学生学习难点,设计问题链,增加开放性问题、延伸性问题、多层次性问题,促进学生主动反思,提高学生思维的灵活性,发展学生思维的创造性,从而提升学生的整体思维水平。

(五)作业优化,巩固重心

在课前牵引、课中抓实、课后巩固中始终关注重心,即思维品质的发展。作业对课堂教学质量起着巩固、诊断、反馈的作用,对学生思维品质发展有促进、提升作用,能使对思维教学实效的评价在结果、过程、增值、综合四个方面呈现显性表现。因此,巩固思维品质发展离不开作业的优化设计。针对以前我校的校本作业资源包中机械记忆、思维层次较低的部分较多的现象,遵循"学习领域—模块—主题—单元—章节—课时"顺序,我校逐步完善校本作业的单元设计,促进学生高阶思维的发展。加强学科校本研修,提高课堂练习与课后作业的实效,切实减负增效,关注学生思维呈现。设计不同思维层次的习题,借助信息化平台的互动反馈,加强学生自主学习与合作学习的能力。

聚焦学科核心思维,让学生在有序、合理、分层的作业活动中增强高层次思维能力,加强课堂和练习的联系,提升教学品质。

（六）课程建设,保持重心

思维教学是一个涉及多学科的概念。[①] 如何保持对课堂思维品质的重点关注,需要落实到学校课程建设中,可结合国外思维课程资源的开发路径:增设一门独立的思维课程,对学生进行专门的思维能力培养或开发各学科的思维课程资源,将思维教学融入学科内容。[②] 因此,对于思维教学的课程建设,我校采取"专项拓展、学科融合、校本研修"的模式。专项拓展型是指开设思维训练拓展课程,由校内外联手开发实践。学科融合,则是因为每门学科对促进思维品质发展有着学科特点的作用,将思维教学融入以学科核心素养为导向的日常学科教学中,通过学科知识与学科方法的梳理,从中提炼学科思维方法,包含对应不同单元课时的思维目标的设定、思维训练的策略、思维教学的步骤等。教师作为教学的实施者,其本身对思维教学的理解及能力决定了教学的实际效能。所以在加强开发面向学生的课程外,我校加强开发并推进面向教师的校本"教研训练"课程。

三、 重心关注策略的使用成效

我校自实施"聚焦思维品质发展的课堂实践与研究"项目以来,通过采取重心关注策略,取得了一定的经验与收获。

一是选准了标杆,更新了理念,明确了方向。我校师生在积极的尝试与探索聚焦思维链的课堂教学过程中,对"聚焦学生学习,提升课堂品质"有了更明确的认识,要坚持以学生为本,注重激发学生主动学习的热情,注重提升学生合作学习的能力,注重培养学生自主反思的习惯。

二是厘清了要素,提升了能力,增强了动力。重视工具开发,我校项目组编制完成《震川中学学生思维品质问卷》的初稿并进行分析应用,提升了教师能力。重视资源运用,借助专家资源,基于学生立场,初步制定并应用《震川中学课堂观察指标》,形成了

---

① 郅庭瑾,张建. 我国中小学思维教学研究:进展、缺失与展望[J]. 教育科学研究,2011(01):14—18.
② 郅庭瑾,程宏. 国外中小学思维教学研究:争议与启示[J]. 教育研究,2010,31(12):98—102.

"品质课堂"的震川特色。重视成果体现,归纳汇总了震川中学思维品质"金点子"系列,增强了教师的发展内驱力。

三是梳理了思路,优化了实施,促进了教研。我校语文等学科完成各自子项目研究方案(如语文组"记叙文行文思路梳理策略研究"、物理组"基于思维过程的实验活动设计策略研究"等),并作为主题教研的重点内容进行研究与实践。其中六年级语文组、初三化学组作为重点组,起到了范式作用,推动了主题式课例活动在学校的开展,对学校教研组建设产生了触点式变革。

在思维教学进入课堂实践后,虽然我们遇到的实际问题越来越复杂,但恩格斯曾经说过这样一句话:"一个民族想要站在科学的最高峰,就一刻也不能没有思维。"因此,我们将始终以促进思维品质发展为课堂教学改革的重心,勇毅前行,不负韶华。

第三节　项目驱动策略：提升学习品质的重要策略

近年来,安亭小学在嘉定"品质教育"理念的引领下,在课程改革、课堂教学、教师培养等方面开展了一系列的探索与实践,取得了一些成绩。但在实践的过程中我们也发现:教师践行课程与教学改革的能力尚显不足;有相当一部分教师缺乏参与课改的动力,不愿打破固有的教学模式。如何转变教师观念、提升教师的能力、调动教师的积极性,是决定改革成败的关键。再者,学校如何有效落实教育综合改革任务、培育学生的核心素养,课堂是教学的主阵地,课堂中学生真实学习的发生是学生发展的关键。

鉴于此,在区域重大课题"聚焦学生学习,提升课堂品质的区域行动"的引领下,以项目式学习为切入点,形成学校"以项目学习方式提升学生学习品质"项目,以项目驱动的方式推动教师的教与学生的学,从而提升学生的学习品质。

一、项目驱动策略的内涵与特征

项目是人们通过努力,运用新的方法,将人力的、材料的和财务的资源组织起来,在给定的费用和时间约束规范内,完成一项独立的、一次性的工作任务,以期达到由数量和质量指标所限定的目标。驱动的基本解释为：用动力推动；带动。

"项目驱动策略"是在教学研究的过程中，将教师的教学与学生学习中的真问题形成一个个需要完成的现实任务，形成项目。以项目为载体，通过项目管理的方式，聚集学校科研、教学、行政三个领域的人员，相互交流，共同经历整个项目研究的全过程，从而推动教师的教与学生的学，逐步形成旨在促进学生主动学习、合作学习、善于反思，提升学生学习品质的策略。项目驱动策略的实施有利于学校管理者和教师提高综合能力，为管理者和教师专业化发展提供了良好的机会。而管理者与教师专业化发展最终的受益者则是学生，所以项目驱动策略是提升学生学习品质的重要策略。

学校在运用策略，进行项目实施的过程中做到"一、二、三"。

一个中心：指"以提升学习品质"为中心。以项目驱动教师的教、学生的学，最终目的是为了学生学习品质的提升。

两个方面：一是运用教学项目驱动教师转变观念、提升能力，积极投入提升学习品质的教学改革实践中。学校管理层试图借助管理学、心理学原理，构建能有效促进教师自主研究的管理模式。在实践中吸收了下列原理与概念。①二八原则："在任何特定群体中，重要的因子通常只占少数，而不重要的因子则占多数，因此只要能控制具有重要性的少数因子即能控制全局"，这就是维尔弗雷多·帕累托提出的"二八原则"或"80/20法则"。②需要层次理论：马斯洛把人类需求分成生理、安全、社交、尊重和自我实现五类，依次由较低层次向较高层次发展。③人格理论：罗杰斯认为，在人的有机体中存在一种主要的能量源，就是"实现的倾向"，包括增加自主、自足。那些与倾向性相符的经验使人得到满足，并加以努力去维持和发展。项目驱动策略的本质在于是激发教师的自主意识，使教师在项目研究、专业发展的过程中发挥主动性和创造性。二是运用项目驱动学生的学习。教师在项目驱动下进行教与学的项目研究，从而推动学生的学，提升学生的学习品质。

三个特点：特点一，项目管理模式的应用。主要是基于过程和活动的管理，包括对项目的提出、论证、规划、实施、控制、成果等项目全过程各个阶段的管理。特点二，团队组织结构。项目团队的组织方式主要是职能项目型结构，是一个由来自管理者、科研人员、不同层次的教师组成的团队。校级领导作为项目负责人、教科院普教所的专家作为指导者、骨干教师作为先行者、其余教师作为项目实践者，形成学校项目研究的团队组织。特点三,项目实践的自主性。通过"项目驱动—自主申报"管理模式的应用,激发了教师进行项目实践与研究的热情。项目源于真实问题的解决,研究需要是由内而外的,教师参与的热情与自主性高。

二、 项目驱动策略的主要做法

安亭小学在实施项目驱动策略的过程中,依托"项目驱动—自主申报"的管理模式,主要经历了"自主申报、骨干先行;由点及面,全面推进;开发工具,实施调控"三个实践阶段。下面以"以项目化学习方式提升学生学习品质的实践研究"的项目为例,说明我校在运用项目驱动策略提升学生学习品质的主要做法。

(一)自主申报,骨干先行

教师间的理念、能力和主动性是有差异的,与其考虑"如何有效地促进教师的整体投入研究",不如采用"二八原则",实施"骨干教师优先开展"的战略,之后再以骨干教师带动全体教师共同投入。在操作中,以具体的项目为载体,让教师自主申报,满足教师自我实现的需要,安亭小学所谓"项目驱动—自主申报"的管理模式便是此意。

基于这样的思考,在学校推出了"以项目化学习方式提升学生学习品质"的研究项目后,首先由区、镇、校三级骨干教师、学科组长及以上人员自主报名参加研究。经学校项目组评审,先行先试参加项目研究的骨干学科是音乐、体育、美术、自然、劳动技术;骨干教师是这几门学科的区、镇级骨干教师与学科组长。这些骨干教师在校项目组的带领下、专家的指导下,寻找到了技艺类学科技能学习中的真问题——我们原来的课程设置是技能学习与知识学习等相互交叉,学生的技能学习是零散的、缺乏连续性的,往往需要很长一段时间的学习,才能学会某项技能,甚至有些学生存在困难,且学生的学习方式还是以被动训练的方式进行。围绕这个真问题,学校开展了"安亭小学技能强化项目式学习"的研究。

项目组的老师多次围坐在一起进行了头脑风暴式的讨论,产生了项目方案设计的框架,确定了项目的内容,分头进行了项目方案的撰写。学校又聘请了专家对各位老师的项目方案进行一对一、面对面的审核与指导,老师们在专家的建议下再对各自的方案进行调整、修改和完善,最后经审核通过后方才进行实施。在研究的过程中形成了《安亭小学技能集中强化项目式学习指南》,对技能集中项目式学习的目标、项目内容、项目方案设计与开发、项目实施与评价管理等都做了初步的规定。音乐学科的《口风琴》、美术学科的《走进民间彩塑》、体育学科的《游泳》、自然学科的《电与磁的奥秘》、劳技学科的《创意车模》都按计划实施起来。

骨干教师通过一学期的项目实施，收到了良好的效果：以美术学科沈吟春老师的"走近民间彩塑"项目为例，学生泥塑材料由一开始备不齐到最后一次带来一大盒，作品由一开始只作了个底座，其余全是废泥，到全班人人有作品，交流发言由一开始的哑口无言，到最后人人写设计思路，争相发言……全体学生在短短的时间内通过项目化的学习，在泥塑技能上有长足进步，与此同时在学习方式、学习的主动性等方面都有了良好的表现。

（二）由点及面，全面推进

骨干教师先行先试，收获满满。在一次次的教研活动中，骨干教师向同组教师展示着研究的过程，展示着课堂的转变，展示着学生的收获与对项目学习的喜爱。骨干教师的研究产生了示范效应，激发了其他老师参与项目、自主发展的积极性。课堂的活跃氛围、学生学习的自主合作、最终产生的项目成果，让同组教师心动了。美术组、音乐组、体育组、自然组的教师们齐齐开动，积极要求参加到了"安亭小学技能强化项目式学习"项目中去。项目式学习在这几门学科中铺散开来，站在"前人"的肩膀上，教师们经过了"梳理教学问题—设计项目实施方案—专家指导—修改完善项目方案—组内说课—审核通过后实施"的过程，共产生了近 20 个项目学习的方案。其中，美术学科最为积极，共产生了"明信片设计""车城设计师"等 9 个学习项目，分年段进行实施。实施后效果明显：学生能力功底扎实，学生学科核心素养和综合能力提升显著，主要解决了能力学习弱化、学习效率低下、学生学习缺乏兴趣等能力课程的学习困境。

经过技艺组全体教师的深入研究，不断总结，得出了"通过重组学科教材，优化教学内容，合理配置教学时间等方式，设计项目化学习方案，对国家课程进行校本化实施。在项目化学习的过程中，转变师生角色关系，从而变革教与学的方式使学生在好奇与兴趣、专注与坚持、自主与合作、迁移与运用、想象与创造等方面的学习品质得到提升"的初步研究成果，在学期末学校项目展示交流汇报会上进行了全校性的展示与交流。语、数、英等工具学科的教师在平时对此项目也早有耳闻，对学生对项目学习的积极态度也有目睹，再经过项目组的展示汇报，对"以项目式学习提升学生学习品质"

也大感兴趣。由此,学校超过半数教师主动要求参与此项目研究,项目化学习从技艺类向全学科推广。

语、数、英三科以不同主题为切入点:语文学科从作文教学入手,以"情境作文教学中同类题材的项目化学习"为主题进行实施;数学项目化学习,围绕"问题解决",设计利于学生探究的大问题,通过实践学习,帮助学生构建数学学科的核心概念,提升核心素养;英语学科从学生能否结合主题进行有逻辑的、有意义的语言表达出发,通过项目化学习对学生进行思维的激活和技能的培养。学校全学科开展"以项目化学习方式提升学生学习品质"的研究。

(三) 开发工具,实时调控

安亭小学举全校之力开展"以项目化学习方式提升学生学习品质"后,实施的效果如何? 学生的学习品质是否得到提升? 教师如何在项目实施的过程中得到反馈,不断修改完善项目方案,调整项目实施策略? 基于以上三个问题,项目管理者通过开发项目分析与诊断工具,对项目实施的各个步骤进行分析与诊断,使学生在学习过程不断体验进步与成功,认识自我,建立自信,促进学生学科核心素养的发展;使教师获取教学的反馈信息,对自己的教学行为进行反思和调整,促进教师不断提高教育教学水平;使学校及时了解项目开展的情况,改进项目指导与管理,促进项目研究的不断发展和完善。

学校项目负责人召集了各学科项目骨干教师,在普教所专家的指导下,结合区域学习品质提升的关注点,围绕学校"以项目化学习方式提升学生学习品质"主题,抓住其中项目化学习、学习品质两个重点,开发了安亭小学项目化学习评价工具。由于项目学习的特殊性,开发的工具包括《安亭小学学习项目方案设计评价表》《安亭小学学生项目学习成果评价表》《安亭小学项目学习学生学习品质评价标准》《安亭小学项目学习课堂观察记录表》四项工具。其中,《学习项目方案设计评价表》是管理者对教师的项目设计方案进行评价。《项目学习学生学习品质评价标准》是对学生的学习品质观察的标准,结合项目学习的特点与区域项目组对学生学习品质的观察角度,围绕"主动学习、合作学习、反思能力"三项学习品质对学生进行观察。每个品质分为三个观察点,如主动学习又分为三个观察点,即倾听情况、发言情况、质疑情况,每个观察点分为三个层级,对该观察点学生的具体表现进行了描述。而《项目学习课堂观察记录表》是依据评价标准进行课堂观察与记录,以反映学生在项目学习过程中的学习品质的真实情况。这两样工具需要配合使用。然后将教师在课堂观察记录表中的所有数据进行汇总。使用者可以根据不同的需求进行数据分析,如对某一个学习小组的数据进行分析,也可以对全班某一项学习品质进行分析等。《学生项目学习成果评价表》源于项目学习的特征之一,为有可视化的项目产品而设计的。

通过开发课堂品质诊断工具,在项目实施的各个环节使用,科学评价学习品质现状、教师项目实施现状,及时反馈,实时调控,驱动学生学习品质向更主动、善合作、勤反思的方向发展。

三、 项目驱动策略的使用效果

在"以项目化学习方式提升学生学习品质"项目中,通过项目驱动策略的实施,发挥了管理者在项目研究过程中的组织、协调的作用,发挥了科研人员的理论优势,发挥了教师参与项目研究的主动性和积极性。项目研究的过程中,教师在管理者的组织下、自身的努力下、同伴的互助下、科研人员的指导下积极主动地开展项目研究,有效地提升了专业能力,最终促进了学生学习品质的提升。

(一) 教师专业能力的提升

1. 激发了教师的智慧

通过项目驱动,教师变得更积极主动,思维活跃,通过促使学生对生活实际问题的观察与思考,产生了不少好项目,如生活中见到的车轮都是圆的,那车轮可以不是圆的吗?——四年级数学学习项目诞生;毕业季来临,我用漫画留下对学校的思念——"漫画你我他情系安小"系列诞生;安亭泾水质差,常飘来臭味,怎样净化水质?——自然学科项目诞生……

2. 为教师专业成长搭建舞台

相关调研数据表明,教师的职业倦怠在各种职业中居高位。但伴随的另一个事实是:不少教师不是不愿意做,而是找不到方向。教师在做项目的过程中找到研究兴趣与方向,获得来自上海市普教所专家与学科专家的指导、得到学科团队与项目组团队的协助,思维的火花被点亮,一个个学科项目化学习的案例逐渐形成。在案例研究的基础上,各学科通过归纳、总结、提炼,形成了学科项目化学习的项目成果:

同类聚焦——语文课程的项目学习、问题解决——数学课程的项目学习、思维激活——英语课程的项目学习、阶梯强化——音乐课程的项目学习、优化整合——体育课程的项目学习、主题统领——美术课程的项目学习、真实情境——自然课程的项目学习。学校教师专业知识、专业技能得到提升,学校内重视教师专业发展蔚然成风。

（二）学生学习品质的提升

在"以项目化学习方式提升学生学习品质"的项目驱动下,各学科教师分别形成了学科学习项目,以项目化学习的方式实施。项目管理者、科研人员与教师通过课堂观察、观看项目成果展示等方式,切实感受到了学生学习品质的提升。

1. 促进学生合作与反思品质的提升

管理者、科研人员与教师在课堂观察中发现,学生以小组合作的方式自主探究,彼此交流,实践操作,尝试解决问题,这样的过程虽然会使学生获取知识的速度受到一定影响,但是对学生思维能力的提升则大有益处。

在低年级数学项目学习的观察与数据统计中发现,学生运用数学知识解决问题的能力、遇到错误反思修正的能力得到了有效的激发。尤其在面对同伴的质疑,学生们经过反思能找出原因并且马上修正测量方法和数据,这对于低年级的学生来说是难能可贵的。低年级学生的反思意识处于萌芽状态,他们的反思能力的培养离不开老师的耐心引导,设计数学活动和给予他们反思的机会,长此以往一定能帮助学生养成良好的反思习惯,从而提高学生的数学能力。

其他课程的项目化学习同样让教师真正成为学生学习的合作者、引导者、促进者。在学习活动中,教师创设真实情境,激发学生学习兴趣,使学生愿意学习、乐于学习。选择适当的教学方式,因势利导,适时调控,营造师生互动、生动活泼的课堂氛围,形成深度、有效的学习活动。学生在项目学习过程中,在自主探究、小组合作、问题解决中进行持续性的主动学习,提升了合作与反思的学习品质。

2. 促进学生主动学习

在各学科项目实施的过程中均发现,项目化学习能使学生充分参与课堂,成为课堂的主导者,让学生全身心地投入课堂,帮助学生发展各项能力与素养。尤其是对学习较为弱势的学生,会让原本对学业不感兴趣的学生参与其中。

　　课堂为各层次学生都提供了机会与展示的舞台,在传统教学班级中水平较低的学生由于合作小组的成就而获得了他们的"社会地位"。对于水平较好的学生来说,在帮助其他学生的学习过程中,他们成为了小组的"核心",这一社会地位的变化也会使他们更为自豪和更有信心,从而付出更多的努力进行自身的学习和帮助同伴获得成功,有效促进了学生的主动学习。

第四节　课例示范策略：学习方式变革的实施路径

　　教育变革究竟采取何种方式更为有效？富兰(M. Fullan)、史莫克(M. Schmoker)等教育改革研究专家在最近的研究中明确指出,只有每个课堂的教学有所改善,教育改革才会有真的突破。[1] 司徒德(R. Steward)和布朗德芙(J. Brendefur)在与学校合作进行过一系列的改革努力后得出结论:课堂层面最有效的变革方式应当是"课例研究"模式。它是教师以课为载体,强调从教学实践中的问题出发,通过教师群体的教研,基于设计,解决教学难题,改进教学实践的行动研究。通常它会经历一个"疑问—规划—行动—观察—反思—重新规划"的循环过程。

　　我校数学组以五年级"平行四边形的认识"一课为课例,经历三轮的教学实践研究,将产生的应对策略运用到真实的情境中,并产生新课例。然后在新旧案例(课例)的比较中,解决现实问题,形成实践智慧。由此,我们发现:课例示范是一种设计研究或设计实验,它具有通过一节课辐射到一类课、从一个课例研究延伸到多个课例研究的示范作用,成为以学论教,变革学习方式的课例示范策略。

一、　课例示范策略的研究缘起

　　提高中小学教师承载新课程的教学能力,是当前校本研究的重要任务。从课程标准提出的基本理念、教学建议与所观察到的师生实际教学行为的差异之中,揭示和发现课堂教学问题。处理好"强调学生自主、合作、探究学习"与"发挥课堂教学中教师的引导作

---

① 潘伟.《基础教育课程改革纲要》指导下的课堂教学设计走向[D]. 华中师范大学硕士学位论文,2004.

用"之间的关系,处理好"强调课堂教学的开放性、生成性、动态性"与实现教学目标、完成教学内容之间的关系,才能达到"教师教学方式和学生学习方式根本变革"的目的。

在区重大课题"聚焦学生学习,提升课堂品质的区域行动"的引领下,基于学校"尚美教育"的文化背景,我们旨在将行动研究与课例研究①合二为一,以校为本,以教师为研究集体,以教师在教育教学实践中遇到的真实问题为研究对象,确立了"基于学习任务驱动的'美丽课堂'建构研究"的课题研究,围绕"尚学——崇尚学习之美"的内涵要素,将"以人为本"的理念贯穿于课堂教学之中,激活学科课堂智慧的源泉,指向学生核心素养的培育,让学生从知识、技能走向综合素质之路,遇见更好的学习。

从学校自身发展看,立足自身的办学理念,丰厚学校"美丽课堂"的内涵,打造学校课改名片,促进学校可持续发展;从教师专业发展看,站在学生的角度设计有效任务,增强教师角色转型的意识,不断提高教师的课堂教学能力;从学生主动发展看,课堂之上,"任务"成为学生学习的支架,同伴成为学生学习的合作者,教师成为学生学习的指导者,促进学生主动发展。基于此,我们采取课例示范策略,通过教师集体合作确立主题、设计教案、上课和观课、评价与反思以及分享成果等方式变革课堂教学,促进教师专业发展,促进学生学习和发展,并总结出课例示范策略的一些规律。

二、 课例示范策略的基本特征

课例示范作为一种行动研究,其本身就带有行动研究的各种属性:以实际问题为主要导向、教师的合作研究参与、教学情境、研究的结果促进专业成长等。课例示范作为一种特殊的行动研究,还兼具自身的特点,归纳为以下四点:

研究性。课例示范即教师通过课例研究的方式去解决课堂教学实践中遇到的问题,教师作为一名教育研究者,在课例实施过程始终聚焦于学生的学习,运用观察、访谈、前后测等方法进行分析研究,并最终解决问题。其研究性不仅仅是对教师更高层次的期望,也是学校科研发展的新挑站、新模式。

合作性。合作学习和探究训练是促进学习的两种有效方法。以教师为主体构成的研究共同体通过集体备课、观课以及反思评课等步骤,以合作的方式完成以学论教

---

① 潘伟.《基础教育课程改革纲要》指导下的课堂教学设计走向[D]. 华中师范大学硕士学位论文,2004.

的课例示范研究成为教学活动的基本理念。除此之外还充分整合校外专家、教研员等教育资源形成一个课例示范研究的合作共同体。

情境性。情境教学以其直观性、趣味性、生动性，激发了学生的参与和学习欲望。课例示范的情境性都源于课堂的任务设计、上课、观课、反思和评价等教学环节而展开，符合学生心理特征，便于教师及时发现问题做出调整，增强教学的时效性，最终解决和服务于课堂。

示范性。示范课例是有目的、有计划、有组织的校本教研活动①，每次活动主题鲜明，任务明确，是引领全体教师探讨教学规律、研究教学方法、推广教学经验的一种设计研究形式。它具有从一节课辐射到一类课、从一个课例研究延伸到多个课例研究的示范作用。

总之，课例示范策略是以核心素养提升为主旨，以学校为本位，以师生为主体，以探究规律、解决课堂教学的实际问题为行为目标的科研活动，彰显高品质课堂的丰厚灵动之美。

三、 课例开发的操作要领

课例研究以其自身的无穷活力悄悄地改变着教学研究的面貌。课例示范的可行性实践是在一个明确的教研主题导向下，凸显"以学为中心"，经历确立研究主题、规划教学设计、实施课堂观察、开展课后研讨、形成研究报告等环节的过程，它引导教学研究回归真实的教学生活，解决教学的实践问题。

（一）课例研究主题的确立

在课例示范的研究初期，立足于全局观、目标感和结构意识，理解并把握各学科核心素养的关键特征。考虑到我们不可能在各个学科平均发力，必须有所侧重，就精心编排了"三个做"的路径：数学"逻辑美"重点做；语文"语言美"、英语"融合美"跟着做；综合学科"创意美"看着做，从一节课的目标延伸到一个课例示范策略的研究主题。

---

① 韩加强，李明隆，郑秋玲.课例研究：内涵、价值及操作方法[J].江苏教育研究，2020(11)：4—7.

（二）课堂教学设计的规划

建构主义学习理论强调：学生的学习活动必须与任务或问题相结合，以使学生拥有学习的主动权。[①] 教师们在大思路统整课堂教学目标的指导下，经历理解学习任务、量化任务设计、表述学习任务以及学习任务层次性这几个阶段的研讨，从难以理解的内容、原有知识加深的重点内容、非重点内容三方面着手，将一堂课的总目标分解成每一个小目标，由浅入深、层层推进，设计 3—5 个学习任务"嵌入"到课堂要解决的教学问题情境中，驱动学生学到隐藏在任务背后的相关知识、技能等，体现课例示范研究过程。

（三）课堂观察实施的改进

课堂观察的过程是一个团队合作的过程，我们基于课例示范研究主题，开发设计以学习为中心的、指向核心素养的学习任务和观察工具，不断完善"任务设计单"，改进课堂观察记录表、观察表，再通过课堂前后测等，明确地把握观察角度和观察重点，为教与学的改进提供实证。

（四）课后校本教研的聚焦

基于学习任务设计和课堂观察，我们按照年段，将校本教研与课例示范研究整合为"1＋x"的教研方式，关注"以课为例说道理"的实践过程，立足于学生的发展，思考课堂学习要达到的目标是什么，以及哪些证据表明已经实现了真实而有效的"美丽课堂"。

（五）课例研究报告的形成

基于选定的数学课例示范研究的三轮课堂实践过程，我们根据课例研究的主题，从教师和学生角度进行策略和方法的总结，明确后续研究跟进措施与要求，形成促进学生发生真实学习的校本化课例示范报告。

四、 课例示范策略与典型案例

在聚焦学生学习，提升课堂品质项目的整体布局下，我校课题组与数学教研组基

---

① 王芳,何红晖,彭小青,蒋铁斌,邓芳,熊静,莫朝晖. 建构主义教学模式在诊断学体查教学中的探索[J]. 中国继续医学教育,2020,12(14)：81—84.

于数学核心素养,通过查阅文献资料,认识到逻辑思维能力是数学素养的重要表现①。培养学生初步的逻辑思维能力,是小学数学教学的重要目标,是小学数学素质教育的重要内容。教师们对本学科中体现逻辑美的内容进行了探讨,并形成三大共识:首先,将小学阶段的数学教学内容划分为"数与运算""方程与代数""图形与几何""数据整理与概率统计"四大类。其次,"逻辑美"聚焦到数学课堂教学中"综合任务"这一载体,并选定五年级第一学期数学《平行四边形》为示范课例,采用一人一课三上的方式,开展课堂实践研究。最后,根据三轮示范课例的实践研讨,探索小学数学"图形与几何"的过程性实施的范式路径。(见图4-2)

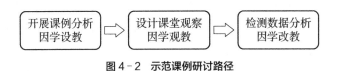

图4-2　示范课例研讨路径

(一) 基于课例分析,因学设教

图形与几何作为小学阶段数学学科一个重要的学习内容,引导学生在有智有趣的数学学习任务中建立实物与图形的联系,再由抽象的图形来解决问题,帮助学生建构空间立体观念,这一过程对于学生逻辑思维能力的提高起着至关重要的作用,而如何设计基于教材内容、教学目标、学生学情的"图形与几何"类教学内容的学习任务就是本堂课所要着重探索与研究的。五年级数学第一学期第五单元《平行四边形的认识》教学内容从学段的横向、纵向间的联系到整册教材和单元教学的目标,落实平行四边形的定义,初步认识平行四边形的特征,掌握平行四边形的特征以及与其他四边形之间的关系,为后续平行四边形面积学习、中学学习平行四边形的判定、性质定理奠定基础,有承上启下的重要作用。

五年级的学生在一、二年级已经学会了用尺测量线段的长短,初步认识了四边形;在三、四年级认识了角,知道垂直、平行。学生经历了四年的数学学习,基本了解平面几何图形研究探索的部分方法,但缺乏空间想象力。执教教师在《平行四边形的认识》三轮的课例示范研究中,从一开始的八个任务的设计改进到最后具有内涵

① 马立意. 小学数学教学中学生逻辑思维能力培养[J]. 课程教育研究,2020(01):143.

逻辑的三个任务贯穿整堂课,从不知道怎样放手给孩子探究任务的机会和时间,到学会利用学生的错误,来突破平行四边形特征的难点,历经课堂教学任务设计、前测访谈分析,教学、观课和后测访谈分析三轮过程性的教学改进提升的磨练。学生也从几何图形实物操作、验证、推理、概括中,积极主动探索出图形特征的"一般与特殊"的关系,建立各个几何图形之间的逻辑联系,潜移默化形成有条理、有逻辑的处理问题能力。

(二)基于课堂观察,因学观教

鉴于第一轮执教教师独立备课、上课的基础,在第二轮的课例示范研究实践中,课题组以观察课堂里"学生的行为表现"为目的设计观察工具①(见表4-1、表4-2),不仅着眼于教师提问次数、学生回答次数、回答的范围等客观方面,还从学生具体表现(如学习情绪、学习态度、参与活动积极度、应答度)等主观方面进行观察记录。观课教

表4-1　数学——"逻辑美"数学组课堂观察记录表

课题:　　　　　年级班级:　　　　　执教者:　　　　　观察者:

观察对象	观察主题	观察描述 观察学生学习的具体表现,例如对于任务学习的投入度(动作、语言等)、对于任务的掌握程度(举手发言人数、发言的有效次数)等
学生学习	任务1 内容:	
	任务2 内容:	
	任务3 内容:	
	任务4 内容:	
	任务5 内容:	
	任务6 内容:	

---

① 安桂清,沈晓敏. 课堂观察工具的开发[J]. 人民教育,2010(23):46—48.

表4-2　数学——"逻辑美"数学组课堂观察分析表

课题：　　　年级班级：　　　执教者：　　　观察者：

观察维度	观察维度	观察综述
学科教材	目标适切度	
	任务达成度	
教师教学	任务设计合理性	
	任务呈现层次性	
学生学习	知识的学习建构	
	学习的迁移应用	

师针对课堂教学任务的设计，分组观察学生的学习状态，并运用观察记录，准确了解学生在课堂上的学习效果，为后续的评课、改进教学行为策略的研究提供了实证资料。

（三）基于数据分析，因学改教

"逻辑美"数学课例示范研究立足"以学生学习为中心"的角度，兼顾题型，平衡试题一脉相承的前后对应原则[①]，通过学生视角用访谈、做习题、操作等形式，检测学习前学生的知识水平和学习后学生掌握的情况。如在第三轮课例实践中，通过五（6）班学生的前后测练习题（见表4-3、表4-4），可以看出学生对平行四边形的前测认知程度是"定义＞特征＞关系"，后测的数据显示是"关系＞特征＞定义"，最弱最难的部分，学生最后掌握运用的水平是最高的。

表4-3　五（6）班前测结果

第一题	⬠	⬡	□	▱	▱	◇	▱	□
正确人数	40	32	34	32	32	31	33	32
百分比	100％	80％	85％	80％	80％	77.5％	82.5％	80％
第二题	关键词：四边形				关键词：平行			
正确人数	34				19			

① 余建国.基于前后测的课堂教学诊断与改进——以"角的概念与推广"为例［J］.教育研究与评价（中学教育教学），2017（04）：52—56.

续　表

百分比	85％	47.5％
第三题	关键词："一般""特殊"	
正确人数	10	
百分比	25％	

表4-4　五（6）班后测结果

五（6）	A	B	C	D
第一题	25％	47.5％	15％	12.5％
第二题	52.5％	30％	15％	2.5％
第三题	72.5％	25％	0	2.5％

通过对后测情况的比较与分析，我们发现有前测的数据提供，可以准确评价教师教学设计和教学过程的有效性，真正做到以学促教。

（四）基于典型课例，示范辐射

我们发现，课例示范策略的研究是课堂教学品质提升和发展的必经过程，教学中的交互性与生成性发挥了教师的引导作用和学生的主体价值。随着《平行四边形的认识》课例示范研究的不断深入，大家越来越清楚地认识到小学数学中的图形认识，学生一般要经历了解图形的含义，认识图形的特征和深化图形的概念三个过程。引导学生分析推导这一类图形从"一般"到"特殊"思维的学习路径，可以延伸到我校数学低段年级的"数与运算"、中段年级的"解决问题"的课例实践之中。由此，我们得出立足学科本质，关注课程整体脉络和学情进行的一节示范课例，不仅适用于数学"逻辑美"这一类课例的教学策略的研究，还成为带动多个课例的实践范式。目前，我校课例示范策略已经辐射到跟着做的语文"语言美"、英语"融合美"的课例实践研究中，并完成了《基于任务驱动的"美丽课堂"课例研究》的六份课例报告；美术组也成功立项了"基于任务驱动的小学美术课堂'创意美'的课例研究"区青年课题，为我校"美丽课堂"内涵与品质的后续研究带来了新的机遇。

第五节　课题聚焦策略：创联式教学推进的实践智慧

教学改进是一个复杂的问题，涉及的不仅仅是教学理念的变革，还有教学实践的改善。围绕教学改进，形成很多路径和策略。这些策略中课题聚焦是被广为接受的策略。2019 年教育部颁发的《教育部关于加强和改进新时代基础教育教研工作的意见》中，提出要"深入学校、课堂、教师、学生之中，紧密联系教育教学一线实际开展研究，指导学校和教师加强校本教研，改进教育教学工作，形成在课程目标引领下的备、教、学、评一体化的教学格局。"学校要加强教育科研，把教育科研作为教学改进、学校发展和区域教育质量提升的重要手段。教育科研作为教学改进的手段，其核心是课题研究，也就是通过课题研究，改变教师教学理念和行为，进而达到教学实践改进的目的。本节内容就课题聚焦的基本路径、实施和成效作简要的分析。

一、学校课题及其类型

课题聚焦策略，就是学校通过课题研究，集中解决学校教学改进面临的核心问题，通过核心问题的系统设计、实践和研究，提高教师的素养，推动课堂教学的转变。

课题研究在当前学校教育内涵建设中有其独特的功能，课题研究能集中解决教师教学和学校发展面临的问题，在研究过程中能将教学、学校活动与教师群体的合作与反思整合在一起，在日常工作中进行研究，在研究中改进工作，促使教学实践与教学研究相融合，是教学改进的重要手段。

学校层面推进的课题，就其研究的层次而言，可以分为三类：

一类课题是学校宏观课题，就是围绕学校办学方向和亟须解决的瓶颈问题而开展的对学校整体发展具有统领意义的课题。这类课题具有明显的校本特色，参与面广，学校各个条线教师均有参加，研究的主题是学校教育内涵发展的突出问题，研究的是学校内涵发展的路径、特色建设、校本课程开发、学校制度建设、学生综合素养发展等基本性问题，这些问题是学校在办学质量提升中要解决的根本性、结构性问题。其研究的目的是通过问题剖析、原因分析、行为跟进、效果分析，最终提升学校整体或者某个领域的实力，提高办学水平，总结学校办学经验。在实践改进过程中，形成学校办学质量和内涵建设的有效策略和方法，并积累一些典型的实践案例，形成可以推广和辐射的成果，最终形成学校的品牌。

二是中观课题，主要是集中解决学校各个条线所遇到的瓶颈问题，在学校整体的课题之下，各个条线的工作要有效开展、提升质量，常常会面临着一些问题，这些问题探讨的是学科建设、教研组建设、教师团队建设、班主任管理等中观层面的问题，这些问题的解决对于学校整体的运作具有重要的意义，学校宏观课题解决的是学校发展方向问题，而中观问题则是对学校宏观问题的进一步转化和落实。宏观课题如果没有中观课题的转化，就可能难以落在平时的教育教学工作中，而中观课题的设计一般是对宏观课题的分解和细化，也会根据各个条线遇到的实际问题进行设计，中观课题的推进对于整个学校发展具有重要意义。中观课题通常以年级组、学科组、政教处、教导处等学校中间管理部门为主，进行设计和实施。

三是教师个人的微型课题，这类课题主要是以教师在教育教学中遇到的真实问题为导向，通过个人的反思、实践、研究，最终解决其在学科教学、学生管理和专业发展等方面的问题。个人微型课题由于聚焦于教师个体面临的实际问题，因此具有明显的个性化色彩。在研究设计上，主要以教师教材分析、教学设计、课堂管理、作业设计和校本课程设计等为主，研究的问题相对较小，研究的目标主要是改进教师个人的教育教学行为，形成教师个人的教学反思、教学案例和教学策略，其最终的着眼点是改进教师的教学实践，提高教师解决教学实际问题的能力。微型课题由于简便、问题聚焦和操作简单，与教师的日常教育教学实践深度融合，在改进教师教育观念，提升教师教学专业能力方面具有重要的作用。

课题聚焦策略，要在整体上协调学校三类课题的关系，构成学校课题的整体推进的框架，推动三类课题的深度落实。

二、 课题聚焦与教学改进

教学改进的关键是提升教师的专业素养，而对教学改进起关键作用的是教师的教学实践知识，也称为学科教学知识，是美国学者舒尔曼提出的。他通过大量新教师和专家型教师的比较研究发现，专家型教师具有丰富的学科教学知识，可以在课堂中根据学生的现场反应，采取适当的教学方法和策略，调动学生的学习兴趣。学科教学知识不是简单记住、理解某些教学规范和方法，而是要在一定的情境中能够应变和果断决策。学科教学知识有些是通过研究获得的，有些是实践智慧的累积。[①]　学科教学知识提升的关键是教师要开展基于课堂实践的研究。这表明，课题研究对教师的教学改进具有重要的作用。但具体到学校课题研究，课题聚焦与教学之间究竟有怎样的关系，课题聚焦是如何影响教学改进的，其内在机制是怎样的？这些问题需要系统梳理。

（一）课题研究与教学改进

在中小学课堂研究中，有关教学模式的研究有很多，比如基于问题的学习、基于项目的学习、交互式学习、合作学习。当前教学改进呈现出从教师中心、学生中心，向混合型教学转变的趋势。所有重要的课堂改进，都是基于混合式教学进行探索的，或者融合了混合式教学的核心要点。如何在学校实践中，积极推进混合式教学，是教学深度变革的关键。课题研究对教学改进具有重要的作用，主要体现在：

其一，教学改进涉及理念、设计、活动、评价等系列变革，每一项内容的变化，都需要结合学科内容、学生现状和教学方法进行系统的设计，本身就需要教师具有研究意识，研究自己的学生、教学内容和教学方法，这种研究意识对教学改进是不可或缺的，教师要真正做到教学理念与教学实践的融合，需要结合自己遇到的教学问题，进行有针对性的系统的实践和研究。

其二，课题研究过程是一个主题化、系列化的过程，在这个过程中，参与的教师作为研究者要经历课题研究的整个过程，这个过程包括对学校教学现状的调查与分析、确定问题、设计改进思路、构建教学模式、分层分类推进、形成课堂观察工具、积累典型案例等，在这个过程中教师对教学理念和教学模式的认识会更加深入，不再是抽象的理念，而是与课堂实践紧密结合的一种教学情境的深层次认知，这种情境化的认知对教师的教学改进是不可或缺的，课题研究为教师积累关于课堂改进的情境化知识提供了独特的载体。

---

① ［美］舒尔曼.实践智慧：论教学、学习与学会教学［M］.王艳玲,等译.上海：华东师范大学出版社,2015.

其三,学校整体的教学改进,需要一种顶层设计和结构化实施路径。单个教师的教学改进,只要教师能针对自己的教学问题进行探讨,将研究成果在自己的课堂中应用,改变自己的教学实践就可以了,但学校整体的教学改进,却需要针对学校教学改进的核心问题进行重点研究,形成可以操作和推广的教学模式和在不同学科中推进的策略,在集体层面推动教学改进,这需要进行整体的课题研究。针对学校教学改进中较为普遍和迫切的问题,通过研究,形成符合学校教学实际的教学理念和教学模式,并且在实践过程中引导教师积极参与、深度践行,形成对新教学模式的认同,这对教学改进而言是非常重要的。教师参与课题的过程,是在积极地内化课题所倡导的教学模式的过程。在学校课题推进过程中,常常以学科组为载体,进行课例研究和行动研究,这种实施路径对教学改进有重要的助推作用。

(二) 课题聚焦对教学改进的作用机制

美国教育心理学家斯蒂格勒(James W. Stigler)和米勒(Kevin F. Miller)在对世界重要国家中小学课堂教学的比较研究中发现,教学是一种文化系统,几乎所有的教学都围绕如下框架展开:制定学习目标—选择和实施教学策略—创造学习机会—评价学习进展。[①] 要全部落实这四个要点,对教师的知识、技能和判断有很高的要求。教师要具备丰富的知识和技能,以及能根据实践情境灵活选择的教学的判断力。教师这些素养的形成,需要一种协商性实践,就是在任务驱动下不同类型的教师组成研究团队,与专家就课堂实践中真实问题进行讨论、协商后进行实践,不断循环,教师才能把新教学理念落实到课堂上。而最能体现这种协商性实践的研究形态就是课题研究。在学校课题推进过程中,围绕学科教学的核心问题,教师之间相互讨论,制定教学目标,选取教学策略,进行课堂观摩,课后进行反思和改进。在这个过程中,课题研究通过对教师的知识、技能和判断的影响,进而改进教学。因此,课堂聚焦策略是通过研究过程中所倡导的协商性实践,影响教师的知识、技能和判断,最终促进教学改进的。

---

① James W. Stigler, Kevin F. Miller. Expertise and expert performance in teaching, in K. Anders Ericsson (eds.), The Cambridge handbook of expertise and expert performance[M]. Cambridge, Eng: Cambridge University Press, 2018: 431 - 451.

三、 以课题聚焦改进教学的实践

在实际的推进过程中,课题聚焦策略主要是通过课题研究与课堂实践的整合,围绕核心问题的专题研究以及形成实践共同体,提升教师的教学实践知识,而推动教学改进的。

（一）围绕学校教学改进的核心问题,进行课题设计

课题聚焦策略强调要围绕学校发展的核心问题,统整学校的中观课题和教师的微型课题,形成一个能深入落实的课题结构框架。

基于对学校内涵发展的诊断,我们确定了通过教学模式的改进,提升学校课堂品质的学校发展思路。作为一所新学校,经过三年的发展,学校的各项工作已经步入正规,各个条线的工作扎实推进,但学校教学质量需要维持持续高位的发展,需要对课堂进行深入的研究。在对学生研究兴趣和能力的调查中,我们发现如下问题:一是学生缺乏质疑精神和探究习惯;二是教学中教师主导成分过多,学生自主探究空间有限;三是教师忽视了对于学生合作探究和表达的关注。

这些问题阻碍我校课堂教学品质提升,结合学校实际,借鉴国内目前的教学模式,我们设立了"初中自然科学类学科课堂'学习流程'再造实践研究"课题,全体科学组教师参与课题研究,在初中物理、化学、生物、科学四门自然科学类课堂中全面推进"创联式教学"课堂实践,总结和提炼创联式教学的核心要素和操作要点。

（二）注重过程推进,围绕课堂实践,分层实施

课题聚焦策略不仅注重学校的顶层设计,更注重课题目标的分层实施,强调要对课题实施过程进行系统化设计,制定分层分类的课题实施框架,确保课题推进过程中能有系统深度的资料积累。

1. 选择学科重点推进,反复实践,形成教学模式

学校选择科学组作为课题研究的前期实践者,围绕初中自然科学类课堂不同课型的教学实践,归纳、提炼出适合学生学习的相关教学策略。经过不断实践,整理教学研究成果,构建"创联式教学"的基本框架和操作要点,并经过多次校内讨论,形成共识。

2. 构建课题推进机制,有步骤有层次开展课题研究

学校课题推进过程中,如何确保教师参与的积极性,让教师能深度融入课题,需要建立课题推进机制。在学校推进"创联式教学"过程中,形成以学科组为单位,定期研

讨和展示的机制。学科组负责学科内部创联式教学的研讨,学校定期开展成果展示交流活动,各学科要围绕课堂研究的进展进行汇报。这种研讨机制,确保各学科组能根据学科教学发展的需要,进行课题研究,同时学校层面的集体研讨机制,又为学科教学研究提供了一个重要的平台。

3. 围绕课例研究,探索课题研究与教研深度融合的路径

课题研究必须要与教师日常的教学实践和教研活动结合在一起,探讨和解决教师在教学中遇到的真实问题,探讨课题研究与教研的整合路径。[①] 课例研究是把课题研究与教学实践整合的重要工具。课例研究虽然路径清晰,操作简便,但要确保课例研究的每个环节能深入开展,有真正的效果,需要进行新的探索。我们提出"主题式课例研修"实践研究路径,分为五个环节,分别是拟定方案、集体备课、分工观课、集体研讨和课例写作。

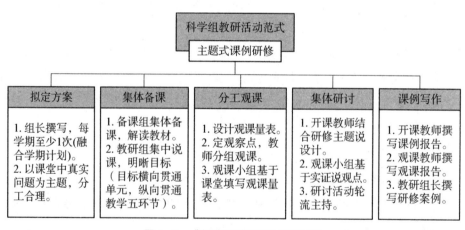

图 4-3   "主题式课例研修"实践路径

在科学组教研模式基础上,每个学科选择本学科在落实创联式教学过程中最棘手的环节为突破口,进行主题教研活动。在常规的教研活动中,围绕课堂情境中的问题,进行系列化、主题式教研,将教师在课堂中的问题转化为教研的主题,通过研讨进行教学设计,开展课例研究,正是在不断的研讨过程中,教师对创联式教学的理解,从表层

---

① 安桂清. 课例研究[M]. 上海:华东师范大学出版社. 2018.

面的概念解读,进入到创联式教学的整体框架中,形成一种实践行动能力,积累丰富的情境知识(类似于舒尔曼所提出的策略性知识)。

(三) 应用规范的方法,提炼和表达课题成果,提升课题成果的辐射效应

课题聚焦策略注重课题成果的规范化表达和提炼,围绕课题目标和课题资料,对课题过程性资料和实践经验进行系统化梳理和深度分析,形成结构化的研究成果,进一步提升课题的辐射和实践效应。

学校课题经过多次的研讨和实践,积累了大量的资料,包括课堂观察记录、课堂录像、视频、作业、笔记、试卷、日志等,这些素材需要经过细致的分析,形成课题的研究成果。在创联式教学课题推进中,我们梳理了三个方面成果:第一,构建可操作的创联式教学模式。围绕"创联式教学"的"导入""质疑""探究"要素开展了 30 多节课例实践。经过反复教学实践、探讨,梳理了针对初中自然科学类课堂"导入"要素的 10 个策略、"质疑"要素的 5 个策略、"探究"要素的 18 个策略,每个策略均涵盖实施要点、注意事项等。第二,在实践过程中,形成 15 个教学案例,5 个学科教研案例,这些案例具有深度的课堂对话和互动,体现出这个模式的价值和意义。第三,从学校学习状态的改变和思维品质的提升两个层面,基于证据,对创联式教学的成效进行系统的分析,展现创联式教学实施两年来,对学生发展产生的实质性影响。

在理念上提出一种教学模式,相对而言是容易的,难的是如何把教学理念融入到课堂中,真正改变课堂实践,课题聚焦策略为教学实践的真实改进提供了重要的路径。

(撰稿者: 杨四耕　杨秀娟　朱华盛　王红艳

郭盛岚　许　艳　董志玲　王　冰)

项目组在前期大量的基础性文献研究和组织的多次研讨后,确定了嘉定区中小学提升课堂品质"学会学习"敏感指标评估框架,该框架主要针对课堂上学生的学习过程所表现出来的主动学习、合作学习、反思学习等提出了描述性特征。同时,项目组期望10所实验校能够在此评估框架的基础上,结合本校研究课题的需要,结合实际情况开发或应用项目组提供的工具,既用于本校课题研究过程中对课堂教学的观察诊断,又用于本校课题临近结束阶段对本校课堂品质的自我评估。本章主要基于10所项目校在课题研究过程中、在课题总结阶段提交的对本校课堂教学品质自我诊断评估报告的案例研究,来阐释和反映嘉定区项目实验校应用工具诊断课堂品质的经验和典型做法,以期为更多的学校提供实践借鉴。

第一节　　开发校本化诊断工具概述

考虑到嘉定区10所项目实验校已经在课堂品质实践组的引领下于2018年下半年开展过课例研究,初步具备在课例研究中尝试应用自主开发观察工具的经验,2019年下半年,项目组以"提交自评报告"为显性任务抓手,鼓励学校自行开展为期4个月的课堂品质自我诊断的实践研究,鼓励项目实验学校在借鉴项目组的评估维度基础上应用或开发校本化的诊断工具。

一、学校实施过程

之所以考虑以"校本化"这种方式推动学校开展自我诊断,是出于对课堂教学改革必须从学校内部发生的考虑①。只有学校亲自经历这种过程,观察和诊断课堂的工具才可能真正"来自学校""在学校中""为了学校"②。学校大致经历了三个阶段:

(一)明确开展课堂品质自我诊断实践研究的具体任务

在 2019 年 9 月 29 日 10 所项目实验校第一次集中交流活动上,明确了本学期学校开展课堂品质自我诊断实践研究的要求,以及最终提交"课堂品质描述性诊断报告"的要求。

(二)学校自主实施课堂品质自我诊断实践研究

在本阶段(2019 年 10 月至 11 月)要求 10 所项目实验校按照各自学校工作统筹安排时间,自主确定某一个学科、某一节或几节课作为载体,以案例研究的方式开展课堂品质自我诊断研究。案例研究的对象可以是完整的一节课,也可以是多节课中的不同片段,但都要求聚焦学生学习、分析课堂品质提升状况。期间,根据学校实施中提出的需求,上海市教科院普教所的学校联系人会给予个别指导或帮助。

(三)学校提交课堂品质自我诊断实践研究报告

到 2019 年 12 月,项目组要求 10 所项目实验校提交学校课堂品质描述性自我诊断报告作为主件,以及相关配套的附件材料,如教学设计文本、课堂教学中使用的课件、课堂教学实录和课录像等。12 月 25 日前后,10 所项目实验校均正式提交了自我诊断报告主件及附件材料。

二、 为学校提供参照性的自我诊断工具

学校开展自我诊断实践研究的参照性工具主要包含两个:一是学校整体呈现自我诊断研究结果的案例撰写框架;二是支撑案例研究的课堂品质自我诊断框架和编码系统。无论是总体性的案例呈现框架,还是支撑案例表达的课堂品质观察框架,均遵循了项目组集体研制开发的嘉定区中小学提升课堂品质"学会学习"敏感指标评估框架,即关注课堂教学中的主动学习、合作学习、反思学习。这里提所谓"敏感"指标,意指学生表现出的三大学习特征并不一定是"课堂品质"的全部,但一旦表现,在很大程

① 胡惠闵. 从区域推进到以校为本[J]. 教育发展研究,2010(24): 61—65.
② 郑金洲. 走向"校本"[J]. 教育理论与实践,2000(06): 11—14.

度上就反映出了课堂符合当前教育教学改革的核心理念所倡导的一些品质。

（一）自我诊断研究结果整体呈现框架

描述性自我诊断研究结果的表达，要求以课堂教学案例的形式呈现，该框架实际上是类似于"课例研究"[①]成果表达的一种细化要求框架。

1. 案例的标题呈现：分正副标题

正标题要求突出反映自我诊断研究中关注的某一个方面的学生学习的品质。

副标题要求反映出自我诊断研究所涉及的学科、学段、授课内容等，若涉及多节课片段的分析，则尽可能概括出多节课的一些共同学科特征。

2. 案例的正文呈现：整体分析和细节分析

整体分析要求对涉及的每节课或一类课的目标、内容、过程（含方法和评价）三个方面，参照项目组框架维度先做总体性自我诊断分析。

案例正文建议采用如下四个部分：第一，选择这节课（或这类课）的背景。即交代自我诊断研究中"选课"的理由，其代表性是出于普遍的现实代表性，还是具有理想的价值追求代表性。第二，对这节课（或这类课）的整体分析。即对涉及的课堂分析片段所对应的每节课或一类课的目标、内容、过程（含方法和评价）三个维度十二个特征，参照项目组框架维度做总体性的概括描述和自我诊断分析。第三，这节课（或这类课）表现出的学习品质细节分析（重点部分）。即从课堂上学生的学习特征——主动、合作、反思三个角度，使用观察记录表呈现记录，做细致分析。本部分也可以结合本校开发的观察工具做细节数据的汇总和分析。第四，对本校课堂品质的自我诊断判断和启示。通过上述整体分析和细节分析，归纳概括出本校课堂品质提升的总体判断，以及对未来提升学校课堂品质的启发。

3. 案例的表达形式：尽可能采用实证方式

在案例的结果表达上，要求使用课堂观察工具收集定性或定量数据，以尊重课堂事实为基础来阐述自己的观点。[②] 可采用本校自主开发的观察工具，但必须参考项目组所提供的"学会学习敏感指标"。

---

① 杨玉东. 教师如何做课例研究[J]. 教育发展研究，2008（08）：72—75.
② 柳夕浪. 课堂教学临床指导[M]. 北京：人民教育出版社，2003：16.

（二）支撑案例研究的课堂品质观察框架

课堂观察是观察者借助一些工具直接或间接地从课堂中获取信息的技术手段,不同于无意识或潜意识的生活中的观察。[1] 对于学校的案例研究,在细节分析方面要求选取本节课或多节课中学生学习时在主动、合作、反思三个方面中的某一个或多个,使用课堂观察工具做深度描写和片段分析,需要凸显课堂里的"学生学习"和"课堂品质"。

1. 用于细节记录的 ACR 编码系统

为支撑学校的课堂品质自我诊断研究的课堂观察,确保在细节描述上更具有实证性,项目组开发了 ACR 课堂品质观察编码系统(A 代表主动学习、C 代表合作学习、R 代表反思学习),提供给学校作为参考(如表 5 - 1)。学校可以直接应用,也可以在此基础上开发更加符合本校实际情况的观察工具。

这个编码系统蕴藏着一个潜在的理论假设:当我们希望课堂教学中学生的学习呈现出主动、合作、反思等特征时,前提是教师得有这样的理念并在课堂里有意识地创造出现这类学习特征的"机会"。而这里的所谓"机会",具体到课堂观察活动中,主要考察的就是教师在各个教学环节所提出的一个个学习任务,学习任务在提出之处教师是否具有让学生"主动""合作""反思"完成该学习任务的倾向性或具体的语言和行为。

因此,作为课堂观察者,在课堂里需要观察两类对象:授课教师、学生。观察者需要对授课教师提供学习任务的类型和水平做出记录,同时也需要对课堂里学生完成学习任务表现出的学习类型和水平做出记录。当然,考虑到记录的工作量,学校可以采用多名观察者分工记录,然后再汇集全班师生数据的方式。

在表 5 - 1 所示的编码表中,主动学习(用 A 表示)、合作学习(用 C 表示)、反思学习(用 R 表示)被分为三级,分别用 1、2、3 代表层级从低到高,而每一类学习特征下又区分了"教师"(用 T 表示)和"学生"(用 S 表示)两类被观察的对象。例如编码 TR3,意思是观察到教师(T)创造了反思性学习(R)水平 3 的任务;例如编码 SC3,意思是观察到学生(S)开展合作性学习(C)表现出第 3 层级。

---

[1] 杨玉东. 对课堂观察的回顾、反思和建构[J]. 上海教育科研,2011(11): 17—20.

表5-1　学生学习敏感特征 ACR 编码系统

学习特征		学习特征表现层级		
		1级(潜在可能)	2级(明确表现)	3级(明确强化)
主动 A	教师 T	【TA1】提出的学习任务具有潜在地让学生"主动"开展的倾向	【TA2】提出的学习任务具有明确地让学生"主动"开展的要求	【TA3】提出的学习任务具有明确地让学生"主动"开展的要求并不断强化"主动"的要求
	学生 S	【SA1】表现出"主动"学习的潜在的愿望、情绪、态度等	【SA2】表现出明确的"主动"学习的动机(兴趣)、行为和语言	【SA3】表现出明确的"主动"学习动机、行为、语言,并积极争取机会
合作 C	教师 T	【TC1】提出的学习任务具有潜在的需要"合作"的可能性	【TC2】提出的学习任务具有明确地让学生"合作"开展的要求	【TC3】提出的学习任务具有明确地让学生"合作"开展的要求并不断强化"合作"的要求
	学生 S	【SC1】表现出"合作"的愿望、情绪、态度等	【SC2】表现出明确的"合作"学习的动机(兴趣)、行为和语言,分工有序	【SC3】表现出明确的"合作"学习动机、行为、语言,分工有序、达成目标
反思 R	教师 T	【TR1】提出的学习任务具有潜在的需要"反思"的可能性	【TR2】提出的学习任务具有明确的让学生"反思"的要求,如总括、梳理、联想等具体词汇	【TR3】提出的学习任务具有明确地让学生"反思"的要求并不断激发"反思"的深度
	学生 S	【SR1】表现出"反思"的愿望、情绪、态度等	【SR2】表现出明确的"反思"学习结果,至少出现"再现性"思维,如概括、总结、提炼等	【SR3】表现出明确的"反思"学习结果,并出现批判性思考、建构性思维

2. 观察教师和学生的记录单

从教师布置的学习任务特征到学生实施的学习任务特征之间未必保持完全的一致性,类似于从课程标准中的内容要求、到课堂中教师实施的教学任务、再到课堂中学生获得的学习任务之间总有落差存在[①],因此现实的结果很可能是教师提出了指向"自主""合作""反思"的学习任务并有具体要求,但学生群体或个体未必一定发生。但是,无论如何,教师首先要提供让学生"主动""合作""反思"学习的机会,尽管学生的表

---

① [美]Stein, M. K., Smith, M. S., Henningsen, M. A., Silver, E. A. 实施初中数学课程标准的教学案例:匹兹堡大学 QUASAR 研究成果[M].上海:上海教育出版社,2001:18—26.

现不一定符合教师的预期,观察者由此可以分析"一致"(学生表现达到教师预期)或
"不一致"(学生表现低于或高于教师预期)的原因,从而为提升课堂品质提出教学改进
反馈。

表5-2 **学习特征观察现场记录表(示例)**

课堂教学环节	教师创造的学习任务	学生实际的学习表现	说明
环节1:_____	任务描述: 编码: 编码理由:	表现描述: 编码: 编码理由:	
……	……	……	……

(注:此表可根据课堂教学环节中的学习任务数量延长表格)

表5-2是提供给学校的参考性记录表,用以记录课堂里教师创造主动、合作、反
思学习机会的情况,以及学生在每个环节的实际表现情况。

三、 在案例分析中学校所表现出的课堂品质

学校在本轮课堂品质实践项目开展过程中,到底在课堂品质方面是否有所改观,
我们从一开始就明确必须用"观察事实"来说明,可以是定性也可以是定量,但要避免
"拍脑袋式"的自我肯定。学校所提交的典型的课堂品质自我诊断报告,就是极佳的分
析材料。

(一) 分析学校自我诊断报告的潜在假设

我们主要采用的研究方法是案例研究法,案例研究的对象是10所项目实验校所
提交的课堂品质自我诊断报告。案例研究法作为以质性研究为主的方法,分析对象一
般考虑其典型性(代表意义),分析过程一般强调对某一研究现象的质性描述从而深入

理解研究对象及其现象,分析结果一般用以提供对一类现象的更大范围的解释性深入理解①。

　　基于案例研究法的特征,我们先对案例研究的对象——10所项目实验学校及其提交的自我诊断报告的典型性做分析。首先,10所项目实验校在课堂品质项目之初经历过申报环节,本身对于开展教育教学改革有一定的热情,其发展主动性应处于嘉定区中上水平;其次,10所项目实验校最终由嘉定区教育局全盘平衡考虑后确定,大体上能够代表嘉定区高中、初中、小学基础教育发展的中等水平;最后,项目实验校清楚此次提交的学科案例要求代表学校平均水平,从其时间准备的充分性及立场考虑,事实上提交的学科案例或客观反映或超出中等水平。

　　综合上述三点,项目组有理由得到这样两点预判:其一,每一个来自某所项目实验校提交的课堂品质自我诊断案例,至少反映了该校课堂品质的中等及偏上水平;其二,将所有项目实验校提交的总共10个案例作为一个总体,大体上应能反映嘉定区课堂品质发展现状的中等及以上水平。本报告后面的所有分析,都基于上述两个基本的预判,这也是报告持有的潜在基本假设。

　　(二)课堂品质分析的研究问题和对应的分析框架

　　对嘉定区10所项目实验校自我诊断报告的检视,主要回答两个研究问题。

　　问题1:从自我诊断报告中展现的分析过程来看,学校应用工具开展课堂品质自我诊断的状况如何?

　　问题2:从自我诊断报告中展现的分析结果来看,总项目组所期待的"聚焦学生学习,提升课堂品质"是否已经在学校层面发生?

　　上述两个问题实际上反映的是学校的两种能力:"问题1"实际上反映出的是嘉定区学校应用课堂诊断工具的能力,背后折射的是学校层面对课堂品质开展自我评估的能力;"问题2"反映的是嘉定区学校进行课堂变革的能力,背后折射的是学校层面实施教育改革、落实教育理念的执行能力。

　　对于"问题1",主要依据如下四个层次的框架来考察:

①［美］罗伯特·K. 案例研究:设计与方法(第5版)［M］. 周海涛,史少杰,译. 重庆:重庆大学出版社,2019:5—11.

- 层次 1：学校没有用到任何观察诊断工具（无实质性自我评估）；
- 层次 2：学校简单应用项目组提供的参考工具（简单采用 ACR 编码系统或自我诊断报告框架）；
- 层次 3：学校能够综合性应用项目组提供的工具（采用 ACR 编码和自我诊断报告框架完整进行课堂品质评估）；
- 层次 4：学校能够创造性或批判性应用项目组提供的工具（在 ACR 编码方面或自我诊断报告框架方面根据学校项目有创新性改编）。

对于"问题 2"，主要采用项目组对"主动学习""合作学习""反思学习"的界定作为依据，定性地描述判断自我诊断报告中的课堂是否反映出项目区所期待的课堂品质。项目组对"学会学习敏感指标"的界定如下：

主动学习：学习主体能以积极的心理状态参与学习活动。

合作学习：学习过程中能与同伴互助、分享和讨论。

反思学习：能有意识地思考已完成或进行中的学习活动。

此外，为方便表述以及对项目实验校做信息保护，下文中 10 所项目实验校分别用小学、初中、高中的英文第一个字母加数字作为代码表达（其中一所九年一贯制学校因为自我诊断研究内容仅涉及初中段，故编入初中代码）：

小学 4 所分别用 P1、P2、P3、P4 表示；

初中 4 所分别用 J1、J2、J3、J4 表示；

高中 2 所分别用 S1、S2 表示。

（三）学校表现出的课堂品质结果概要

通过对 10 所项目实验校提交的自我诊断报告的检视，依据我们两个研究问题，即要回答学校应用工具自我诊断课堂品质的能力如何、学校层面提交的案例中是否已经发生了项目组所期待的课堂品质提升。下面的主要结果均围绕这两个方面展开：

1. 总体上学校具备综合性应用工具诊断课堂品质的能力

通过对 10 所项目校自我诊断报告的逐一浏览和分析，得到了整体性的结果汇总表（参见表 5-3）。可以看到，10 所项目校中有 3 所学校能够综合应用项目组提供的课堂品质整体分析框架和细节性观察诊断工具，有 3 所学校能够创造性应用项目组提供的工具，总体上有 6 所学校表现出较强的自我评估课堂品质的能力（即达到应用评估工具的能力的层次3和层次4),可以折射出嘉定区学校应用课堂诊断工具的能力整体较强,学校已经具备在未来课堂品质项目实施中开展自我评估的能力。

表5-3 项目实验校自我诊断报告应用评估工具的层次总览

学校	应用评估工具的能力			
	层次1 (基本无应用)	层次2 (简单应用)	层次3 (综合性应用)	层次4 (创造性应用)
P1	—	—	—	√
P2	—	—	—	√
P3	√	—	—	—
P4	√	—	—	—
J1	—	—	√	—
J2	—	—	√	—
J3	—	√	—	—
J4	—	—	√	—
S1	—	—	—	√
S2	—	√	—	—

注:打"√"代表具备该层次水平的表现特征。

达到"简单应用"水平的有2所,分别是1所初中、1所高中。另有2所小学被记为"基本无应用",主要是因为这2所小学并没有从项目组要求的整体性分析框架和三大品质编码系统角度做案例分析式自我诊断。但这2所小学在前期项目研究中表现积极主动,此次提交的自我诊断报告主要是围绕学校项目研究关键词自主开发的观察工具并做案例分析,这点仍值得肯定。

2. 部分学校具有较强的创造性应用课堂品质观测工具的能力

达到评估工具综合应用水平及以上的学校有6所(见表5-3),其中3所学校不但能够综合性应用项目组提供的工具(采用ACR编码和自我诊断报告框架完整进行课堂品质评估),还表现出结合本校承担项目研究方向创造性开发和应用工具的较强能力。

P1小学对工具的创造性应用主要表现在结合学校"项目化学习方式"主题词对主

动学习、合作学习、反思学习细化为指导本校课堂学习品质观察诊断的标准，并且对实践操作中的观察记录表也做了创造性改编。该校除了使用项目组提供的"目标、内容、过程"整体分析框架，还结合该校研究的主题词"项目化学习"和小学段学生课堂学习的特点，制定了《P1小学项目学习学生学习品质评价标准》。该标准中把每个品质分为三个观察点，每个观察点里再划分三级。例如，"主动学习"被分为"倾听情况、发言情况、质疑情况"三个观察点；每个观察点里对学生可能在课堂里的行为表现又分了三个层级的具体表现描述。同时，该校在观察记录表的设计上具体到分工合作观察学生个体的学习状况，横向是6个学生编号、纵向从时间维度每2分钟记录一次编码。这样，教研组教师通过合作，就可以汇总出全班学生在整节课的学习状态记录。

P2小学应用工具的创造性主要在于围绕学校"和乐课堂"首先形成了各学科的课堂品质维度，然后自下而上地用"主动学习、合作学习、反思学习"统领形成所有学科之上的"和乐课堂学习品质标准"。学校虽然提交的是语文学科案例的自我诊断报告，但从中可以看出学校在"和乐课堂"项目研究关键词下，每个学科先是发展出自己学科课堂品质的研究方向，如生态语文、生动数学、生活英语等，每个学科还形成了学科特色的课堂品质的具体维度。学校层面则在各学科特色的课堂品质维度基础上，结合学校项目研究"和乐课堂"主题词，从"主动学习、合作学习、反思学习"三个维度创造性地制定了全校性的"和乐课堂学习品质标价标准"，该标准同样每个维度下分为三个二级指标，每个二级指标又架构了A、B、C三级水平。

S1高中对工具的创造性应用主要表现在围绕学校项目的"助学提纲"关键词开发了学校自己的整体分析框架，并运用ACR编码前后两节课对比的方式反映课堂品质的动态提升过程。学校项目的主题词是"助学提纲开发"，因此首先从学生、教师两个角度对目标、内容、过程进行分解，形成了学校的各学科通用的"助学提纲课堂观测评价工具"。具体到某一个学科案例时，学校更多地采用了前期开展过的课例研究的方式，应用项目组提供的具体的ACR编码系统进行每节课课堂品质的细节性分析，并用多节课、多次教案设计对比的方式，对主动学习、合作学习、反思学习做出品质观察和教学建议。

需要注意的是，3所创造性应用品质诊断工具的学校(2所是小学、1所是高中)，4所初中校中没有达到该层次的学校，可能意味着加强初中校的教科研能力还需继续关注。

3. 大部分学校不同程度地呈现出"学会学习"的三类课堂品质

从项目组"学会学习敏感指标"所关注的三大品质的角度来看,在自我诊断报告中"主动学习"品质有明确数据支撑的学校有8所,对"合作学习"品质有反映的学校4所,对"反思学习"品质有反映的学校6所(见表5-4)。需要说明的有两点:第一,项目组对自我诊断报告并没有要求学校一定要在三类品质上完整反映,而是可以根据学校情况在某些方面特别侧重,而且未使用项目组编码系统的2所小学没有在表中表现出来,因此这个汇总结果具有一定的保守性。第二,在做汇总表逐项检核学校自我诊断报告里课堂品质的编码时,必要时会重新看学校课堂实录或录像,以平衡不同学校对层级水平之间判断的宽松度差异。

表5-4　项目实验校自我诊断报告呈现的课堂品质结果总览

学校	表现出的课堂品质及类型								
	主动学习(A)			合作学习(C)			反思学习(R)		
	1级	2级	3级	1级	2级	3级	1级	2级	3级
P1	√	√	√	√	√	√	√	√	√
P2	√	√	—	—	—	—	√	√	√
P3	—	—	—	—	—	—	—	—	—
P4	—	—	—	—	—	—	—	—	—
J1	√	√	—	√	√	√	√	√	√
J2	√	√	√	—	—	—	—	—	—
J3	√	√	—	—	—	—	√	√	—
J4	√	√	—	√	√	√	—	—	—
S1	√	√	—	—	—	—	√	√	—
S2	√	√	√	√	√	√	√	√	√
小计	8	8	3	4	4	4	6	5	4

注:打"√"代表具备该层次水平的表现特征。

但我们从表5-4中也不难发现,其实在"学会学习敏感指标"的三大课堂品质中,虽然大部分学校都能有所体现,但每种品质在涉及高层次的第三级表现上,又会相对

"弱"一些。下文开始将对项目组关注的三类课堂品质,特别是学校应用课堂观察工具诊断课堂品质的典型样例,做一些分析和讨论。

第二节　主动性学习品质观察诊断样例

"主动性学习"是指学生能以积极的心理和行为状态参与学习活动,外在表现可能涉及情绪、情感、行为、语言等方面的观察。通过对表现出课堂里"主动学习"品质的 8 所学校的案例检视,发现大部分学校均是通过创设问题情境的方式激发学生的学习主动性,这里的问题情境范围较广,主要涉及四类:有的是现实生活情境(例如 J1 校、S1 校)、有的是真实活动情境(例如 P1 校)、有的是多媒体资源类情境(例如 P2 校、J2 校)、有的是来自学科内部问题情境(例如 J3 校、J4 校、S2 校)。

一、学校的主动学习品质主要通过问题情境创设体现

(一) 以现实生活情境中的问题激发学生学习兴趣

J1 校提供的初中科学七年级《食物中主要成分的检验》案例中,教师通过创设减肥的生活情境,让学生想办法帮助解决减肥的问题,学生表现出非常强烈的主动参与并学习的意愿:

当学生提出"要多吃素"时,老师立即引导学生"那么要少吃什么,为什么少吃? 含有什么成分比较多?"接下来老师又接着让学生帮老师选蛋糕,此活动激发了学生想要检验各种成分的愿望,有明确的让学生主动开展活动的要求。并且后面学习了三种成分的检验后,又回到选蛋糕的活动,进一步强化学生主动开展活动帮老师检验蛋糕的成分。在整个学习检验方法过程中,学生都表现的积极主动,主动阅读书中细节,总结检验方法,小组主动配合完成实验操作,主动分享自己的实验现象,并积极参与现象结论的分析,尤其在最后检验奶油成分的环节,小组成员间更是互相激励鼓舞,在好奇心驱使下,更加积极主动地去检验成分,并为自己小组争得荣誉。

S1 校高中一年级《函数的基本性质 1》案例中,教师引入了生活中常见的风车、窗

花等图形,激发学生从数学角度区分"轴对称"图形与"中心对称"图形,学生的学习表现出第一层级的主动学习品质:教师的导学有意识地表现出对学生"主动性"的鼓励,学生的主动表现也呈现出了相对较高水平,但仍局限于被抽到的学生。除以上环节外,教师在导入环节引入生活中常见的对称图形让学生判断对称方式时,学生表现出一个主动参与的高潮。也就是说,本堂课大部分学生课堂参与的"主动性"表现在层次1的水平上,教师总是有意识或明确地在导学中要求或鼓动学生积极参与课堂、争取表现的机会。

(二)以真实活动情境中的实作任务调动学习热情

P1 校则设计了一年级数学开放性学习项目《弯弯的小路有多长》,是学校系列项目化学习任务《校园里的度量》第二阶段的实践课。通过创设"给校园中熟悉的景物标数据"的活动情境,探究校园中弯曲小路怎样测量并进行实地操作活动,最终把校园里这些小路的数值呈现在校园标志牌上。P1 校根据小学生的学习特点,把学生的"主动学习"的外在表现分解为"倾听""发言""质疑"三个层次。

本节实践课共进行了 60 分钟,共有 5 个合作小组,合计 30 名学生参与。在项目学习进行的时间内,通过《P1 小学项目学习课堂观察记录表》教师们分工对 5 个学生小组每 2 分钟做一次课堂观察与记录,以反映学生在项目学习过程中的学习品质的真实情况。

倾听情况(A)出现次数最多,有 431 次,平均每位学生有 14.36 次,约占总时间的二分之一;发言情况(B)出现次数全部有 75 次,平均每位学生为 2.5 次,发言机会较为均衡,组内学生都有所表现,占总时间的 1/12;对于质疑情况(C),共有 25 次,平均每位约 0.83 次,占据时间不多,质疑主要集中于部分学生,他们多次大胆质疑,表现突出,同时有部分学生在质疑情况上并无表现。

(三)以多媒体信息刺激学生的学习积极性

J2 校以《牛津英语》六上《Healthy Eating》教学设计为例,关注"改进情境呈现方式促进学生主动学习",探讨如何以"图"启学、以"图"促学来更加有效地导入课堂,使学生融入课堂,为更加有效地理解阅读文本做好铺垫。学校以定性描述的方法记录了使用多媒体资源前后两节课学生主动学习的变化。

第一次执教班级为六(4)班,该班级学生平时上课比较"淡定",英语学习口头表达

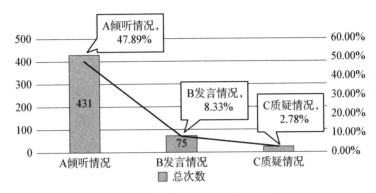

图5-1 学生"主动学习"表现情况

不够积极,为了激发他们的热情,提升课堂吸引力,本节课的图片导入游戏设计如下:教师用 PPT 显示三组食物,每组 7 个,分三次滚动播出,看哪个学生记住了最多的食物。

观察情况:大部分学生被图片吸引,能够积极参与到该游戏中;每组图片均有学生可以完全记住,并且可以用英语表达,课堂氛围比较活跃。

总体情况诊断和评价:导入时间 3 分钟,每组 1 分钟,虽然时间短,并且只是很呆板的图片播放,出乎意料的是课堂一下子热闹起来,大部分学生都参与到游戏中,基本起到激活课堂的效果。原因如下:六年级学生还是处于好奇心比较强,对于自己已知的知识也乐意在同学面前表达,加上图片比较简单,每组也只有 7 个,短暂性记忆难度基本没有,故表面上是非常热闹,人人会说。但是,试问,学生在回答这些图片后真的知道哪些是健康饮食吗? 学生除了复习一些已知的单词以外,他们有收获吗? 这次只属于流于形式、纯粹娱乐的课堂导入,并没有导入到主题,也未达成预设目标。

第二次课堂实践为六(3)班,本班学生平时课堂思维活跃,乐于表达,结合第一次教学的情况进行了活动设计的改进并对教学目标进行了微调,采用了三组图片组合的方式呈现。

三组图片结构合理,动感和音效质量好,快速将学生带入到轻松愉快的学习氛围中。第一组主要是日常生活中常见的 7 种健康食物,如鸡蛋、牛奶、肉、鱼,等等。在排序的时候也注意到了难度的递增:

第二组主要是学生平时爱吃的 7 种垃圾食品,进行了如下难度递进式的排序:

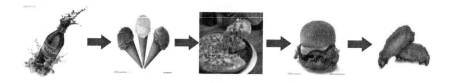

第三组主要是一些主食和辅食类,进行了如下的排序:

数字故事编排:为了让学生对健康饮食有具体形象的认知,在图片游戏后,编排了如下的数字故事导入主题:

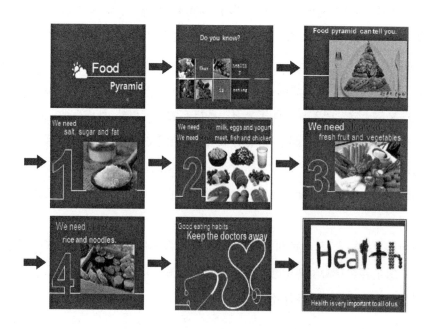

说明：背景音乐的动感设计，新旧知识的融合，游戏通关式的设计，学生的积极性更加高涨，全体学生都主动参与，课堂气氛达到"燃点"。由于食物游戏的设计有序分类组合，学生在潜移默化中理解了健康食物的概念。学生在观看数字故事时的聚精会神、在回答问题时的积极表现，达到了最初的教学设计目标，甚至有学生还就故事中的食物提出来自己的想法，这都是超出预期目标的。

J2校还对两节课同样使用多媒体资源调动主动性的效果做了对比反思：

两次教学均以图片导入课堂，第一次导入教学设想也是不错的，为降低难度，扩充词汇量，提升兴趣度，没有一次性把21张图片呈现给学生，要求学生一下子说出来，而是围绕食物的主线分组进行。但是呈现形式只是就图说图，而且图片排列组合随意，没有层次感，导入目标没有真正实现。

第二次教学，图片的选择更加贴近学生生活，而且注意到阅读文本中的食物单词，在图片组合时有目的地进行归纳整理，呈现方式和过程也更加生动有趣，符合六年级学生的心理特征和研读文本的教学特性，再配以"食物金字塔"的数字故事，不但激活了课堂、激发了学生的好奇心和求知欲，也成功导入主题，改进是非常成功的。

类似地，P2校在"以资源设计提升课堂学习品质"研究主题下，以五年级英语第一学期《The Journey of Little Water Drop》一课为例，展示了一位英语教师如何将陈述性文本设计成有趣的对话，利用图片、动画效果等资源，在多媒体的辅助下帮助学生理解小水滴如何从海水中升到空中的过程。

在对话练习中，学生能够获取相关信息，并且能体会到小水滴在大自然中如何变化。本次教学过程中，对动画资源的利用提高了学生的语言学习兴趣，加强了学生学习的思维力度，符合学生认知过程的规律，在学习效果上，使学生参与到课堂中，脱离教师全程引导，做到自主探究学习。"资源"是现实生活中现成可用的，例如课文插图、文本、录音、动画视频，等等。只需要教师根据教学的需要恰当地运用在过程中。而"资源设计"是需要注入新想法的，可以是在现有资源上的修改，也可以是教师自己原创的资源，例如语文课例中的"导学单"和"词卡"、英语课例中的动画资源等。"资源设计"不是简单地应用，而是智慧地开发学生学习需要的载体、扶梯。

（四）以学科问题情境激发认知冲突和学习愿望

J3校以初中八年级数学《反比例函数图像与性质》第二课时为例，展现了如何利用学生受到正比例函数画法的影响而画反比例函数图像的错误激发学生认知冲突,从而引发学生强烈的学习愿望。

通过展示学生所画的反比例函数图像,利用学生自己提供的"错误"资源,让学生展开讨论,是"生成性"的体现。在"情境性"上,通过设计多样的教学方式激发学生的学习兴趣。

首先鼓励学生自行探究,画出反比例函数图像。教师在巡视过程中,关注学生出现的错误,如受到正比例函数的影响不画曲线画直线、不用曲线用折线连接、没有趋近于坐标轴"翘"起来、与坐标轴有交点……教师归类展示班级学生出现的所有反比例函数图像的错误情况:

情况一:受到正比例函数的影响不画曲线画直线

生:这个不对吧,怎么画成这样,谁画的?(学生一片唏嘘,作图生 A 默默低下头。)

师:可是我觉得他画得很好。

生(学生们一脸质疑):啊?

师:画得对错不是最重要的,重要的是发觉他的探索过程,为什么是错的,能不能给你什么启示?这是个很有意思的图像,你们有没有思考过他为什么这么画呢?

(大部分学生纷纷陷入了思考。生 A 渐渐抬起了头,欣喜地看着我。)

生:是不是因为前面学习了正比例函数,所以以为所有函数图像都是直线?

师:生 A,他们说的对吗?你最有发言权。

生 A(自豪地回答):是的。

师:那他给大家提出了一个很好的问题,是不是所有的函数图像都是一个样子的?

生:不是。

师:你的依据是什么?

生:描点,画图。

师:他描点了么?

生:描点了……

师:那你们为什么会说这个图不对呢?

生:哦……因为他描的点太少了,图上只经过两个点,画成了直线。

师：应该画多少合适呢？

生：尽可能的多一些，更加接近图像本身。

（这个个数的选择不是老师强行安排给学生的，而是他们经过思考进行选择数量和了解分布特点的结果。）

情况二：不用光滑曲线用折线连接

生：应该用光滑的曲线。

师：为什么折线不对？为什么点和点之间不能用直线联结？怎样才能更接近真相呢？

学生陷入了思考，通过情况一的分析，同学们渐渐清晰。

生：点可以是无数个的，中间其实还有很多点，没画出来而已。

师：那你们有什么疑问吗？

生：点取多一点，但是没办法取无数个，有限的点之间联结是曲线还是折线呢？

师：这是个很好的问题，我们带着问题继续探究。

（针对学生提出的还不能解决的问题：点取多一点，但是没办法取无数个，有限的点之间联结是曲线还是折线呢？老师在教学过程中采用了几何画板，帮助他们进一步了解反比例函数的图像。课堂气氛渐渐活跃轻松起来，学生们兴奋地寻找自己和同伴之间的"错误"资源，于是又发现了两种有争议的情况，并拿到台上展示，同伴之间进行互相评价。）

情况三：没有趋近于坐标轴，曲线"翘"起来

生1：在取值的时候，我们发现了规律，当自变量 x 的取值不断增大，y 的值不断减小！函数图像越来越往下画，不会翘起来。

生2：其他三个无限延长的部分也不能翘起来。

生3：要越来越靠近 x 轴和 y 轴的。

情况四：与坐标轴有交点

生1：靠近坐标轴可以，但是不能有交点的呀！

生2：不可以的。

生3：为什么？

生4：可以通过取值范围来确定，在反比例函数的解析式里面可以知道，x、y 的值

是取不到零的。

生 5：因为其定义域为 $x \neq 0$，所以 $y \neq 0$。 图像不会与坐标轴相交，所以图像向两方无限延伸，但是不与坐标轴相交。

我们并不是鼓励出错，也不是要纵容学生不负责任的"草率行事"，而是在环节一的引导下，我们要鼓励学生探究的勇气，激发学生挑战的精神，保持学生创新的激情。但是又不能给学生造成对创新的压力，要让他们能自由发挥。

J4 校以初中化学《溶质质量分数》第一课时为例，提出这样的问题情境引发学生认知冲突：

A 烧杯中 3 克白糖放入 20 克水中完全溶解，B 烧杯中 5 克白糖放入 35 克水中完全溶解，哪杯糖水更甜？ 现场学生都积极地做出了自己的选择，有一半同学认为 A 烧杯糖水更甜。该问题激发了学生的好奇心，主动去思考或猜测哪杯糖水更甜。设置问题情境，引发学生思考，引入学习主题，即对溶质质量分数公式的变形计算。

S2 校以高中语文三年级《鸿门宴》第二课时为例，展现了课堂教学中老师针对课文提出的系列思考问题，特别是"项羽对义的坚守是否值得"这一问题引发了学生们强烈的认知冲突：

从课堂实施的整个过程中可以看到，学生们完成老师设置的三项学习活动：讨论"项羽为什么在鸿门宴上不杀刘邦"；梳理"项羽不杀刘邦的关键原因"；思辨"项羽在历史关键时刻，出于对'义'的坚守而放过对手，最终身死人手，他的这份坚守是否值得"。

讨论"项羽对义的坚守是否值得？"这一问题是整堂课思维碰撞最精彩的环节。面对这一极具开放性和挑战性的话题，学生们在之前两个问题的讨论基础上，形成了两种截然不同的观点：认为有意义是出于"君子固穷，小人穷斯滥矣"的解释，项羽对"义"的坚守是出于自身贵族身份道德底线的坚守；而认为无意义的则认为项羽的坚守是出于自负，这种自负让他不屑于刺杀沛公于座，最终身死人手，这是政治短视。

二、 学校运用主动性学习品质诊断工具的方法讨论

对于学校直接应用项目组提供的 ACR 编码系统中关于"主动性学习"三级描述作为观察框架的内容，不再做重复性提取和介绍。本部分重点对那些具有创造性开发主动学习观察框架或个性化应用于学校具体课堂教学观察和记录的方法做梳理

和讨论。

（一）以学校课题研究为导向先行制订校本课堂品质评价标准

P1 校为实验校参与区重大课题的子课题"以项目化学习方式提升学习品质的实践研究"，力图通过重组学科教材，优化教学内容，合理配置教学时间等方式，设计项目化学习方案，对国家课程进行校本化实施。在项目学习的过程中，转变师生角色关系，从而变革教与学的方式，使学生在好奇与兴趣、专注与坚持、自主与合作、迁移与运用、想象与创造等方面的学习品质得到提升。学校超过半数教师参与课题研究，项目学习从技艺类向全学科推广。

学校的课题研究明显具有两个特征：第一，学校通过项目研究，想要变革整个学校的课程实施方式；第二，学校在所有学科全面开展主题词为"项目化学习方式"的教学改革。这种站位较高的课题实施，自然需要发展出用以判断"项目化学习方式"的实施水平并能供全校各学科教师使用的校本课堂观察标准。

课堂观察的视点、角度非常多，不可能做到全面覆盖。学校结合项目学习的特点与区项目组对学生学习品质的观察角度，围绕"主动学习、合作学习、反思能力"三项学习品质对学生进行观察，制定了《安亭小学项目学习学生学习品质评价标准》。其中，反映主动性学习的评价标准如下：

表 5-5 P1校"项目化学习"学生学习品质评价标准（节选）

一级指标	二级指标	1级	2级	3级
主动学习	倾听情况 a	认真倾听老师、同学发言，并有所反馈（目光跟随、点头、质疑等）。	大部分时间能听老师、同学发言，偶尔有开小差、做小动作等现象。	对于老师和同学的发言缺乏关注，经常性走神或者在做与学习内容无关的事情。
	发言情况 b	有强烈的表达意愿，发言时充满自信，精神饱满，声音清晰响亮，语言表达思路清晰，内容正确且有自己的想法。	能主动发言，声音较响亮，能运用较为清晰流畅的语言表述自己的观点，内容基本正确。	基本不主动举手发言，对于项目学习过程中遇到的问题无任何反应，或采取低头、目光回避等行为。
	质疑情况 c	对项目学习表现出浓厚的参与兴趣，积极思考，主动发现问题并大胆质疑。	对项目学习较有兴趣，能认真思考问题，在组内说出自己的问题或困惑。	对项目学习内容兴趣不大，很难融入到项目学习活动中去，未提出任何疑问或问题。

从上表可以看出，P1 校对"主动性学习"课堂品质做了个性化的解读，分解为"倾听情况""发言情况""质疑情况"三个维度，具有三个典型特征：

第一，对三个维度的划分在课堂观察中具有外显性。虽然理论上反映课堂品质的角度很多，但作为观察者只能观察到外显的表情、行为、语言等，学生的"倾听状态""发言情况""质疑情况"是可以分别通过表情、动作、语言内容反映出来的。

第二，对于三个维度分别划分的层级具有递进性特征。学校采用的 3、2、1 从弱到强的等级序列，例如"质疑情况"维度里最弱的 3 级的表述为"对项目学习内容兴趣不大，很难融入到项目学习活动中去，未提出任何疑问或问题"，明显低于 2 级表述"对项目学习较有兴趣，能认真思考问题，在组内说出自己的问题或困惑"，2 级表述又低于 1 级表述"对项目学习表现出浓厚的参与兴趣，积极思考，主动发现问题并大胆质疑"。

第三，每个级别里的描述与学校项目关键词结合非常紧密。例如，对于表格中第 3 级的描述内容，在"发言情况"和"质疑情况"里提到了类似"项目学习过程""项目学习内容"这样的表述。可见，这个对于主动性学习的课堂品质评价标准，紧密围绕了学校推广项目化学习方式的需要。

(二) 以课堂品质评价标准为导向制订课堂现场观察记录表

根据学校制定的课堂品质评价标准，P1 校还制定了操作化的教师课堂观察记录表，用以收集来自学生的数据。

记录表中最有特色的是具有一个记录用的"时间轴"，即每 2 分钟做一次观察记录。记录人（观察教师）一般最多观察 4—6 个学生，用 S1—S6 指代被观察的学生，通常为同一个合作学习小组成员，观察者依据合作学习小组成员在项目化学习活动中的表现，参照《P1 小学项目化学习学生学习品质评价标准》，填写诸如 a1，b2，c3 的代码（字母代表维度类型、数字代表层级），每 2 分钟在相应空格内进行一次等级记录。

表中的"学习活动"是根据现场项目化学习开展的教学环节，通常包含"教师讲解""合作实践""交流展示"等部分，依据实际活动时间长短在空格内自行填写并划横线做好环节区分。

每位教师观察记录完毕后，可把记录表交给负责人以汇总所有被记录的学生的数据。后期，依据研究需要，可以对学生个体、合作学习小组或者班级整体的主动性学习数据进行分析。

表 5-6 P1校课堂观察记录表（学生学习品质）

项目化学习主题（内容）					学科	
观察对象				观察者	日期	
学习活动	时间	S1	S2	S3	S4	S5	S6
	2						
	4						
	6						
	8						
	10						
	12						
	14						
	16						
	18						
	20						
	22						
	24						
	26						
	28						
	30						
	32						
	34						
	36						
	38						
	40						
	42						
	44						
	46						
	48						
	50						
	52						
	54						
	56						
	58						
	60						

虽然 P1 校提供的这个观察记录表只是预设了项目化学习方式的时间为一个小时，根据实际情况时间轴是可以延伸或缩短的，可以根据需要灵活处理。此外，很明显一位老师作为观察者不可能兼顾全班学生，这就需要备课组或教研组老师集体分工开展。

三、 对主动性学习诊断工具开发的建议

主动性学习是相对于课堂里发生的被动型学习而言的，但也不否认有意义的接收式学习，它更多地表现为课程改革所倡导的激发学生作为学习主体的学习意识、情感、情绪、态度、意义感和价值感。[①]

(一) 增进对"主动学习"的校本化深刻认识

从嘉定区项目校所使用的课堂观察工具来看，一般还停留在对"主动学习"的总项目组的解读认识层面，即主要关注的是学生的情绪态度、语言表达、动作行为上所表现出的有意愿学习的倾向性。但毕竟各个学校的项目实施各有其侧重点，有必要对什么是"主动学习"做出校本化的更加贴近研究需要的界定。

"主动"一词，在汉语中有两层基本意思，一是不靠外力促进而自动，二是能够由自己把握。如果结合学习的一般定义，也可以把主动学习界定为"学习者在一定的学习愿望的驱动下，通过主动建构学习目标、主动选择学习方式和学习内容、主动调控学习过程达成预期目标的学习"[②]。很明显，如果按照上述主动学习的定义，在涉及学生探究性学习活动的教学中，可能针对学生是否自主设置目标、步骤，是否自主规划执行方案、结果呈现等，也可以设计和开发更加全面的主动性学习观察维度和记录表。由此，可以看出对主动学习的深刻理解或者说界定不同，完全有可能指导学校开发出不同的工具用于诊断教学。

(二) 丰富对"主动学习"进行不同视角的维度建构

实际上，主动学习相对于被动学习，它首先可以被理解为一种教学法的革新。课堂教学中是否采用多样化的教学方法、是否采用具有主动学习特征的教法或学法（如

① 杨小微，金哲，胡雅静. 主动学习何以可能：新中国成立 70 年教学改革的回眸与前瞻[J]. 中国教育学刊，2019(10)：17—21.

② 杨志敏. 如何激发学生主动学习[J]. 思想政治课教学，2018(11)：20—22.

自学、小组讨论、辩论、探究学习、角色扮演、游戏等），这本身就是比较上位的一个关注主动学习的视角。

其次，站在学习者的角度，主动学习者的最显著特征是能够进行自主学习（self-regulated learning），包含自我计划、自我监控和自我评价三个基本要素。[①] 由此，在课堂里如果具有一个高挑战水平的学习任务，可以从以上三个要素角度设计观察学生个体的自主学习状况的诊断工具。

如果一所学校能够有长期坚持采用主动教学法的打算，并把主动学习作为较长一段时间课堂里"学习品质"是否提升的关注点，那么也可以建立主动学习指标体系，这可能是最具有持久性的一种工具开发活动。例如，北京师范大学的研究者为了帮助幼儿园教师观察、识别和支架学前儿童主动学习品质的发展，建构了一套学前儿童主动学习的关键发展指标体系。[②] 该指标体系包含 5 个基本维度，11 个关键发展指标和 33 个针对关键发展指标的发展阶段描述。其中 5 个基本维度分别是：主动参与、主动发现、主动探索、主动交往和主动合作；11 个关键发展指标是：适应融入、计划选择、善于观察、喜欢提问、敢于尝试、问题解决、目标坚持、乐于接触、互动表达、冲突解决和分工协作。

第三节　合作性学习品质观察诊断样例

"合作性学习"是指学生在学习过程中能够与同伴协作、分享和讨论，从而达成学习活动的显性和隐性目标。通过对表现出"合作学习"品质的 4 所学校案例的检视，凡是学生的合作性学习能够发生的地方，前提条件均为教师明确提出要学生"小组合作"的要求。相对而言，学生角度的主动学习、反思学习的发生却不一定需要教师提出明确的学习指令。之所以在中国课堂里学生群体不大会自发地出现合作性学习，这可能

---

① 黄荣怀,汪燕,王欢欢,逯行,高博俊. 未来教育之教学新形态：弹性教学与主动学习[J]. 现代远程教育研究,2020(03)：3—14.

② 霍力岩,孙蔷蔷,陈雅川. 学前儿童主动学习指标体系研究[J]. 基础教育,2017(01)：68—78.

主要是源于对"课堂纪律"的遵守。就目前 4 所学校案例中看到的学生合作学习,主要涉及两类:一类是以讨论型任务为主的合作学习(S2 校),一类是以操作型任务为主的合作学习(P1 校、J1 校、J4 校)。需要补充的是,就任务的外在表现来说,操作型合作学习中一般包含有讨论内容,因为学生在动手合作的过程中自然而然有语言的互动交流。

一、 学校的合作学习品质主要源于教师明确提出要求

(一) 以高认知挑战性任务驱动学生的讨论型合作学习

S2 校在高中语文三年级《鸿门宴》第二课时的案例中,采用了思辨性话题讨论模式来设计教学任务,试图以此激发学生对史传文学深度阅读的探究意识,从而改变学生对文言文学习价值的认识。在教学内容的设置方面,教师主要设置三项高认知挑战的学习任务,其中第一个要求学生小组讨论的学习任务为"项羽在鸿门宴上为什么不杀刘邦?"以下是自我诊断报告中的分析:

教师围绕"项羽为什么不杀立邦"这一历史上没有定论的问题,明确要求学生除了在语文课本的选段中寻找到支撑自己观点的证据外,还需主动关联以往学习《史记》作品的经验,主动阅读《项羽本纪》原文及与之关联的文本,在主动阅读和检索资料的过程中,形成相对有说服力的观点。由于前期预习过程中涉及大量资料的梳理和不同观点的思辨判断,令学生个体无法在短时间内单兵作战,由此小组合作成为了必然。

高三(7)班学生基于长期训练有素的语文小组合作学习模式,在课前预习准备中,各学习小组成员自觉形成了明确的任务分工,四人角色分别为:主持人——负责将具体的任务分配给组员并且组织讨论;提议者——提出解决问题的观点或方法;挑战者——针对小组成员的观点倾向提出可能产生问题的地方;汇报人——聆听、记录小组成员间的讨论过程,梳理观点形成的过程并最终代表小组发言。

整课堂教师设置的学习任务有明确的小组合作的要求,在完成课堂中三项主要的学习任务时,学生们表现出明显的积极主动的学习行为,例如课堂上此起彼伏地争相发表不同的见解,师生间形成多重对话的场面,等等。教师设置的问题具有明显的思辨性,在学生争鸣过程中,能不断用启发性问题引导学生深入探讨。整堂课,学生的思维品质是优秀的,学习精神状态是饱满的,从他们的唇枪舌战中可以看到他们思维的碰撞、整合并不断形成自己新的看法。

(二) 以实践或实验任务驱动学生的操作型合作学习

P1 校在开展的一年级数学开放性学习项目《弯弯的小路有多长》中,确立明确且可操作的活动任务,即小组到校园实地去合作探究如何测量弯弯的小路,进行有明确的责任分工的互助性学习。学校的观察数据和反思如下:

学生的小组自主探索(D)共出现了 345 次(30 个学生被教师们分工记录、每个学生每 2 分钟 1 次),平均出现次数为 11.5 次,占总时间的 38.33%,近五分之二,并且由数据可以看出,学生之间次数多少的波动较明显,所有学生中表现最多的为 15 次,最少的为 7 次,相差一倍有余,但以组内 6 人相比,数据方差不大,较为平均,由此可得学生都能在合作学习中贡献作用,小组合力,共同进步。而合作交流(E)整个课程内共出现了 384 次,学生平均表现 12.8 次,约占总时间的 42.67%,小组合作学习中,交流是最常见也是最频繁的行为,这加强了合作,使得配合互动更加紧密。合作成效(F)共出现 192 次,平均每位学生 6.4 次,占总时间的 21.33%,超过 20%,各小组数据不一,差值明显,但组内数据则相比更加平稳,少有起伏,多为同一数值,可以看出,合作学习达到的效果是共同目标,只有每位学生都能达到,小组目标才有成效。

《弯弯的小路有多长》是开放式的项目学习,没有唯一的标准答案。学生各自形成学习小组进行合作学习,每个学生都有表达自己观点及了解他人想法的机会,并获得需要自己独立完成的小任务,从而在丰富了活动经验的同时促进共同发展。在互动过程中,学生的团队合作意识得到了培养,实现了优势互补,个人的交往能力、语言表达能力、问题解决能力都得到了不同程度的提升。

在 J1 校初中科学七年级《食物中主要成分的检验》案例中,教师向学生分别布置了葡萄糖、蛋白质、脂肪等三个过程性实验,调动学生的小组合作:

本节课通过三个主要活动的细节设计,达到了较好的教学效果,学生能够具有主动学习检验方法,从而帮助老师解决问题的意愿,并且在三个活动中,都能够以合作的形式参与探究,有较强的合作意识和态度,活动的细节设计帮助学生达到了知识目标,同时激发了学生的主动及合作学习意识。在合作方面,本节课的教师活动设计细节,主要体现在以下四个方面:活动设计中的明确分工指令,活动设计中教师演示的作用,活动设计中的多种合作方式,活动设计中合作层次的设计。

（1）活动设计中的明确分工指令

本节课的三个主要学生活动中，每个活动有非常明确的分工指令。

例如：在蛋白质检验过程中，教师强调一个人做水的实验，一个人做蛋清的实验，并继续强化了合作的要求是：实验结束后，两位同学对实验现象进行陈述、对比与讨论，并将两支试管展示给教师和同学们。同时对必要的操作细节进行规范化说明，比如说试管架夹取的位置就是标签所在的位置，试剂滴加的量为3滴或10滴，教师都采用了学生能够迅速理解的语言加以引导，学生在明确任务分工之后的合作的确非常有序，而且效果显著，效率也大大提高。

（2）活动设计中教师演示的作用

活动设计中教师的演示和示范促进了学生合作。

例如：在葡萄糖检验之前，教师以演示实验的形式，采用问答的方式，对接下来如何开展合作进行了规范性指导和示范。教师通过"用什么进行加热？用哪层火焰加热？试管小组成员应配合放置？怎样熄灭酒精灯？"等一系列问题，用语言督促学生思考如何规范操作和小组配合。学生们积极主动地配合老师，踊跃地回答问题，都能体现出他们对接下来的合作的期待。

（3）活动设计中的多种合作方式

例如：课堂上有两人合作、多人合作、师生合作，本节课大部分活动以两人合作为主，其他合作形式为辅。在葡萄糖的检验过程中，教师引导学生做对照实验，整节课是教师教方法，学生在合作中学方法，再用方法帮助老师解决问题的一个师生合作过程。

（4）活动设计中，合作层次的设计

在本节课的几个学生活动中，合作的层次是逐级递增的，学生的能力也得到了很好的锻炼。例如：在葡萄糖检验中，小组成员之间的合作主要体现在操作互助上，两个人的配合使实验更顺利且更有效，而在蛋白质检验中，两个人的合作不仅是提高实验效率，更有思想层面的沟通和交流，所以合作的层次和深度上有所提高。

J4校以初中化学《溶质质量分数》第一课时为例，指出配制一定溶质质量分数的溶液实验是初中化学中首次涉及的定量实验，因此在课堂中让学生完成一个小组合作任务：配制一瓶50克质量分数为6%的硝酸钾溶液。J4校在案例分析中记录了学生的合作情况，并总结了关于合作学习的理性认识：

　　一开始老师让学生分小组讨论实验方案,后请学生分享方案,在动手实验的过程中老师一直指导学生应该如何合作。学生积极讨论实验方案,班级绝大部分学生参与到实验中。有 4 个小组能顺利完成合作实验,有 2 个小组稍微有些困难。

　　学生对实验比较感兴趣,但实验过程中学生的基本操作存在一些问题。由于时间关系,只是提出这些问题,没有当场解决。

　　通过问题情境打开学生的学习开关后,小组合作学习有利于发挥群体的积极功能,从而提高学生学习的动力和能力,完成教学目标。当然不是每堂课都需要小组合作学习,一般要针对有一定思维难度或需要彼此动手合作完成的实验,小组合作才会效果更佳。正如本课一开始时,学生虽然分了小组,但几乎不讨论。随着变式训练的层层深入,学生讨论的声音越来越大,学习的主动性也慢慢被调动起来。但小组合作的最大问题在于有时学生并没有人人参与或没有实质性的参与。因此,教师要注意学生的情感态度,不仅要关注内容正确与否,更要关注学生是否积极主动地参与到小组活动中来。如本课中就有少数学生没有参与到小组实验中。在小组合作学习中,还常常存在时间不足,虎头蛇尾的现象。就像本节课中,最后实验环节教师发现了一些操作问题,但没有时间与学生一起讨论如何改正,主要是学生在等待托盘天平平衡时消耗了较多时间,导致实验时间比预计的要长。因此,教师在设计合作学习时要充分考虑各种因素,切实提高合作效率。学生合作学习这条路还很长,我们会慢慢往前走。

二、 学校运用合作性学习品质诊断工具的方法讨论

　　对于学校直接应用项目组提供的 ACR 编码系统中关于"合作性学习"三级描述作为观察框架的内容,不再做重复性提取和介绍。同样地,本部分重点对那些具有"创造性""个性化"应用学校具体课堂教学观察和记录的方法做梳理和讨论。

　　(一)按细分合作学习维度记录频次并做总体判断

　　P2 校根据项目研究的要求,立足校本特色,以"和乐课堂"为基点,以资源设计为抓手,以变革学习方式为主要研究目的,积极探索一条通向高效课堂的优质路径。项目初期阶段,学校围绕"资源前置、资源拓展、资源统整"三大版块内容,逐步在基础型学科中进行了基于"规准"的课堂教学研究,以下是分阶段的主要实践和探索。

　　2019 年 1 月至 5 月,学校项目组基于前阶段研究经验和成果,开展了指向实证工

具的专题研究。以数学学科为例,开展课例研究,聚焦"主动善问""合作探究"和"思辨明理"三个维度,在教科院专家的引领、区科研室专家的指导和全体数学教师的努力下,对标区《品质课堂"学会学习"敏感指标评估框架》,形成了指向数学课堂的校本评价指标和观察量表。

表 5-7　P2 校"和乐课堂"学习品质观察量表(节选部分)

被观察学生姓名:			观察教师:		
一级指标	二级指标	三级指标	次数	个别行为 (可记录突出行为)	总体评价
合作学习	互动交流	师生间交流			A　B　C
		同桌间交流			A　B　C
		小组内交流			A　B　C
	合作分享	主动分享			A　B　C
		组内分享			A　B　C

图 5-2　网络电子观课记录情况

与此同时,学校项目研究组借助第三方平台,依据评价标准,生成网络电子观课表,以"赋分(0—10)"的形式,对课堂进行观察,以此来诊断实际的教学活动是否符合"和乐课堂"的学习品质要求。

P2 校开发的关于"合作学习"的诊断工具,具有鲜明的三个特征:

第一,把敏感指标观察工具放在学校总体的"和乐课堂"教育理念之下,层层演绎,抽丝剥茧。在学校"和乐"理念下,分别确定了"生态语文""生动数学""生活英语""生灵综合"等学科侧重的方向,因此合作学习被区分为两个维度"互动交流"与"合作分享",每个维度下又有更小的三级观察点。可以说是一种从学校教育理念到学科教育理念、课堂理念、关注维度、具体观察点一级一级分解建构的观察工具。

第二,观察工具里既有客观事实记录又有主观性评价。工具中每个三级点的观察，以定量的记录频次为主，辅助以个别学生的突出行为的定性描述记录，在记录结束之前，又会让观察者做一个关于"A、B、C"等级的整体的主观判断。定量与定性、主观与客观结合得比较好。

第三，在具体使用观察工具过程中，使用手机作为电子记录和评价的终端设备。这样处理的方式，一方面为观察者提供了简便的操作方式，一方面电子化的数据非常容易汇集和处理，从繁重的录入、统计工作中解放了教师的精力和时间消耗。

（二）结合学段学生特点细化观察记录要点并赋分评价

S1 校作为一所高中，主要研究在高考新政背景下开发"助学提纲"并促进学生学习与课堂教学模式变革的策略与方法。提供的数学课例研究以"助学提纲"实践为抓手，旨在研讨在高中数学专题式习题复习课中如何开发出有效的"助学提纲"并运用于课堂的精确化教学，以改善常态教学中"任务重、效率低、缺生气、无兴趣"的状态，通过师生合作、活跃课堂教学氛围、激发学生兴趣参与等实现学生的有效学习，从而为区域"课堂品质提升"教育变革探索贡献智慧。

针对数学学科的基本特征、课型内容和学生基本学情，课例中的"助学提纲"的开发目标与指导原则集中于"精确性方面"，即如何基于内容、学情、资源等基本教学情境有针对性地开发和运用"助学提纲"，使得学生在轻松自在的开放活动式的学习情境中通过师生、生生交流、对话、合作，更有效地理解基本概念内涵，灵活运用原理定理于具体实践情境，逐渐养成归纳演绎的逻辑推理和数学结合思想，促进数学课堂中学生有效学习和课堂品质的提升。

考虑到高中学生课堂里的一些特点：第一，长期高密度大容量的学习，已经养成接受式学习倾向；第二，高中生自尊心极强，如果表面性地提出"合作学习"指令学生反而会反感，进而有可能产生故意"不配合"的状况；第三，助学提纲的使用，根本目的在于以"学"导"教"，学生只要主动地投入学习，在使用提纲过程中就会有参与合作学习的可能。因此，S1 高中并没有直接使用"合作学习"这样一种非常强烈的外显形式，数学学科的"合作"更多地体现在分享上，并使用了"参与"这样的概念代替"合作"。

表5-8 "助学提纲式"课堂观察评价工具（节选学生部分）

班级＿＿＿＿＿ 科目＿＿＿＿＿ 执教者＿＿＿＿＿ 执教时间＿＿＿＿＿ 评价者＿＿＿＿＿

观察对象	观察主题	分解指标	赋分层级	得分	补充说明
学生	参与形式	主动趋向	主动		
			鼓动		
			被动		
		参与数量	主体		
			频次		
		参与形式	个体		
			小组		
	参与质量	任务类型	重现		
			解析		
			综合		
			运用		
		思维层次	直观		
			抽象		
			批判		
			重构		
		过程形式	填充式		
			任务式		
			导引式		
			开放式		
		效果达成	还有不足		
			基本达成		
			生成效果		

S1高中的"助学提纲式"的课堂观察诊断工具，明显具有这样四个方面的特征：第一，总体理念上，基于对高中学段、高中学情，特别是高中学生特点的把握，把"合作性学习"弱化为"参与式学习"，更加符合学校的实际情况；第二，观察诊断工具的设计，充分结合了研究主题"助学提纲"的价值和出发本意，侧重在学生使用助学提纲过程中观

察学生个体或小组参与学习的形式;第三,观察诊断工具中关注到了学习内容和数学思维等的特征,诸如"任务类型""思维层次",这种角度的考虑比外在的看学习组织形式更具深度;第四,虽然工具中有频次和事件的描述性补充记录,但总体上侧重于主观性的评价,后期可以考虑增加更多"客观事实"的数据收集。

三、 对合作性学习诊断工具开发的建议

合作学习于 20 世纪 60 年代末出现于美国,一般认为的合作学习,是与个别学习、竞争学习相对的概念。[①] 它在改善课堂内的社会心理气氛,大面积提高学生的学业成绩,促进学生形成良好非认知品质等方面实效显著。[②] 从目前项目实验校的案例中体现出的合作学习诊断工具来看,大多还停留在现象的观察记录,大部分学校还没有深入到合作学习的一些本质层面。设计合作学习观察诊断工具需要注重三个方面:

(一) 需关注合作学习中的学生互动关系并做细化记录

有研究者已经指出中小学课堂教学中小组合作学习呈现四种样态:一是小组成员表面上围坐在一起,形成"合坐而不合作";二是小组内一部分成员积极主动参与,一部分"边缘人"的现象;三是在小组合作过程中,部分学生有"独霸话语权"的现象;四是小组合作过程不能触及合作学习任务的核心问题而形成"低质化"的现象。[③] 这就启发我们不仅仅是观察记录小组合作的整体活动情况,更需要具体考察每个小组成员在其中的角色和他人的互动关系。

(二) 需关注学生小组合作中的教师与学生的合作关系

合作学习中的小组既可以是由教师主观划定的合作学习群体,也可以是在学习过程中自发形成的小团体。不同小组间的学习任务可以是相同的平行式开展,也可以是不同的分层次式开展。在小组合作学习过程中,学生和教师分别承担着不同的角色,教师作为过程中的调控者,稍有不慎均会导致调控失当,流于形式。[④] 所以,当学生之间开展合作学习时,其实也存在教师与学生的合作学习,只不过教师在此时更多以"局

① 孙烨超,张妙华. 远程合作学习研究文献综述[J]. 中国成人教育,2018(09):9—13.
② 王坦. 论合作学习的基本理念[J]. 教育研究,2002(02):68—72.
③ 李帮魁. 小组合作学习由边缘参与到核心参与[J]. 教学与管理,2019(08):23—24.
④ 殷运峰,方蕾蕾. 课堂教学中小组合作学习的误区及应对策略[J]. 当代教育科学,2019(04):29—32.

外人"的姿态提供小组及时的外部支持或指导帮助。如何记录教师与学生之间的合作学习,也是一个值得关注的角度,并且能够为课堂教学提供更为直接的改进。

(三) 需关注学生合作学习中的合作内容维度

学生的合作学习,既包括行为上的参与合作学习,也应该包括内容上的参与合作。有老师也指出了合作学习的困境:正因为缺乏对合作学习内容维度的考虑,使得不少中小学教师认为合作学习无序、低效而不愿意采用,仅仅作为公开课的装饰点而已。[1] 小组合作学习在本质上是一种社会活动,具情境化学习之特质,以建构对话关系为旨趣。[2] 合作学习需从形式模仿走向内涵创造,以高阶思维为目的、以真实任务为载体、以互动交往为手段当为小组合作学习的基本选择。而在此方面,虽然嘉定区的 S1 高中已经有初步显现,但更多学校在设计观察合作学习的工具时,基本缺失了合作内容维度的考量,这对于今后的合作学习观察工具开发来说是值得探索的一个重要维度。

第四节　反思性学习品质观察诊断样例

"反思性学习"是指学生能有意识地思考已完成或进行中的学习活动。通过对 6 所学校呈现出的反思学习品质的课堂教学案例的检视,发现大部分学校的案例中的反思性学习主要发生在课堂教学任务的小结阶段(可能是整节课的小结,也可能是某个具体学习任务的小结)。

在我们的编码系统中,反思学习被定义为三个层次,主要是从学生表现出的反思性学习的内容角度划分的,但 6 所学校提供的课堂案例中,我们发现学生反思学习发生的来源或者说推动力主要是两个方向:一是源自教师精心设计的反思性问题,并且教师不断维持这个问题的思考水平,我们称之为"导引型反思",例如 P2 校、J3 校、S1

---

[1]　李友. 小组合作学习的困境与突围[J]. 基础教育课程,2018(03):52—57.
[2]　尚金兰. 小组合作学习的现实危机与未来选择[J]. 当代教育科学,2017(03):47—50.

校、S2 校；二是源自学生在学习过程中主动提出的困惑、疑虑、质疑、发散型思考，具有一定的创新性和生成性，我们称之为"创生型反思"，例如 P1 校、J1 校。

一、学校的反思学习品质主要发生在学习任务小结阶段

（一）导引型反思源自教师的精心设计问题

J3 校以初中八年级数学《反比例函数图像与性质》第二课时为例，特别注重用"化错"教学培养学生的反思学习能力，该校制定了反思学习的观察指标，并对如何使用"化错"培养学生反思学习能力总结出了若干策略：

我们设计了观察指标"教师对课堂练习完成情况不理想的学生能够给予鼓励和帮助""教师会鼓励学生在课堂中直接提出不同的意见""教师会完善学生的发言，总结提炼数学思想方法"，教师的得分分别为 9.07 分、9.14 分、9.36 分。听课老师评价到"比较注重学生的互相评价，推荐组内优秀作业代表展示""教师会在学生发言的基础上进行完善，非常注重学生的学习过程"。可以说，该环节是培养学生反思思维的重点环节，通过师生互评、生生互评，学生们纷纷开动自己的脑筋，思考这些图像错在了哪里，并积极地表达了自己赞同或是不赞同的意见。教师对于画错了的学生，并没有直接指出错误，而是通过对学生的典型错误进行分析，启发学生思考，总结学生的发言，加强学生对知识的理解，引导学生逐渐认识正确的函数图像应该是什么样的。

为培养学生主动、反思、合作的学习品质，尤其是反思这一品质，数学教研组教师集思广益，提出了"化错"的教学策略。"化错"的第一个阶段：包容错误，激发学生主动学习的能力；"化错"的第二个阶段：智慧融错，提升学生分析、反思的能力；化错"的第三个阶段：以错为桥，培养学生合作交流的能力。

正确的解答，可能只是模仿；而错误的解答，却可能是创新。有人说过："有差错，才有真正的学习，才有实质性的学习活动发生。"课堂是允许学生出错的地方，出错是学生的权利，帮助学生不再犯同样的差错是老师的责任。这也让我们对教学进行了深刻的反思，通过教学设计的改进，我们有了这样的启示：面对学生的"错误"，我们可以采取"化错"教学的方式，准确分析差错背后的真正原因，引领学生从错误中求知，在错误中探究、反思，于错误中理解，让成功在差错中成长。"化错"教学激发了学生学习数学的热情，尤其是培养了反思的学习品质。学生也在不断地反思学习过程中真正地学

会学习。

在 S1 校的《高中一年级"函数基本性质 1"（专题练习复习课）》案例中，用前后对比的方式揭示了第一次和第二次课堂里发生的反思性学习的差异，第二次授课中明显更多地发生了反思性学习，而且它们往往发生在每个环节任务的结束之时、教师提醒之下的"梳理"或"纠错"行为：

（第一次授课）教师在导入环节使用风车、窗花引导学生回顾对称图形，以及复习旧知环节以变换因果结构的方式提问函数奇偶性的基本概念时，对导学任务试图预设较高的反思性，但学生的反思性表现相对则弱一些，复习旧知环节基本流于记忆缺少反思。教学环节 6（定义法 3 学生解题教师评讲）、环节 8（图像法判断原理）、环节 10（性质法 2 填空题）分别通过生生质疑互动、判断条件因果倒置表述和同学间纠错辩解设置出了要求反思的导学任务，但是学生只是在环节 10（性质法 2 填空题）解题思路归纳时表想出了水平 2 的反思行为。以上说明学生在数学学习中，尤其是在具体解题过程中整体缺乏反思意识。

（第二次授课）从"反思性"层面看，本节课在三个环节上的反思性导学任务设计和学生学习实际表现均较为突出，即教学环节 2（思路梳理）多媒体图示完型活动，环节 5（分段函数 3 学生再解题）在第一个学生错题讲析之后第二位同学在全班监督下再解题，环节 8（阶段小结学生汇报）学生反思本节课收获，均表现出水平 2 的反思行为，在教学环节 4（分段函数 2 练习讲评）教师并未做出任务指示，学生间对于黑板上同学结题的错误环节展开了讨论，并自发重复解题思路，也都达到了水平 2 的反思。这说明本堂课学生的思维活跃程度在此环节达到了顶点，也显示宽松自由的学习环境对学生思维活跃程度的重要影响。

S2 校高中语文三年级《鸿门宴》第二课时的案例，研究的主题是"在思辨性话题讨论中激发学生对史传文学深度阅读的探究意识"，整节课主要设置三项学习任务，其中第一个任务以小组合作讨论的形式开展（前文已引用），而第二个、第三个学习任务则具有典型的要求"反思学习"的任务特征：梳理"项羽不杀刘邦的关键原因"；思辨"项羽在历史关键时刻出于对'义'的坚守而放过对手，最终身死人手，他的这份坚守是否值得"。

讨论"项羽对'义'的坚守是否值得?"这一问题是整堂课思维碰撞最精彩的环节。

面对这一极具开放性和挑战性的话题,学生们在之前两个问题的讨论基础上,形成了两种截然不同的观点。

在各小组不同观点的争鸣过程中,老师的评价方式不是直接给出答案,也没有否定或者肯定某一种观点,而是不断给学生设定明确的深化反思的任务,在学生观点的基础上引导学生进行假设判断,如"假如项羽在鸿门宴上刺杀了刘邦,你觉得历史后人会如何评价项羽? 你今天会如何评价项羽?""假如你是乱世中的项羽,在世人都认为可以打着某一种正当的口号然后不择手段以求达到目的的时候,你会怎么做?"等等,创设情境关联学生主体,将学生个体的价值观与项羽的行为选择进行比对,在代入式的情感体验和综合判断的过程中进行思辨,从而发现项羽形象在历史上和今天的价值与意义,进一步深入发现文言文本的独特价值。

P2 校在《提升"和乐课堂"品质:以资源设计变革学习方式的实证研究》自我诊断报告中对统编版语文教材三年级第一学期的一篇小古文《司马光》教学案例的前后两次课堂教学教师如何通过精心设计学习材料激发学生的反思性学习做了对比式描述:

在第一次授课中发现学生在"反思学习"中的表现是薄弱的,对照"评价标准",课堂中缺少对"方法习得能力""信息处理能力"以及"问题解决能力"等方面的考量,学生的高阶思维品质并没有显著的提高,只停留在了学习方式的转变上。于是,项目组和教研组共同研讨,将原本的"课堂导学单"资源进行了再设计,合理地拆分每个内容,变成了一张张小词卡。

这些词卡从新课的导入环节引入,老师故意贴错顺序,让学生质疑辨析,明白整个故事是"根据事情发展的先后顺序"来写的,清晰地体现了学生的整个学习经历。第二次使用是在寻找到文本中的关键人物后将事件和人物对应起来,再一次让学生进行板贴,理清顺序,强调文章是按照一定顺序写的,为后面的"讲故事"环节埋下伏笔。第三次使用,是帮助学生理解每句话的主要意思,将词卡与古文对应起来,整堂课的教学难点就容易突破了。

从"课堂导学单"到"小词卡"的变化,凸显了教师在教学过程中对创生性资源的两次设计,第一次关注学生同伴间的互动交流,合作分享,第二次则是在第一次的基础上,再聚焦学生的"反思学习",让整个学习过程变得立体了起来,凸显了"和乐课堂"下"生态语文"的核心要求。

(二)创生型反思源自学生的深度学习体验

由于 P1 校、J1 校为学生提供了课堂里动手操作型合作学习机会,学生通过校园实地测量或操作实验任务,在学习过程中获得第一手的感知体验,这 2 所学校的学生反思学习中,明显表现出了源自学生深度学习体验的创生型反思行为。

J1 校以初中科学七年级《食物中主要成分的检验》第一课时为例,描述了 3 名观察教师对学生反思学习的记录:

我们组三名教师聚焦的是"学生学习活动中的反思性",我们对"反思性"的界定为如下三个方面:学生在回答问题时反思性表述;学生学习过程中的归纳、整理、总结和质疑的行为;学生在实验过程中对实验结果、实验成败得失的分析,对实验过程中的改进行为、对自己组或别人组实验设计方案的评价。

首先就第一个方面(学生回答问题时的反思性表述)举例说明:陈老师采用了多种教学手段来体现反思,比如在检验葡萄糖时,让上台演示的同学在滴加液体时停顿,让同学们反思正确的操作方法。比如在检验葡萄糖时当有砖红色沉淀产生,陈老师让学生反思要不要做对比实验并在检验脂肪时也提出了同样的反思要求。

再就第二方面举例说明:陈老师在课堂上三次提到"请学生现在小结一下实验方法",具有明显的引导学生总结反思的教学行为,并且对学生的归纳能力要求不断升级,达到强化反思性学习的程度。另外,课堂上有一位学生在实验过程提出了质疑,陈老师鼓励了学生大胆质疑的行为,并帮助学生解决了问题。

最后对第三个方面(学生在实验过程中体现反思的表现)举例说明:大多数学生都表现出了明确的反思学习行为,疑惑并质疑自己组的颜色为什么和其他组不同,在小组内进行激烈讨论。同学们积极争取机会,课堂表现积极活跃,主动性强。

P1 校以一年级数学开放性学习项目《弯弯的小路有多长》为例,对学生的反思性学习不但做了全班 30 位学生 60 分钟学习活动的记录汇总(每 2 分钟记录一次),而且对某一个学生小组举例式描述了学生的反思性学习情况:

数学学习中的主体反思，是学生适时回望学习的经历、及时修正学习策略的思维过程，其最终目的是促进学习目标的有效达成。反思有三个层次，分别是再现式反思、批判式反思和建构式反思。本课中学生反思表现出现时间不定，在教学过程中的各个环节都有出现，包括模拟测量总结方法、实地活动、汇报交流等环节。

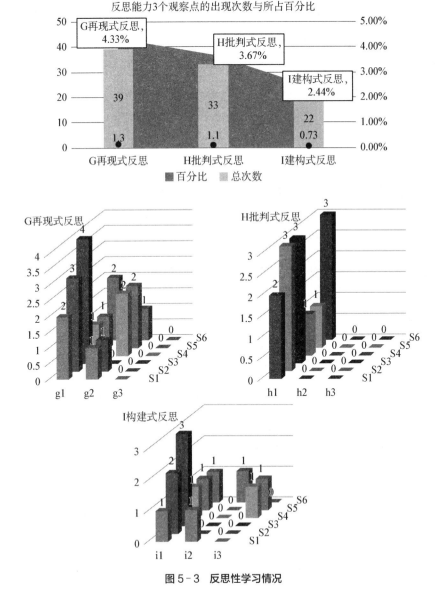

图5-3 反思性学习情况

再现式反思(G),整个课堂共有 39 次,平均每位学生 1.3 次,再现式反思每组都有出现,某一小组表现尤其明显,但大部分的表现都主要集中在个别几位学生上。同时,批判式反思(H)共出现了 33 次,平均每位学生 1.1 次,与再现式反思相同的是,批判式反思集中出现在部分学生上,其他学生表现较少,有且仅有 1 到 2 次。对于建构式反思(I),总出现次数为 22 次,平均每位学生 0.73 次,是三类反思中最少的。

以第二组的数据为例分析:在学生的反思能力上,再现式反思是三种反思类型中出现最多的,6 人共计 20 次,平均每人达到 3.33 次,占总时间次数的九分之一。大多数的再现反思表现有起伏,1 级、2 级交替出现。S4 表现突出,4 次表现都达到了 1 级。对于批判式反思,占据比例少于再现式反思,6 人共计 13 次,平均每人 2.17 次,但全部处于 1 级表现。构建式反思与批判式反思持平,6 人共计 13 次,平均每人 2.17 次,并且表现有起伏,1 级、2 级、3 级均有出现,1 级 9 次,占 13 次中约 70%,2 级 2 次,约占 15%,3 级与 2 级相同,也为 2 次。

在探索"选用什么度量工具来度量弯曲的轨道模型"这一问题时,第二组的同学们展开了讨论、交流、尝试、反思、再操作……组内成员不断地对方法、对过程进行反思,并提出问题,如:"直尺是直直的,不能转弯怎么量?""只有绳子而且很短,怎么办?"……经过讨论不断尝试、反思、修正后,确定方案:借助材料框里的一根毛线,沿着轨道的形状摆好,做好标记;然后再用毛线摆一次,直到摆完;最后用直尺度量毛线的长度,请教师帮助计算,最终得到小路模型的长度。

学生从实际情境中发现了问题,在合作交流中提出问题、分析问题,在反思与修正中找到了解决问题的办法,最终解决实际问题。

教师放手以小组为单位让学生自主选择测量工具进行弯弯曲曲的小路的测量。面对不同的测量工具,首先学生们在头脑中进行了思考,产生了思维的火花。第二组 S1 提出选择身体尺"拃"来测量弯弯曲曲的小路,并做了演示。但 S3 提出测量过程非常不方便,还要趴在地上,这种方法不合适。S4 说:"小路这么长,测量到后面手也酸了,用'脚'或'步'还可以。S1 做身体尺,先用脚,S2、S3 一起数数,我和 S5 扶住她,S6 你来记。"全组一致同意 S4 的方法,先用"脚"后用"步",比较快速地测量出小路的长度。

在以上片段中,S3 同学对于 S1 提出的方案反应迅速,进行了批判式反思,有理有据地对其测量方法的合理性进行了质疑。S4 不仅对 S1 的方法进行质疑，更是对问题的解决有自己的见解和明确的操作思路。大家在他的分工下，快速地完成了任务。

在小组完成弯曲的小路的测量活动之后，回到教室里进行小组汇报交流。第一小组运用了三种测量方法完成测量活动，分别是：用皮卷尺量、用脚量、用步量。结果如下：

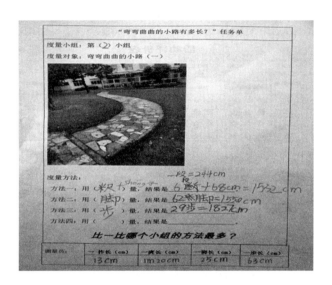

对于这三种测量结果，在汇报交流过程中，第一小组成员 S1 反思发现："我们小组在用脚量、用皮卷尺量这条小路得到的测量结果相差不大，但是用步量出来的结果和前面的两种方法的测量结果悬殊很大，这一点很奇怪。"本小组测量员 S3、观察员 S4 答疑："我们在测量和观察的过程中发现，S2 同学在用步测量的时候，有时候步子迈的大一点，有时候步子迈的小一点，我们认为可能是这个原因。"反思可以帮助学生进行判断，选择更好更合适的方法，以达成目标。

二、　学校运用反思性学习品质诊断工具的方法讨论

对于学校直接应用或略作调整使用 ACR 编码系统中关于"反思性学习"三级描述作为观察框架的内容，不再做重复性提取和介绍。同样地，本部分重点对那些具有"创造性""个性化"应用学校具体课堂教学观察和记录的方法做呈现和讨论。

（一）以学校校本课堂学习品质评价标准作为先导

如前面描述主动性学习框架时介绍的，P1 校以"项目化学习"课题作为统领，制定了全校推广该课题的共同参照的学习品质标准，目的是用课堂品质标准衡量全校各学科课堂教学方式变革的结果。而 P2 校不同，学校总体追求"和乐课堂"教育理念，在"和乐"理念下，分别确定了"生态语文""生动数学""生活英语""生灵综合"等学科侧重的方向，因此该校的"反思学习"课堂品质评价标准，服务于学校"和乐课堂"的建设。当然，两者的共同点在于：用一个不分学科的课堂品质评价标准作为校本化的价值追求方向，同时也允许各个学科根据学科特点细化运用。

表 5-9　P1校"项目化学习"学生学习品质评价标准（节选）

一级指标	二级指标	1 级	2 级	3 级
反思能力	再现式反思 G	有强烈的求知欲，对于项目学习过程中习得的方法能够迅速掌握、理解消化并且进行学习迁移。	对于项目学习过程中习得的方法留有一定的印象，能够初步识记并有一定程度的理解。	对于项目学习内容印象不深刻，难以用较为清晰的语言描述出自己的学习所得。
	批判式反思 H	信息处理能力出色，反应迅速，对于教师与同学的发言能够快速加工处理，评价有理有据并能大胆质疑。	对于教师与同学的发言有自己的思考，能够运用较为通顺的语言进行简单评价。	对于教师和同学的发言难以评判，或者评价缺乏依据，思路混乱，表述出现明显错误。
	建构性反思 I	具备创新意识，对于问题的解决有自己独到的见解和明确的操作思路，表述清晰且有逻辑性。	有独立思考的意识，能够简要描述出解决问题的思路，表述通顺连贯。	难以用较为清晰的语言描述出解决问题的思路和方法，或思路混乱，或保持沉默不作答。

P1 校的"反思性学习"品质更多地倾向于从能力角度刻画，反思学习之下的三个二级维度"再现式反思""批判式反思""建构性反思"并非是平行架构的并列子维度。"再现""批判""建构"其实对应了回顾水平、解构水平、构造水平，本身具有一定的层级性。

表5-10　P2校"和乐课堂"学习学生学习品质评价标准（节选）

一级指标	二级指标	A	B	C
反思性学习	总结性反思	有强烈的求知欲,对学习过程中习得的方法能够迅速掌握、理解内化并进行学习迁移。	对学习过程中习得的方法留有一定的印象,能够初步识记并有一定程度的理解。	对学习内容印象不深刻,难以用比较清晰的语言描述出自己习得的知识。
	辨析性反思	信息处理能力出色,反应迅速,对于教师和同伴的发言能快速地加工处理,评价有理有据并敢于质疑。	对于教师和同伴的发言有自己的思考,能够运用比较通顺的语言进行简单的评价。	对于教师和同伴的发言难以评判,或者评价缺乏依据,思路混乱,表述出现明显错误。
	创新性反思	具备创新意识,对于问题的解决有自己独到的见解和明确的操作思路,表述清晰且缜密。	有独立思考的意识,能够简要描述出解决问题的思路,表述通顺连贯。	难以用较为清晰的语言描述出解决问题的思路和方法,或者思路混乱,或者保持沉默。

P2校的"反思性学习"同样从思维角度划分了三个二级维度,但其"总结性反思""辨析性反思""创新性反思"的划分,更多表现为三种不同的典型思维特征:思维的求同性质、思维的求异性(对比式思维)、思维的发散性(或延伸性)。

当然,如果我们对比地看P1校和P2校开发的所有学科共通的课堂品质评价标准,虽然他们都是倾向于"学生学习"的站位,但很明显一个侧重于学生外显的能力表现差异,一个侧重于学生思维方式的表现差异。没有简单的"好"或"不好"的判断,作为诊断工具的"评价标准"主要服务于对学校具体问题的适用性需求。

（二）课堂观察记录方式的不同会造成较大的数据呈现差异

P1校对于反思性学习的观察记录方式仍然采用了前文介绍过的以每2分钟为时间轴观察记录每个学生个体外显状态的特征。P2校仍然沿袭的是以学生整体出现的频次为主、描述性记录为辅,并最后做一个评价判断的方式。由此导致的记录结果很不一样:P1校需要经历对每一个学生数据汇总到组、再到全班的过程,可能显得比较麻烦;P2校则可以直接记录某一个小组学生总体反映出的数据,然后汇总出全班的数据,相对而言记录结果会比较直接。

但从反复利用数据的角度来看，P1 校的数据更加丰满，可以用定量方式反映每一个学生、每一个小组及全班的情况，能够为不同需求提供一个随时提取数据的"数据库"。

表5‑11　P1校汇总得到的某班24位学生观察记录数据表

第一小组

	指标	次数	百分比%
S1	A	14	46.67%
	B	2	6.67%
	C	2	6.67%
	D	12	40.00%
	E	13	43.33%
	F	7	23.3%
	G	0	0.00%
	H	1	3.33%
	I	0	0.00%
S2	A	13	43.33%
	B	4	13.33%
	C	0	0.00%
	D	12	40.00%
	E	11	36.67%
	F	4	13.33%
	G	0	0.00%
	H	1	3.33%
	I	0	0.00%
S3	A	14	46.67%
	B	2	6.67%
	C	0	0.00%
	D	10	33.33%
	E	11	36.67%
	F	1	3.33%
	G	1	3.33%
	H	1	3.33%
	I	0	0.00%
S4	A	15	50.00%
	B	1	3.33%
	C	1	3.33%
	D	12	40.00%
	E	12	40.00%
	F	4	13.33%
	G	0	0.00%
	H	1	3.33%
	I	0	0.00%
S5	A	15	50.00%
	B	1	3.33%
	C	1	3.33%
	D	12	40.00%
	E	11	36.67%
	F	5	16.67%
	G	1	3.33%
	H	1	3.33%
	I	0	0.00%
S6	A	14	46.67%
	B	2	6.67%
	C	1	3.33%
	D	11	36.67%
	E	12	40.00%
	F	5	16.67%
	G	0	0.00%
	H	1	3.33%
	I	0	0.00%

总次数：30

第二小组

	指标	次数	百分比%
S1	A	19	63.33%
	B	4	13.33%
	C	3	10.00%
	D	9	30.00%
	E	9	30.00%
	F	3	10.00%
	G	1	3.33%
	H	2	6.67%
	I	2	6.67%
S2	A	19	63.33%
	B	3	10.00%
	C	0	0.00%
	D	10	33.33%
	E	11	36.67%
	F	0	0.00%
	G	1	3.33%
	H	3	10.00%
	I	2	6.67%
S3	A	19	63.33%
	B	2	6.67%
	C	5	16.67%
	D	10	33.33%
	E	12	40.00%
	F	2	6.67%
	G	1	3.33%
	H	1	3.33%
	I	0	0.00%
S4	A	19	63.33%
	B	2	6.67%
	C	0	0.00%
	D	10	33.33%
	E	12	40.00%
	F	0	0.00%
	G	1	3.33%
	H	2	6.67%
	I	0	0.00%
S5	A	19	63.33%
	B	2	6.67%
	C	2	6.67%
	D	12	40.00%
	E	12	40.00%
	F	3	10.00%
	G	1	3.33%
	H	1	3.33%
	I	2	6.67%
S6	A	19	63.33%
	B	3	10.00%
	C	2	6.67%
	D	10	33.33%
	E	11	36.67%
	F	2	6.67%
	G	1	3.33%
	H	1	3.33%
	I	2	6.67%

总次数：30

第三小组

	指标	次数	百分比%
S1	A	12	40.00%
	B	5	16.67%
	C	0	0.00%
	D	11	36.67%
	E	14	46.67%
	F	4	13.33%
	G	2	6.67%
	H	0	0.00%
	I	1	3.33%
S2	A	13	43.33%
	B	2	6.67%
	C	0	0.00%
	D	10	33.33%
	E	14	46.67%
	F	6	20.00%
	G	0	0.00%
	H	0	0.00%
	I	0	0.00%
S3	A	14	46.67%
	B	2	6.67%
	C	0	0.00%
	D	7	23.33%
	E	14	46.67%
	F	4	13.33%
	G	0	0.00%
	H	0	0.00%
	I	0	0.00%
S4	A	14	46.67%
	B	2	6.67%
	C	0	0.00%
	D	8	26.67%
	E	13	43.33%
	F	5	16.67%
	G	1	3.33%
	H	1	3.33%
	I	0	0.00%
S5	A	12	40.00%
	B	3	10.00%
	C	0	0.00%
	D	9	30.00%
	E	16	53.33%
	F	6	20.00%
	G	0	0.00%
	H	1	3.33%
	I	0	0.00%
S6	A	12	40.00%
	B	2	6.67%
	C	0	0.00%
	D	10	33.33%
	E	16	53.33%
	F	7	23.33%
	G	0	0.00%
	H	1	3.33%
	I	0	0.00%

总次数：30

第四小组

	指标	次数	百分比%
S1	A	12	40.00%
	B	2	6.67%
	C	1	3.33%
	D	13	43.33%
	E	13	43.33%
	F	6	20.00%
	G	1	3.33%
	H	0	0.00%
	I	1	3.33%
S2	A	13	43.33%
	B	1	3.33%
	C	0	0.00%
	D	13	43.33%
	E	14	46.67%
	F	5	16.67%
	G	0	0.00%
	H	2	6.67%
	I	0	0.00%
S3	A	11	36.67%
	B	2	6.67%
	C	0	0.00%
	D	14	46.67%
	E	15	50.00%
	F	5	16.67%
	G	0	0.00%
	H	1	3.33%
	I	0	0.00%
S4	A	13	43.33%
	B	1	3.33%
	C	0	0.00%
	D	14	46.67%
	E	13	43.33%
	F	4	13.33%
	G	1	3.33%
	H	0	0.00%
	I	0	0.00%
S5	A	13	43.33%
	B	1	3.33%
	C	0	0.00%
	D	9	30.00%
	E	14	46.67%
	F	6	20.00%
	G	0	0.00%
	H	0	0.00%
	I	1	3.33%
S6	A	12	40.00%
	B	2	6.67%
	C	1	3.33%
	D	13	43.33%
	E	15	50.00%
	F	5	16.67%
	G	0	0.00%
	H	0	0.00%
	I	1	3.33%

总次数：30

第五小组

	指标	次数	百分比%
S1	A	14	46.67%
	B	4	13.33%
	C	0	0.00%
	D	15	50.00%
	E	13	43.33%
	F	13	43.33%
	G	0	0.00%
	H	2	6.67%
	I	1	3.33%
S2	A	13	43.33%
	B	1	3.33%
	C	0	0.00%
	D	13	43.33%
	E	14	46.67%
	F	15	50.00%
	G	2	6.67%
	H	2	6.67%
	I	0	0.00%
S3	A	14	46.67%
	B	1	3.33%
	C	0	0.00%
	D	13	43.33%
	E	12	40.00%
	F	14	46.67%
	G	0	0.00%
	H	1	3.33%
	I	1	3.33%
S4	A	14	46.67%
	B	4	13.33%
	C	0	0.00%
	D	13	43.33%
	E	14	46.67%
	F	14	46.67%
	G	0	0.00%
	H	2	6.67%
	I	0	0.00%
S5	A	14	46.67%
	B	1	3.33%
	C	0	0.00%
	D	15	50.00%
	E	10	36.67%
	F	14	46.67%
	G	2	6.67%
	H	1	3.33%
	I	0	0.00%
S6	A	14	46.67%
	B	1	3.33%
	C	0	0.00%
	D	10	0.00%
	E	13	43.30%
	F	3	0.00%
	G	0	0.00%
	H	0	0.00%
	I	1	3.33%

总次数：30

（注：其中 A—I 分别代表主动学习、合作学习、反思学习每个维度下三个二级指标；S 代表学生；数字代表记录到的频次。）

例如，P1 校根据这样一个观察数据库就可以把握在整个项目推进中某一个学生的发展或变化的信息。

以学生王 xx 为例。在日常的课堂中，王 xx 由于行为习惯上的缺点，课堂表现极为散漫，喜欢插嘴，注意力不集中，对于不感兴趣的内容少有认真对待，一旦自己举手却没有得到发言机会还会发脾气，完全不顾课堂秩序。虽然他本人是个机灵敏捷的男孩,但在这些缺点的掩盖下,他的课堂表现属于班级较低水平。这次的实践课却展现了他的另一面。在小组合作中,他多次发言,提出的建议与方法,常常被其他人采纳并在活动中利用起来,几次的有效发言帮助小组活动顺利展开,潜移默化地确立了他在小组中的地位,不经意间他就成为了这一组的"领导者",许多决定与选择都是由他开展。在活动实践操作中,也展现了他的组织能力,合理安排指挥,帮助组内其他成员,使这一小组在活动中表现最为亮眼,最为突出的。他不仅完成了自己分内的工作,还指导、帮助了其他成员。以下是王××平时表现记录与本案例数据对比:

	A	B	C	D	E	F	G	H	I
项目课堂	11.08	2.33	2.92	5.83	7	1.75	2.33	1.75	1.75
传统课堂	9	1	1	2	1	0	0	1	0

与传统课堂(35分钟)相比,王xx在项目学习课堂的合作与反思表现都有突破,表现亮眼。为直观了解,将项目化课堂表现数据以"35/60"等比计算,与传统课堂表现对比,得到以下数据图:

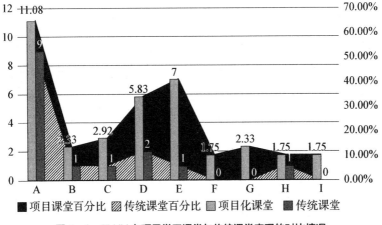

图5-4 王XX在项目学习课堂与传统课堂表现的对比情况

三、 对反思性学习诊断工具开发的建议

对学生而言,每次的课堂学习不能仅仅是一种经历,反思学习不但是学生"学会学习"的一种学习策略[①],也应该是教师课堂中追求的一种品质。但反思性学习作为课堂观察的对象,的确有困难之处,因为它是学生通过自我监控、自我反思,认识学习过程的一种思维方式。[②] 从学校目前的观察工具来看,基本是利用学生的语言来判断反思性学习的发生和其深度,因此,对于后续开发反思性学习工提出如下建议。

(一)需要关注教师创造反思性学习任务的机会

人脑深度学习与机器深度学习的最大差别在于人脑具有反思力和创造力。一项实证研究的结果表明:与无反思相比,反思行为的出现能唤醒积极的学业情绪;与描述性反思相比,批判性反思使学习者投入更多的认知加工资源。而批判性反思行为通过改善学业情绪、调节认知负荷等方式,能促进深度学习的过程,提升深度学习的绩效。[③] 从学校提供的案例研究来看,所有的观察表中对于教师创造反思性学习机会的记录明显被忽视,虽然项目研究更多地聚焦于"学生学习",但前提是教师能够在课堂里花更多时间、精力提出诱发学生的反思性学习的任务。

(二) 通过学生深度学习的作品来折射反思性学习的发生

有研究者的实验研究分析表明,深度学习与反思性学习之间具有不可割裂的关系,深度学习可以被解构为高阶学习、整合性学习、反思性学习。[④]既然反思性学习除了学生课堂中的语言判断外难以观察,那么可以考虑对学生已经在课堂中完成的被认为具有深度学习特征的学习作品(如练习、作业、美术作品、实验作品等)进行研究,分解出学习任务发生过程中必然用到具有反思性学习思维产生的环节,特别是留有学生学习过程痕迹的材料,更能够还原和记录出学生反思性学习发生的过程。

总之,反思性学习作为学生自主学习的重要学习方式,是现今课程改革的重要关

---

① 鲁国富,顾尧根. 反思学习是学生学习行为的重要习惯[J]. 小学教学研究,2007(06):46—47.
② 李春兰,董乔生,张建国. 建构主义知识观视角下反思性学习的困境与突破[J]. 教学与管理,2020(03):14—16.
③ 刘哲雨,郝晓鑫,曾菲,王红. 反思影响深度学习的实证研究——兼论人类深度学习对机器深度学习的启示[J]. 现代远程教育研究,2019(01):87—95.
④ 吴秀娟,张浩. 基于反思的深度学习实验研究[J]. 远程教育杂志,2015(04):67—75.

注内容。反思学习是学习者对自己学习过程和结果的反向思考,是学习者对学习活动的审查、分析、评价、调节的过程,是"对学习的学习"。[①] 课堂教学中首先也要鼓励教师更加频繁地使用培养学生反思学习的手段,也可以考虑借助信息技术手段记录和捕捉发生的反思性学习。

第五节 应用工具诊断和提升区域课堂品质的启示

前文以案例研究法(确切地说是跨案例研究法)对项目实验校运用工具自我诊断和评估课堂品质典型样例和方法的讨论,对于区域层面今后应用工具诊断和提升课堂品质有如下启示。

一、 提升学校应用工具开展课堂品质评价的自我诊断能力

尽管总体上 10 所项目学校均表现出利用工具开展课堂品质评价的自我诊断能力,但是能够结合区域评价工具和学校项目开展高水平的创造性综合评价的学校只有 3 所。课堂品质的评价对于学校而言毕竟发生在课堂教学的微观层面,如果学校不能够结合本校情况高水平加以应用并以评促教,那么"教—学—评"就很难保持一致。从这个意义上看,重视发展学校应用工具开展课堂品质评价的自我诊断能力,也可能是下一阶段嘉定区课堂品质项目的努力方向。

此外,能够创造性应用评估工具的学校中,有 1 所高中、2 所小学,都各占项目实验校该学段学校数量的一半,而 4 所初中校当中却没有一所学校能够达到创造性应用水平,这点值得注意。后期可能需要额外关注初中段学校的课堂教学自我诊断能力建设。从区域推进教育教学改革项目的工作角度看,每个学段如果有一些典型做法的示范校,能更有效地带动本学段的其他学校从模仿到自主式推进。

---

① 卢瑞玲,郭俊凤. 加强反思学习,促进知识迁移[J]. 教育理论与实践,2013(31): 57—59.

二、 提升学校对区域课堂品质的解读能力和研发力

从 10 所项目校应用课堂品质自我诊断框架和编码工具的情况来看,学校对于"学会学习"敏感指标框架的二维表述(学生学习特征维度、课堂教学维度)理解不透,所以不少自我诊断报告中对案例进行整体分析时对"目标""内容""过程(含方法和评价)"的分析停留于日常经验性理解,而不是从项目组提供的角度去解读,例如对"目标"要从"适切性、饱满性、指引性"角度分析。换言之,学校其实对于项目组提供的整体评估框架理解有限,因此存在机械套用,甚至不用项目组界定的现象。虽然项目实施中,项目组对实验校开展过项目组评估框架的专题介绍,但仍然建议在后期的项目实施中,更多的项目校应该参与工具的开发和研讨过程,以增进自己学校对于区域层面课堂品质框架的理解。

此外,项目实验校结合本校项目主题方向的工具研发力度也大不相同。有的学校能够先制定一个全校性的围绕项目关键词的课堂品质评估框架,然后再分学科形成具体的课堂品质评估工具。前面结果呈现中达到创造性应用水平的 3 所学校基本上都是这种做法,可以说显现出较高的工具研发能力。但其他项目校情况各不相同,有的学校只有某个尝试开展自我诊断研究案例的学科具有自己的评估框架,有的学校甚至没有任何围绕本校项目关键词的评估工具,只是简单应用区域层面提供的评估框架和编码系统。课堂教学品质评估的复杂性在于一个时期教育改革理念的导向不同、学科学段之间的差异、学生群体和教师之间的差异等都会导致各种变化,一个区域层面的评估框架和工具只能作为上位的价值导向,需要学校细化和研发符合本校需求的务实工具。未来加强对学校工具研发的指导,也是一个不容忽视的方向。

三、 提升学校对于"学会学习"三类品质的深度理解力

对于本轮学校开展自我诊断研究,项目组提供了学生学习敏感特征编码表(ACR系统),要求学校必须观察和记录学生"主动学习""合作学习""反思学习"三类学习特征,并做"潜在可能""明确表现""明确强化"的三水平判断。其中有 2 所创造性应用水平的小学,对每类学习特征又做了三种实际表现出的亚类,然后再判断 3 种水平,这样每一类学习特征已经形成了 3×3 的观察记录工具,而且在实际观察中界定了观察的频率、观察的对象分工等,已经表现出对项目组工具的深度理解力。回顾 10 所项目校

不管是高水平应用的案例，还是简单应用水平的案例，对三类品质的理解仍有欠缺，需要进一步提升。

（一）主动学习：需要激发来自学生的内源性动力

在项目实验校的案例分析中，8 所学校的案例表现出该特征，我们可以看出学生学习的主动性主要依赖于教师的外在手段的激发（包括创造性应用水平的 3 所学校）虽然以情境调动学生的学习主动性具有明显作用，但情境能够贯穿全课吗？情境能够持久地维持学生的"主动学习"吗？这点仍然需要进一步思考。而且案例分析中发现，来自学生的内源性动力，如学生在教师没有问题的情况下主动提出问题、主动质疑、主动举手等，虽然个别学校案例中已出现，但这种情况总体上仍然比较少见。从学习心理学角度看，教师需要在课堂中逐渐地从调动外部学习动机转向激发内在学习动机。

（二）合作学习：需要日常的学习习惯培养作为支撑

在项目实验校的案例分析中，只有 4 所学校的案例表现出该特征，是三类学习特征在课堂教学案例中出现最少的，而且在案例中都是教师明确地提出学生合作的任务及合作的具体要求。反观其他没有表现出合作学习特征的学校案例，有的学校教师也提出了明确的合作要求，但学生的合作行为并没有发生（特别是高中）。如果说 3 所学校的案例是操作型任务的合作学习，学生不得不合作，那么另外 1 所学校展现的是讨论型任务的合作学习，而且是一所高中（S2 校），合作学习不但真实地发生了，而且维持在较高水平上。原因是该学校该学科教师在自己任教的班级长期就有一套组织学生合作学习的方法，学生在该学科的课堂上已经形成了合作学习的氛围。这对大多数学校而言，是一个非常重要的经验：合作学习（特别是高品质的合作学习）需要学生养成乐于合作、善于合作的习惯，而习惯是在课堂中长期关注、逐步培养并形成的，而不是教师临时提出合作学习的指令，学生的合作学习行为就能够发生。

（三）反思学习：需要经常性提供机会并增加学生亲身体验

在项目实验校的案例分析中，有 6 所学校的案例表现出该特征，但能够达到前文提及的"创生型反思"水平的只涉及 2 所学校，另外 4 所学校的反思均源自教师精心设计的引发反思性学习的问题。值得关注的是，出现创生型反思的学校正是因为学校案例中教师提供了学生亲身实践或动手操作型任务，并在其中故意留有各种"可能犯错"的空间，从而激发了学生学习过程中提出困惑、疑虑、质疑、发散型思考等。由于案例分析中出现反思性学习特征的时机,常常处在某个学习任务的结束之际,对大部分学校教师而言,意味着要想反思学习发生,教师得有意识地把"反思"机会(时间和空间)留给学生。此外,要想有高水平的反思学习行为发生,教师除了要设计高认知挑战水平的导引性问题外,还要尽可能增加学生亲身经历的体验过程。

对这些"学会学习"敏感指标中的学习特征的深度理解,不但能够指导学校的自我诊断工作,也能够指引学校教师的课堂教学实践。期待后续项目实验校通过涌现出的部分精彩案例的分享,能够继续提升对于三类品质的深度理解。

四、 提升区域层面课堂品质引领力量的整合能力

通过对 10 所项目学校自我诊断实践研究案例的梳理和分析,可以看到部分学校高水平的课堂品质自我诊断能力,也能看到部分学校的能力欠缺。"案例式"提供的结果和讨论,能让我们更加深入地了解到嘉定区 10 所项目实验学校目前在主动学习、合作学习、反思学习方面有哪些好的经验,有哪些潜在的问题,由此反思对于课堂品质项目进一步在嘉定区推广和深入时的一些必要条件。如,对于所有学校,如何深入体验到"聚焦学生学习、提升课堂品质"的项目价值,如何深入解读"课堂品质"敏感指标框架并"以评促教促学"? 对于区域内中小学,如何结合自己的办学特点和阶段关注重点,把"课堂品质"细化和落实到教师的日常教学行为中?

区域层面需要整合教研、科研、培训等诸多部门的资源,形成合力来落实课堂品质项目。科研作为先行者,已经带领项目实验校开展了探索"课堂品质"的先期研究,接下来其他引领力量,特别是教研部门——服务对象的主阵地本身就在课堂,需要结合学科和学段特点开展课堂品质在学科内、学段内的细化研究,教研队伍本身也需要提升自己引领课堂品质的能力。建议区域层面思考,如何整合多部门多条线的引领力量,形成合力,共同提升嘉定区的课堂品质。

(撰稿者: 杨玉东)

第六章　课堂品质评估

　　课堂品质评估是对课堂教学与学习进行诊断,明确存在的不足,进而改进和提升教师教学和学生学习品质的有效手段。通过评估,我们可以比较全面地了解现有课堂品质的基本状况:哪些是好的方面,好的方面需要继续保持和发扬;哪些是薄弱环节,薄弱环节需要进一步加强;哪些是不科学的做法,不科学的做法需要加以修正。所以课堂品质评估在聚焦学生学习,提升课堂品质的区域行动中是不可缺少的一环,具有非常重要的地位和作用。

　　提升课堂品质区域行动中的课堂品质评估,试图完成两方面的任务。一是以课堂品质的内涵与追求为依据,以品质课堂特征为维度,聚焦学生学习,研究开发形成课堂品质评估框架及指标体系。二是以此评估框架和指标体系为依据,开发面向微观的课堂品质评估量表和中观、宏观的课堂品质调查问卷,形成立足微观,打通中观和宏观的课堂品质评估实施,数据收集、处理和解释的途径与方法。

　　本章共由五节组成。第一节是课堂品质评估的概念及发展,主要阐述课堂品质评价的概念、发展脉络、核心要素及特征。第二节是课堂品质评价的理论基础,主要阐明教育评价理论发展的脉络,课堂品质评估中具有代表性的框架指标。第三节是课堂品质评估的框架与指标,主要阐述我们在聚焦学生学习,提升区域课堂品质行动中,对课堂品质框架指标的思考,以及课堂品质框架指标的研究开发过程。第四节是课堂品质评估工具的开发,主要阐明我们依据课堂品质评估框架指标,如何开发评估工具,并对评估工具的有效性进行验证。第五节是课堂品质评估调查实施及数据分析,主要阐明课堂品质评估的实施步骤及相关考虑因素,并以实例说明课堂品质调查实施中如何进行数据收集、处理与分析,得出相应的调查结论。

第一节　课堂品质评估的概念及发展

一、课堂品质评估的概念、主体及目的

从目前大多数文献来看,一般认为课堂品质评估主要是一种内部评价活动,指教师为了判断学生的学习效果,以实现促进学生学习和发展为目的,而对课堂活动的诸多组成要素和过程环节做出动态评价的过程。

根据评估主体与评估对象的不同,课堂评估可以大致归为三类。第一类是把教师看作评估主体,强调教师对学生的评估,具体是指教师在课堂上对学生的学习情况进行价值判断的过程。这类评估的目的不止在于价值判断,更多的是强调提供反馈以促进学生的学习。例如沈玉顺认为课堂品质评估是指教师为了判断学生的学习情况、了解自己的教学效果、促进学生的有效学习而开展的对学生学习信息的采集、分析和利用活动。[1]谭兵认为课堂品质评估是指对学生学习情况、参与教学活动情况的了解、总结和反馈。[2] 第二类课堂品质评估的主体包括学生,学生可以评估自己的学习情况,也可以开展学生之间的互评。第三类是把学校的行政领导或教研人员作为评估主体,对教师的课堂教学进行评估,认为课堂评估是指对教师的课堂教学进行价值判断的活动,具体指向教师的教学过程、师生互动情况和教学方法等方面的评估和建议。其评估的目的主要是对教师教学效果的一种价值判断,属于一种外部评估。

因此,从概念界定的角度看,课堂品质评估是有不同视角和作用的。Peter W. Airasian 就从国家和州的决策者、学校管理者、教师和家长等不同的视角,说明课堂品质评估的不同作用,如表 6-1 所示。

---

① 沈玉顺. 课堂评价[M]. 北京:北京师范大学出版社,2006:1.
② 谭兵. 课堂评价策略[M]. 北京:北京师范大学出版社,2010:5.

表 6-1 课堂品质评估的不同视角和作用①

国家和州的决策者
- 设立国家和州的标准；
- 根据评估结果制定政策；
- 追踪国家和州成绩的进展情况；
- 提供改善学习的资源；
- 为学生、学校和州的成绩提供奖赏或肯定。

学校管理者
- 明确计划的优势和劣势；
- 运用评估计划改善教学；
- 确定教学需要和教学计划；
- 全程监督学生的学业成绩。

教师
- 监督学生的学习进展；
- 决定、修改教学课程；
- 明确学生的特殊学习需要；
- 鼓励学生把事情做好；
- 把学生分组；
- 为教师和学生提供反馈。

家长
- 判定学生的长处和不足；
- 监督学生的学习进展；
- 与教师会面讨论学生的课堂表现。

课堂品质评估可以根据三种不同但相互联系的目的分为：为了学习的评估（assessment for learning）、学习中的评估（assessment as learning）和对学习的评估（assessment of learning）。

为了学习的评估的目的是给予教师调整和区别教学和学习活动的信息。它贯穿学习的全过程，用以诊察、了解学生已有的知识、概念和能力基础，存在的困惑与学习障碍，以及学习方式的个体差异。学习中的评估是培养和支持学生元认知的过程，其核心是学习者、评估和学习之间建立起有意义的联系，发展和促进学生批判性地分析、监控自己学习的能力。对学习的评估从本质上讲是一种总结性评价，用以确定和呈现学生已知什么、能做什么、是否达成了课程标准的要求，是依据课程标准对学生学得有多好的评估和描述，其目的是检测、证明、报告学生的学业水平和成就。

---

① Peter W. Airasian. 课堂评估：理论与实践[M]. 徐士强,等译. 上海：华东师范大学出版社,2008：8.

课堂品质评估目的日益凸显出学生在学习中的主体地位。相比"对学习（结果）的评估"，"学习中的评估"和"为了学习的评估"也愈发受到重视。

二、 课堂品质评估的发展脉络

从发展历史来看，课堂品质评估经历了由以教为中心到教学并重的转变。从20世纪初开始，西方国家的教育教学研究人员就已经基于对课堂教学质量的关注开始研究教师的行为特征了。在20世纪30年代初到60年代末，对有效教学的研究是从探讨好教师的特征或品质切入的。其基本假设是：具有某些特征或优秀品质的教师，其课堂教学就是有效的。之后，人们发现，好教师的特征不能解释有些好教师的课堂教学并不总是有效的。在20世纪70年代初至80年代末，学者们开始从教师的课堂教学行为入手研究有效教学问题，相应地，人们认为，教师行为是决定课堂教学是否有效的主要因素。但是，这一看法到了20世纪70年代后期又被一种新的观点取代，有效教学研究开始从教师的教学行为转向学生的学习行为。因为，教师的教学行为只有被学生感知、接受、配合，并通过学生表现出有效的学习行为时，其效果才能体现出来。

总的来看，西方国家在20世纪50年代以后的很长一个时期里，在课堂教学评估中所使用的方法反映出一个共同的趋向，即追求评估结果的客观化、标准化。这反映了这一时期的课堂教学评估受当时实证化倾向的影响。正是由于过分强调客观可证实的结果，这时的课堂教学评估存在机械、僵化的缺点。20世纪80年代以后，教育评估领域出现了一系列新的评估模式，如斯塔克的应答评估模式、帕洛特的阐释式模式以及后来由古巴和林肯提出的第四代教育评价的理论和方法，在评估中重视"应答""协商""建构"等方法，对课堂教学评估质量方法也有不小的影响。

三、 课堂品质评价的特征

斯蒂金斯对"高质量课堂评估"的内涵的阐释：高质量课堂评估源自清晰、特定的学业成就目标，并能系统地反映成就目标；不把实践浪费在数量过多的评价上，而是根据学业成就目标的核心方面对学生的表现实施评估；能控制所有的外来干扰源，避免出现错误评估;源自明确的课堂评估目的。[①] 2001 年,斯蒂金斯进一步发展了课堂评估质量的内涵,认为高质量的课堂评估要有清晰、适切的学习目标;要确立清楚、适切的评估目的;要做到学习目标、评估目的和评估方法之间的适宜匹配;要收集足够的学习信息和成果以便对其学习情况做出合理推论;要做到公正、自由、毫无偏见。[②]

2012 年,时任美国国家评估、标准及学生测试研究中心(简称 CRESST)主任的哈尔曼指出好的、有效的课堂品质评估必须具备四个核心要素,分别是:与学习目标紧密相联;激发学生朝着预期的目标前进;通过适当的评分机制解释学生处于目标的何种阶段;提供可信和有效的证据以产生后续的改进计划和行动。[③]

学生学习评价和评估中心(Center for the Assessment and Evaluation of Student Learning,简称 CAESL)对优质课堂评估的特征做出如下规定:能够带来可测量的学习证据;与学生、与学业目标密切相关;设计学习的迁移;能够容纳各种发展水平和智力水平;给予任务情境描述先前知识,或提供前测活动以帮助所有学生熟悉所学内容;允许学生和教师选择是独自还是合作完成任务;允许学生选择完成任务的最佳方法;对任务进行持续性的评估。

美国国家评估和学生标准合作组织(State Collaborative on Assessment and Student Standards,简称 SCASS)描述了良好课堂品质评估的七个基本特征:一致性,评估过程与目标一致;代表性,评估能反映某课程标准的范围和深度,评估结果在数量和多样性方面能给教师的教学决策提供足够的证据或信息;价值性,评估过程能给教师的教学决策提供足够信息,能够帮助学生进行自我评估、明确学业目标、提高学习效率,能够指引教师个体的专业发展;直接性,评价的方向、任务和项目能为判断学生是否达到课程标准的要求提供清晰、关键的信息;公正性,评价适于学生的发展,提供替代性评价方法以满足学生多样化需求,评价过程中没有社会、经济、地域、性别、民族和种族偏见;实用性;交流性。

---

① Stiggins, R. J. High quality classroom assessment: What does it really mean? [J]. Educational Measurement: Issues and Practice, 1992: 35 - 39.

② Stiggins, R. J. Student-Involved classroom assessment [M]. Columbus, OH: Merrill, an imprint of Prentice Hall, 2001: 21 - 30.

③ 蔡文艺,王小平. 促进学生学习和发展的课堂评价——课堂评价国际研讨会综述[J]. 教育测量与评价,2012(01): 36—40.

2011 年,包括美国和加拿大 17 个教育合作组织在内的教育评价标准联合委员会(Joint Committee on Standards for Educational Evaluation,简称 JCSEE)在《课堂评估标准》(Classroom Assessment Standards)报告中指出要确保课堂评估实践的质量,应做到:评估体现学生个体或群体的文化和语言的多样性特征;体现差异性,照顾到所有学生的、所有的教育需求;无偏见,保证课堂评估及教学决策不受与预期目的无关的因素影响;保证评估的效度,给教师决策提供足够的、适当的关于学生知识和技能水平的证据;保证评估的信度,给教师决策提供一致的、可靠的关于学生知识和技能水平的证据;促进教师和学生的反思,通过不断的监控和修正实现教学质量的整体提高。

2013 年,以达琳·哈蒙德(Darling-Hammond, L.)、哈尔曼(Herman, J.)、佩莱格里诺(Pellegrino, J.)为首的 20 位美国教育研究者提出衡量课堂评估质量的 5 个标准:能够对高级认知技能进行评估;对核心能力实施真实性评估;给予国际基准的评估标准;评估所包含的所有项目能够灵敏地反映教学情况,并且具有教育价值;评估应该做到有效、可信和公正。

从以上这些表述看,各方对课堂评估质量的看法是有许多共同之处的:评估目的明确,评估过程要与评估目标保持一致;学业成就目标清晰,能够激励学生朝着预期的目标前进;要有可靠的证据和信息证明学生的知识和技能水平;评估能做到有效、可信和公正等等。

第二节　课堂品质评估的理论基础

一、教育评价理论的发展脉络

教育评价是一种评价教育活动满足社会和个人需求的程度的活动。[①] 近代以来,首次提出并正式使用"教育评价"概念的是美国著名的评价专家泰勒(W. R. Tyler),他在其著名的"八年研究"报告中,将教育评价的本质看作是教育目标实现程度的价值判

---

① 陈玉琨. 教育评价学[M]. 北京:人民教育出版社,1999:185.

断,是检验教育思想和计划的过程。[①] 教育评价理论的发展一般将其划分为四个时期,即测量时期、描述时期、判断时期和建构时期。

（一）测量时期

19 世纪末至 20 世纪 30 年代被称为教育评价理论的测量时期,即第一代教育评价理论。这个时期的评价理论具有以下特点:①以"测量"理论的形成以及测验技术广泛运用为标志;②教育评价等同于"测量",以测量为手段了解学生知识掌握及相关情况,追求评价的客观化;③深受科学管理运动的影响,学校教育及教育评价,学校被视为工厂,教师被视为产品加工者,学生被视为学校教育的产品;④"凡是存在的东西都有数量""凡是有数量的东西都是可以测量的",认为教师教得如何、学生学得如何以及学校教育成功与否都是可以测量的;⑤教育测验内容由单科向综合发展,范围上由小学向其他学校延伸;⑥教育测量的客观化、标准化得到加强,从测量工具制作、测量对象选择、测量实施以及分数解释都有一套规范的程序要求;⑦教育评价内容多以认知类、记忆性知识为主,而对于非认知类的兴趣、动机等方面的评价受限。[②]

（二）描述时期

20 世纪 30—50 年代被称为教育评价理论的描述时期,即第二代教育评价理论。第二代教育评价理论由泰勒(R. W. Tyler)提出,其特点是:①以教育目标为核心,泰勒认为教育评价的历程在本质上是一种测定教育目标在课程和教学方案中究竟被实现多少的历程;②教育评价分为八个步骤,即拟定教育目的和目标,把目的和目标进行分类,将目的、目标转换为适合课程实施的形式,塑造可以使具体目标达成的情境,选择和编制客观性、可靠度、有效性较高的测验,收集学生行为表现的资料,把学生的行为表现与既定目标进行比较,根据评价结果修改教育方案;③评价结构严谨、操作性强、评价效率高以及教育评价功能得以优化;④看重结果的总结性评价,没能突出对教育过程的关注;⑤过于强调目标化的评价活动,对一些非预期的教育目标无法评价;⑥过于强调客观性评价,对于无法量化的教育目标难以评价。

---

① 李吉桢,第四代教育评价理论的中国化研究[D]. 天津师范大学学位论文,2019:13.
② 李雄鹰,张瑞宁. 教育评价理论发展视角下的高考评价改革审视[J]. 石家庄学院学报,2018,5(20):141—145.

(三) 判断时期

20世纪50—70年代是教育评价理论的判断时期,即第三代教育评价理论。第三代评价理论是基于对泰勒模式的质疑与超越而形成,强调价值判断。其特点主要有:①以教育评价研究专家克隆巴赫(L. J. Cronbach)、斯塔弗尔比姆(D. L. Stufflebeam)、斯克里文(M. Scriven)等为代表;②认为教育评价是指做出关于教育方案的决策,收集和使用信息;③评价不应局限于评判者所确定的教育目标预期效果的达到程度,而应收集有关教育方案实施的全过程及其成果资料,评价应为决策提供信息;④教学过程中的评价目的是形成适合于教育对象的形成性评价;⑤提出了旨在评价非预期教育目标的目标游离评价模式,也就是系统地收集和解释证据,并以此作为评价过程的一部分,进而以行动为取向进行价值判断;⑥将评价视为价值判断的过程,提出了评价为决策服务的思想,重视过程评价,关照到教育过程中的变化;⑦将评价对象及相关人员排除在外,评价主体不够多元;⑧过于强调科学实证主义方法,忽视了其他方法的应用,形成了严格、固定的评价程序,缺乏必要的灵活性与弹性,评价方案的适应性较弱。

(四) 建构时期

20世纪70年代以后是教育评价理论发展的建构时期,强调评价是一种"心理建构"过程,即第四代教育评价理论。第四代评价理论认为传统教育评价中的心理实验或心理测验占绝对优势,应用范围狭窄,已无法解决教育评价中的复杂问题。其特点是:①强调评价的多元化,评价应根据实际情况,将量化评价和质性评价相结合;②回应性聚焦法和建构性探究法是其代表性的两种基本教育评价方法;③强调知识和认识的相对性,看轻客观性和绝对性,评价容易陷入相对主义和主观唯心主义的认识论误区;④教育评价方法和流程复杂,对评价者和评价对象有较高要求,实践中实施难度较大;⑤既强调价值多元,又重申达成共识,使所获评价信息资料的整合以及得出评价结论都陷入两难。

从上述教育评价的四个发展阶段可以看出,教育评价的目的从以决策为中心向以人为中心转变。评价的功能从依凭测量来增选适合教育的学生发展到评价教育活动是否达到教育目标,再发展到通过评价优化教育决策,提高教育质量,促进学生发展。教育评价的方法从单一的教育测量到全面收集信息、定量与定性方法相结合,从静态的终结性评价到动态的形成性评价。评价内容则从以课程内容为中心发展到关注学生全面发展的综合评价。评价主体由单一向多元演变,学生逐渐成为不容忽视的评价主体。

二、 课堂品质评估的框架与指标

1. 美国 UTOP 课堂教学质量评估系统[①]

美国德克萨斯州立大学 Uteach 中心开发了教学观察方案(UTeach Observation Protocol,简称 UTOP)。UTOP 评估系统观察要点的四个维度为:课堂环境(classroom environment)、课程结构(lesson structure)、执行效果(implementation)和教学内容(Math/Science content)。根据使用情境的不同,UTOP 分为完整课堂评价版和课堂视频评价版。完整版中每个维度分别包括 6—8 个评分要点,视频版则分别为 4—5 个评分要点(即一个题目)。

UTOP 认为通过三种方式的综合应用,观察者能够准确、高效、细致地进行课堂评价。

第一,每个观察要点都需要按照 5 点里克特量表计分:1 分为最低分,表示在该观察点上的表现最不符合期望;5 分为最高分,表示该课堂呈现出最理想的状态。

第二,质性观察也是不可或缺的评分环节。UTOP 在量化给分的同时还需要观察者记录该评分的判断依据,即每一个评分题目要求评估者用文字简述评分对应的课堂特征,包括学生行为、教师的讲授内容等,促进评分者更细致地观察课堂情况和教学细节。

第三,UTOP 在每个维度的最后,还附加了一个里克特量表 5 点评分问题——评分者对该维度的整体性评价(synthesis rating)。此处的整体性评价,并不是对本维度每个观察要点的得分进行数字平均,而是观察者对本维度课堂情况的主观感受。

UTOP 因信效度好、易于操作、适用的年级范围广,可以为我国的课堂评价提供参

---

① 曹慧,毛亚庆. 美国 UTOP 课堂教学质量评估系统的探索与反思[J]. 全球教育展望,2017,46(01):79—89.

考和借鉴。

2. 课堂评分系统①

皮安塔(Pianta)和哈默(Hamre)开发了课堂评分系统(Classroom Scoring System,简称 CLASS),图 6-1 所示为 CLASS 系统的课堂评分框架。他们认为,教师与学生互动的行为可以通过标准化的观察工具评价出来,加以系统分析,并用于问责机制。CLASS 系统是与"好课堂"的假设相关联的:良好的课堂结构(classroom organization);充分的情感支持(emotional supports);教学支撑(instructional supports)。

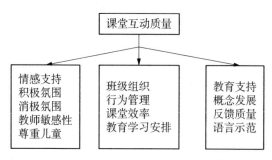

图 6-1　CLASS 系统的课堂评分框架

利用 CLASS 系统,皮安塔和哈默观察了 2500 个课堂,收集了从学前到五年级的第一手的观察数据。CLASS 系统课堂观察的结果表明,一般学生只接受中等程度的情感支持和课堂组织,以及相当低层级的教学支撑。教师和学生之间的互动是非个体的,只有在极少数的情况下,学生才有可能得到一对一、积极的师生互动。

3. 美国 TRU 课堂评估模型(数学)②

TRU(Teaching for Robust Understanding in Mathematics)课堂评估模型,是由加州大学伯克利分校与密歇根大学共同开发研制的一项数学课堂评估工具,该模型从数学内容(the Mathematics)、认知需求(cognitive demand)、学习机会(access to Mathematical content)、学生表现度(agency, authority, and identity)和课堂练习反馈(uses of assessment)五个维度分析课堂。

---

① 蒋建明. 美国"课堂评估评分系统"(CLASS)研究[D]. 河南大学硕士学位论文,2018.
② 周九诗,鲍建生. 美国"TRU"课堂评价模型介绍及其启示[J]. 外国中小学教育,2016(12):52—56.

这五个维度几乎涵盖了课堂教学经历的全过程。每个维度又可以划分为三个水平1、2、3,水平1为满足此维度的最低标准,2居中,如果达到水平3,则说明此课堂在对应维度下达到了较高水平。可以用TRU模型为数学课堂打分,每个水平对应相应的分数(水平1为1分,水平2为2分,以此类推),同时,TRU模型并不是完全的整分制,即如果其中某一维度的表现介于两水平之间(如水平1和水平2),可以给1.5分,如果认为更接近水平1,也可以给出1.3分这样的分数。

4. TIMSS 录像研究项目[①]

TIMSS大规模运用编码系统进行课堂研究,是第一次在国家范围内使用录像技术和编码系统研究课堂教学的。TIMSS对课堂进行了深入而全面的编码,试图将课堂研究量化。1999年的TIMSS编码比较复杂,基本目标是阐述什么是教学质量,并有效地反映课堂教学的真实情况。TIMSS录像研究项目设计了一种两轮的信息编码方法。第一轮编码是课堂教学结构编码,即建立一个框架,对课堂进行多维度的分析。编码涉及课堂组织、学习环境的创设、学习进度及知识点的处理、教师用来鼓励学生参与的方法等。编码人员从5个方面分析课的内容:①情境;②任务;③教师选择问题解决方案;④学生解决问题的方法;⑤原理、教具和定义。第二轮编码是对课堂上师生的公共对话进行编码,包括教学行为、教学任务、课堂言语等。它将课堂发言分成12种类型,即启发、信息、指导、领会、反应、学生启发、学生信息、学生指导、学生领会、教师反应、提供答案、其他,其中启发的子类别包括内容启发、元认知启发、互动启发、评价启发、其他启发等。

5. LICC 观察模型

LICC(learning, instruction, curriculum, culture)观察模型是由华东师范大学崔允漷教授及其团队开发出来的,图6-2所示为LICC课堂观察框架[②]。LICC将课堂分解为学生学习、教师教学、课程性质、课堂文化4个维度,每个维度由5个视角构成,如学生学习维度包括准备、倾听、互动、自主、达成这5个视角。每个视角由3—5个观察点组成,这样4个维度产生了68个观察点。

① 赵宗孝,水永强. 课堂微观研究与教育技术"新革命"[J]. 现代教育技术,2010,20(11):43—46.
② 崔允漷. 论课堂观察 LICC 范式:一种专业的听评课[J]. 教育研究,2012,33(05):79—83.

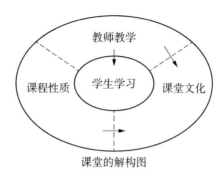

课堂的解构图

图 6-2　LICC 课堂观察框架

68 个观察点并不是要求每堂课都需要观察 68 个点,它只是说明课堂是非常复杂的,充满着丰富的信息。我们通过解构课堂,一是为观察者开展课堂观察提供知识基础或问题基础;二是让观察者认识到个人的能力是有限的,课堂观察需要"合而作之",正如医生碰到个人解决不了的病情就需要会诊一样。

6. 以学评教的教学评估指标体系①

"以学评教"的教学评估指标体系设计的基本思路或假设是:以教导所引起和促成的学习行为的表现、状态,来评价教师教导的效果和质量。因为,学习行为与学习的效果或质量之间存在直接的相关性和对应性。学生学习行为的表现或状态是决定学生学习与发展效果的直接控制变量,教师的教导行为只有通过作用于学习行为才能影响学生学习和发展的质量或效果,即:教导行为—学习行为—学习与发展的效果。

"以学评教"的教学评估指标体系包含 4 个一级指标、11 个二级指标及 26 个具体可观察的三级指标。应用这个评价指标体系,基本上能全面评价教师的教导行为的总体表现及课堂教学的实际效果。

三、 对课堂评估框架与指标的内涵的理解

首先,现有的课堂评估框架和指标都是基于课堂构成要素的分析,将课堂构成要素划分为不同的维度分别进行观察而进行评估。如 TIMSS 录像研究项目采取两轮信息编码的方法,第一轮编码针对课堂教学结构,对课堂进行多维度的分析;第二轮编码则针对课堂上师生的公共对话,包括教学行为、教学任务、课堂言语等。

　　其次，从课堂评估框架和指标基于的评价理论基础来看，运用了第一代到第三代教育评价理论的成果，体现了第四代教育评价理论的理念。课堂评价框架指标的评分实际上就是对指标目标的测量、描述和判断，如美国德克萨斯州立大学 Uteach 中心的 UTOP 教学评分系统，从课堂环境、课程结构、执行效果和教学内容四个维度进行测量、描述和判断，并且采取定量分析与定性分析相结合的方式进行评估，评估的主体也可以是多元的，体现了第四代评价理论的理念。

　　最后，课堂评估逐渐走向以促进学生学习和发展为中心，对所有课堂的要素评价均是以此而展开。在课堂评估中，人们越来越认识到课堂的最终目的是为了学生的学习，促进学生的发展。而学习行为与学习的效果或质量之间存在直接的相关性和对应性，因而，提出了"以学评教"的教学评估指标体系，以教导所引起和促成的学习行为的表现、状态，来评估教师教导的效果和质量。

　　"课堂品质"所体现出来的特征实际上是课堂诸要素在课堂教学过程中的集中反映。因此，从对课堂品质评估的角度，我们认为，课堂品质评估的框架设计可以从"要素+特征"的角度加以考量。其中，要素主要是课堂的基本要素，如课堂教学目标、教学内容与教学过程，特征主要是指课堂品质所追求的关键表征，如学生学会学习、学习主动性、合作性与反思性等。

　　至此，我们可以界定课堂品质评估的内涵，课堂品质评估是基于课堂品质诸要素及关键特征，特别是课堂教师教学和学生学习状况的监测、观察和测量数据，进行分析和研究，对课堂品质现状作出判断，从而确定课堂品质的进步水平，为改进和提升课堂品质，促进学生学习和教师教学提供参考意见和建议。

第三节　课堂品质评估的框架与指标

一、　课堂品质评估框架指标体系初步建构

（一）构建课堂品质评估框架指标的思考

在课堂品质评估文献研究的基础上，我们首先研讨和思考了课堂品质评估框架指

标应该具有哪些特征,要符合哪些要求,然后再提出初步的框架体系,逐步研讨和修改,不断完善,最终得到比较满意的评估框架指标体系。

1. 课堂品质评估框架应体现"品质"的相关特征

目前国内外有很多课堂品质评估的方法和指标,一般以诊断性、终结性评价指标为主。在课堂品质评估指标设计中,各种课堂评估指标类同,其实是很难再提出新的评估指标。为此,在课堂品质评估指标设计中,更多地需要从两个方面做思考。一是课堂品质评估时提出的各个评估指标,看上去是静态的,但是它们之间应该是有关联的,是关联性指标,这种关联是我们能从"品质"角度做出解释的。二是课堂品质评估的指标设计中要强调"形成性指标",关注"学习中的评估",关注学生在课堂学习中的"增值性"指标。

2. 评价指标在学校教育教学实际中要容易操作

既要对课堂各要素进行评估,也要尽量减少评估量表使用时的繁杂。要素维度设计要体现课堂"品质"特征,要讲清楚各指标的关联性。并尽可能使评估量表简单,操作方便。

3. 课堂品质评估应立足学生学习

看学生以怎样的行为去开展学习,是积极主动的还是被动的,有哪些学习活动,参与活动的质和量如何。课堂品质应体现在学生喜欢上课,愿意参与课堂教学活动,能够主动学习,并且学得有成效。能够引导学生变革学习方式,促使学生在学习态度、学习习惯、学习行为、学习方法等方面发生积极变化。一个没有学生积极参与(思维、行动)的课堂是没有品质可言的。所以通过课堂品质评估应当能了解到学生的兴趣点、学习态度、行为方式、学习效果。根据这些评估结果,教师可以知道自己在教学设计上应该从哪些方面去改进,去关注哪些点,这样也可以促进教师教学方式的改变。

4. 课堂品质评价应当关注教师的教学品质

教与学同为一枚硬币的正反面,抛开教师教学和学习任务设计去谈学生学习情况是不合适的,也不利于后续课堂的改进。课堂品质评估框架要考虑后续学校或教师如何在现有水平上去提升的方式方法。所以在纵向考察和鉴定学生的课堂学习品质的同时,横向设计相应的教师教学评价内容,如教师对相应的学生学习所做的设计、练习是什么,是否有效,效果是短期的还是能达到长效等。在此基础上形成课堂品质的综合评估,以此检验教学品质。

(二) 课堂品质评估框架的初步构建

现有的有关课堂教学评估框架的设计主要有四个维度:一是课堂要素维度,如美国 UTOP 课堂教学质量评估系统,主要包括课堂环境、课程结构、执行效果和教学内容四个维度;美国 TRU 课堂评价模型(数学),主要包括数学内容、认知需求、学习机会、学生表现度和课堂练习反馈五个维度;华东师大崔允漷教授及其团队开发的 LICC 观察模型,主要包括学生学习、教师教学、课程性质、课堂文化四个维度。二是教学行为维度,如 TIMSS 录像研究项目 1999 年的 TIMSS 两轮信息编码,第一轮编码涉及课堂组织、学习环境的创设、学习进度及知识点的处理、教师用来鼓励学生参与的方法等,第二轮编码是对课堂上师生的公共对话进行编码,包括教学行为、教学任务、课堂言语等。三是学习行为维度,如以学评教的教学评价指标体系,主要包括学习行为的针对性、学习行为的能动性、学习行为的多样性以及学习行为的选择性。四是师生互动维度,如皮安塔和哈默的课堂评分系统,主要通过标准化的观察工具对课堂互动质量进行评价分析,主要包括情感支持、积极氛围、消极氛围、教师敏感性、尊重儿童、班级管理、行为管理、课堂效率、教育学习安排、教育支持、概念发展、反馈质量以及语言示范等。

由上可见,课堂品质要更加强调对属性、要素的理解,是时空概念诸要素的整体。在此基础上,我们提出了对课堂品质四个方面特质的界定:一是从课堂特征维度的考察:目标饱满、内容真理、方法适切、过程完整、互动高效、氛围民主、评价全面;二是从学生发展维度的考察:学习品质的提升(衡量课堂品质的核心指标)、身心品质的发展;三是从教师发展维度的考察:角色意识的明晰、专业技能的提升、文化修养的积淀;四是从知识再生产维度的考察:新知识的发现、新观点的生成。我们认为,课堂品质所体现出来的特征实际上是课堂诸要素在课堂教学过程中的集中反映。因此,从对课堂品质评估的角度,我们认为中小学课堂品质评估框架的设计需要从"要素 + 特征"的角度加以考量。基于此,我们初步构建中小学课堂品质分级评估指标体系的框架,如表 6-2 所示。

表6-2　中小学课堂品质评估框架指标初步构建

要素 水平　　特征	教学目标 饱满	教学内容 丰富	教学过程 立体	教学方法 灵动	教学评价 多元	教学文化 鼓励
品质1						
品质2						
品质3						
……						

　　表6-2所示的框架指标以教学目标、教学内容、教学过程、教学方法、教学评价和教学文化作为课堂品质的指标,并描述和划分不同的品质水平。可以看出表6-2中小学课堂品质评估框架指标初步构建主要聚焦课堂教学,以课堂教学为评估对象,以促进学生学习素养提升为宗旨,引导教师在课堂教学过程中注重培育学生学科核心素养,努力落实立德树人的根本任务。

　　(三) 对初步构建的课堂品质评估框架指标的研讨

　　对于表6-2初步构建的课堂品质评估框架指标,我们又进行了进一步的研究和讨论。形成了以下看法和意见:

　　第一,课堂品质评估指标体系应该具有一定的普适性,所以该框架中将完整的课堂要素均纳入指标体系是合适的,但是考虑到今后评估指标实际使用,需要对要素做进一步的凝练和简化处理。

　　第二,课堂品质应该是有特征的,在框架设计中是否能体现"课堂品质"特有的或者需要强调的"要素"。

　　第三,教学目标、内容、过程等要素中,可以体现教师和学生在课堂上"怎么做"才是有品质的,它们可能是一种过程性、操作性方面的"品质"。饱满、丰富等课堂特征中,就可以从"教得怎么样"和"学得怎么样"来显现课堂品质,它们可能是一种结果性、成效性方面的"品质"。

　　第四,如果要设计检测指标以及检测点,从实践操作角度,应当关注:

　　① 学生课堂学习时的参与度(率)。从学生个体来说,不管处于什么层次水平,都参与课堂教学活动。

② 思维惯性改变。检测学生高阶思维发展,从高阶思维的构成角度设计检测点是一种思路。从学生学的角度看,学生高阶思维的发展就是——克服"业已形成错误认知"的思维惯性。

③ 课堂交互。课堂交互包括人与人、人与机器。技术应用使我们目前的课堂发生了很大的变化,通过人机交互可以实现课堂即时反馈、即时纠错。

④ 课堂延展。在课堂教学内容上,不是照本宣科,要向课外延展;在空间上,通过网络把教室这个物理空间向外延展。

⑤ 研究主题是聚焦学生学习,那么就要考虑学生为什么要学习,需要学什么,目标是什么,怎么学,学的效果怎么样。能不能从学生学习的角度找到一个切入口,比如学生的学习方式,学生采用哪种方式去学习,在不同的学习方式下学生经历了不同的学习过程体验。这样的学习方式实际上是教师设计的,从学习方式来看教师对学习目标的设定、对学习内容的处理、实施情况、课堂氛围,是不是可以?

⑥ 课堂的品质应该是一个综合的体现,课堂的设计、过程、方法、效果形成一个综合体。课堂品质评价可从学生和教师两个角度着手,用纵向与横向结合的评价方式可能比较适用。在具体的要素设计方面,应当能够体现出:学生学习的主动性;学生学习的有效性;教学设计及教学过程是否以学生为主体,切实解决学生的困惑;能否体现对学生核心素养的培养。

二、 课堂品质评估框架指标体系的初步确定

在表 6-2 初步构建的课堂品质评估框架指标的基础上,根据《关于深化教育体制机制改革的意见》和中国学生发展核心素养对学生学习提出的要求,以及课堂品质评估框架指标研讨形成的修改意见,我们提出了第二稿课堂品质评估框架指标,如表 6-3 所示。表 6-3 以教师教学行为特征为横向,以学生学会学习、社会性情感培养为纵向构成一个矩阵型的框架指标体系。然后在这个体系中根据品质的程度再划分若干水平级别。

我们又进一步对表 6-3 所示的第二稿指标体系进行了专门的研讨,形成以下意见:

一是,以第二稿为基础进一步细化和完善。横向看教学设计既考虑了研究性又考

表6-3　中小学课堂品质评估框架指标构建（第二稿）

指标与检测点		教与学要素	目标	内容	过程（方法＋评价）	文化
学会学习	策略灵活性	水平1				
		水平2				
		水平3				
	反思与解释	水平1				
		水平2				
		水平3				
社会性情感	倾听	水平1				
		水平2				
		水平3				
	合作	水平1				
		水平2				
		水平3				

虑了实践性，纵向上学会学习和社会性情感也正是提升课堂品质所需要的。课堂品质里最重要的是学习品质，除了关注学科方面的内容外，还需要关注非认知方面的因素，这正是我们这一轮评估所需要关注的。质是传统课程基本的要素，品则是引导性的，这两方面都需要。

二是，在设计敏感指标或监测点时，注重指标的意义，以便能够对后续的改进有提醒或提示的作用。课堂文化单独作为一块，要考虑在实践中如何操作，一般来说文化相对较虚，教师在实践中难以操作。学会学习中的观测点，即学习策略的灵活性，可能还不够，对于义务教育而言，学习策略可能还有规律性，这是需要注意的。

三是，课堂品质评估应当聚焦于学生学习，要看学生的学习品质是否得到提升和改进。第二稿相对比较成熟，但横向中有"文化"这一栏，教研员和一线教师会普遍感到在实践中不大好操作，认为需要进一步明确。

四是，基本可以确定以第二稿为基本框架，后面再进行细化和完善。纵向包括学会学习和社会性情感，横向包括教学设计和教学过程。横向和纵向的指标都要有一个解释和描述。

五是,进一步查找学会学习和社会性情感方面的文献材料,寻找核心的关键点,不一定是一个完整框架,但要有解释。另外,交叉表格里要有描述性的东西,可以写出来,哪怕不完善也不要紧,也未必要有水平1、水平2和水平3方面的东西。至于课堂文化,可以考虑两种处理方案:一是直接去掉,把这一块删除;二是换一种新的表达方式,既能表达课堂的品质特点,又能结合实际。

三、 课堂品质评估框架指标体系的最终确定

在确定第二稿课堂品质评估框架横向为教师课堂教学维度,纵向为学生学习维度,两者交叉形成矩阵之后,我们继续进行研讨,逐步细化和完善,仅专题的研讨会就开了6次。评估框架指标体系历经11稿修改,最终得以确定,如表6-4所示。

表6-4 课堂品质评估框架

评估维度 (学生学习)	评估维度(课堂教学)		
	目标	内容	过程(方法＋评价)
主动	1.适切性；2.饱满性	1.情境性；2.生成性	1.灵活性；2.参与性
合作	指引性	挑战性	1.民主性；2.互动性
反思	指引性	——	1.启发性；2.及时性

表6-4中,"主动"是指学习主体能以积极的心理状态参与学习活动。要达到此目标,课堂教学中的目标设计必须具有适切性和饱满性,其中适切性是指目标设计要符合学生身心发展规律、适合学生认知水平,更好地激发学生的学习兴趣,使学生更积极主动投入;饱满性是指目标设计要聚焦学科核心素养的全面落实或全面考虑三维目标,同时能关注到学生全面发展。课堂教学中的内容设计必须具有情境性和生成性,其中情境性是指要通过情境创设,激发学生主动学习;生成性是指要有开放性的预设,及时捕捉教学过程中衍生出来的学习资源。课堂教学过程要有灵活性和参与性,其中灵活性是指教学过程中的教学方法要多样,同时评价方式多元且灵活;参与性是指教学过程中要调动学生学习的积极性,给予学生参与的机会。

"合作"是指学习主体在学习过程中能与同伴互助、分享和讨论。要达此目标,课

堂教学中的目标设计必须具有指引性,即合作是有明确目标指向的合作;课堂教学中的内容设计必须具有挑战性,即内容要定位在学生的最近发展区,对学生有一定的挑战;课堂教学过程要有民主性和互动性,其中民主性是指教学过程中要营造平等、融洽的课堂氛围,课堂有规则,互动性是指教学过程中课堂有交流、有分享,创设需合作解决的任务。

"反思"是指学习主体能有意识地思考已完成或进行中的学习活动。要达成此目标,课堂教学中的目标设计必须具有指引性,即反思是有明确目标指向的反思。课堂教学过程要有启发性和及时性,其中启发性是指教学过程中要给学生留有思考余地、引导学生质疑问难,及时性是指教学评价反馈要及时,要给予学生改进学习的机会。在这里,课堂教学中的内容设计更多指向教师行为,与学生关联不大。

表6-5为中小学课堂品质评估框架指标内涵及行为特征描述,是对表6-4框架指标的内涵及外在行为表现的描述。

在最终确定的课堂品质评估框架指标体系表6-4和表6-5中,横向教师教学的维度为课堂教学目标、教学内容和教学过程。而纵向学生学习的维度确定为学生课堂学习的主动性、合作性和反思性。这个评估框架指标具有两个显著的特点。

表6-5 中小学课堂品质评估框架指标内涵及行为特征描述

评估维度	课堂特征	内涵描述	师生课堂行为表现
目标	1. 适切性 (主动)	符合学生身心发展规律、适合学生认知水平,更好地激发学生学习兴趣,更积极主动投入	(1) 目标难度适中,且有挑战性,符合学生最近发展区 (2) 目标体现了分层,满足不同层次水平的学生需要
	2. 饱满性 (主动)	聚焦学科核心素养的全面落实(或全面考虑三维目标),同时能关注到学生的全面发展	(1) 目标明确学科核心概念、一般原理和规律的要求(如掌握、运用) (2) 目标体现了学科的特征与学习方法 (3) 目标表达了学科的情感要求(或价值追求)
	3. 指引性 (合作与反思)	学生学习过程中的合作和反思是需要有明确的目标指向,即合作和反思所达成的目标	(1) 目标提出了明确的合作要求 (2) 目标提出了明确的反思要求

评估维度	课堂特征	内涵描述	师生课堂行为表现
内容	4. 情境性（主动）	通过情境创设,激发学生主动学习	(1) 与生活情境相联系 (2) 与应用关联,能运用到实践 (3) 激发学习兴趣,指向学科特征
	5. 生成性（主动）	有开放性的预设,及时捕捉教学过程中衍生出来的学习资源	(1) 内容设计有开放性问题 (2) 恰当利用和回应生成性资源
	6. 挑战性（合作）	定位学生最近发展区,对学生有一定的挑战	(1) 设计具有挑战性的任务 (2) 明确合作规则
过程	7. 灵活性（主动）	教学方法多样和评价方式多且灵活	(1) 灵活采用多种教学方法 (2) 能根据课堂情况及时调整教学方法
	8. 参与性（主动）	调动学生学习积极性,给予学生参与的机会	(1) 面向全体学生布置任务 (2) 学生课堂参与的积极性
	9. 民主性（合作）	营造平等、融洽的课堂氛围,课堂有规则	(1) 相互尊重,平等对话 (2) 评价多元,因势利导
	10. 互动性（合作）	课堂有交流、有分享,创设需合作解决的任务	(1) 有合作的学习机会 (2) 师生间有多向沟通和交流 (3) 有学习成果的展示、分享
	11. 启发性（反思）	给学生留有思考余地,引导学生质疑问难	(1) 课堂提问难度适宜 (2) 学生思考、交流充分 (3) 引导质疑及时、有效
	12. 及时性（反思）	教学评价反馈及时,给予改进学习的机会	(1) 及时评价 (2) 引导反思 (3) 反馈改进

（一）聚焦"学会学习"

课堂品质评估是一个指向实践问题解决的应用性项目,作为区域行为也是一个引领着区域内学校课堂教学转型方向的导向性项目。因此,课堂品质评估框架指标的构建既需要建立在对实践问题的总结分析上,也需要建立在对课堂教学价值取向的科学判断上。

从前期调研来看,中小学校在知识与技能的基础性教学上已经取得了比较好的成效,但在一些重要的指向未来终身学习与发展的非认知维度的教学上还有一定的改进空间。就当前基础教育阶段社会所关注的"减负"问题而言,真正的减负是避免单纯以知识和技能为中心的"刷题式"学习,最有效的应对方式就是帮助学生学会学习。同时,课堂教学改革不单是让学生通过学习来获取知识和技能,更重要的是培养学生应对社会环境变化获取新的知识和技能的能力。此外,文献研究也表明"学会学习"是以素养为导向的全球范围内教育改革所关注的重点问题之一。这是因为,学会学习是适应知识经济时代发展的需要,"为了适应这种高开放性、变化性和挑战性的时代变革,学会学习被提到了空前的高度,环境不仅要求人们要'学会'知识、'会学'知识,乃至'创造'知识,也要求人们要随时随地学习、积极主动地学习。"①学会学习是终身发展的前提,是适应社会发展、个体自我完善的基本条件。因此,我们把学生是否学会学习这一关键能力作为课堂品质评估的核心。

(二)从课堂教学和学生学习两个维度来评估课堂品质

建构主义认为,学习是学习者在原有知识和经验的基础上,在一定的情境即社会文化的背景下,借助其他人(包括教师和学习伙伴)的帮助,即通过人际间的协作活动,主动对新信息进行加工处理,建构自己的意义的过程。由此可以看出:①学习是在一定情境中进行;②学习是一个交流与合作的互动过程;③学习是一个主动建构意义的过程。建构主义学习理论强调以学生为中心,认为"情境""协作""会话"和"意义建构"是学习环境中的四大要素和四大属性。建构主义学习的中心是意义建构,它强调学习的积极主动性、目标指引性、任务真实性、不断反思性和互动合作性。②

基于建构主义学习观,我们认为,聚焦"学会学习"的课堂品质提升,主要可以从"课堂教学"和"学生学习"两个维度进行评估,其背后的假设是通过教师善教引导学生的会学,体现"教是为了不教"的理念。在"学生学习"维度上,一是聚焦学生学习的积极主动性,评估课堂教学是否促进以动机激发为基础的主动性学习;二是聚焦学生学习的互动合作性,评估课堂教学是否促进以深度参与为基础的建构性学习;三是聚焦学生学习的深度反思性,评估课堂教学是否促进以自我监控为基础的反思性学习。因

---

① 贾绪计,王泉泉,林崇德."学会学习"素养的内涵与评价[J].北京师范大学学报(社会科学版),2018(01):34—40.

② 吕耀中,王新博.论建构主义学习观[J].青岛科技大学学报(社会科学版),2013(04):98—100.

此,在"学生学习"的评估维度上,我们主要关注主动、合作、反思三个关键且敏感的一级指标。在"课堂教学"维度上,一是聚焦课堂教学的目标指引性,评估课堂教学是否促进以目标导向为基础的有效性学习;二是聚焦课堂教学任务的真实性、挑战性和生成性,评估课堂教学是否促进以情境创设为基础的具有挑战性和生成性的学习;三是聚焦课堂教学过程中方法与评价对学习的支持性,评估课堂教学是否创设以学习为中心的支持性学习环境。

第四节　课堂品质评估工具的开发

一、课堂品质评估工具开发的基本要求

评估工具开发的依据是课堂品质评估框架指标体系,评估工具要完全体现框架指标体系的意图和目标。考虑到实际的可测性和现实可行性,评估工具分为两类:一类是围绕评估框架指标的面上的教师和学生问卷调查;第二类是点上的案例描述,作为问卷调查工具的质性补充。

（一）问卷调查工具

问卷调查工具的目标:一是通过师生问卷调查,对课堂品质现状有总体把握,明确已有经验和问题,为进一步提升课堂品质提供方向;二是为课堂品质的评价积累基础数据资料,为后续阶段性的评估提供参照标准。

问卷调查工具的呈现方式:中小学教师问卷和学生问卷。问卷工具开发的方法:基于中小学课堂品质评估框架指标的有关维度设计问卷。教师卷和学生卷框架维度保持一致。

（二）案例描述分析框架

案例描述分析框架的目的是提供反映课堂教学品质的案例分析框架,作为大样本问卷调查的质性补充。其呈现方式是以课堂教学片段分析、课堂教学完整案例、多所学校案例汇总报告三种形式聚焦学生学习,从而反映课堂品质。

二、 课堂品质评估工具开发

（一）问卷设计

问卷调查工具的设计紧紧围绕课堂品质评估框架指标。编制问卷题目时，根据课堂品质评估框架指标纵横交叉的九个单元格中的描述语，就该描述语体现在课堂上教师教学和学生的学习行为特征设计题目。问卷初稿形成后，我们组织教师和学生访谈，逐条阅读和修正，审查这些项目表述是否符合他们的实际和话语风格，题目表述是否有歧义等等，并根据建议进行修正。同时，我们专门对问卷题目进行研讨和分析，根据专家相关的建议进行反复修改，形成测试版的问卷。

测试版学生问卷共有 59 道题目。分六个一级维度，其中教学目标（包含适切性、饱满性和指引性，共 9 道题目）、教学内容（包含情境性、生成性和挑战性，共 9 道题目）和教学过程（包含灵活性、参与性、民主性、互动性、启发性、及时性，共 19 道题目）3 个维度是针对课堂上教师的教学行为特征，主要从学生的视角来说明他们对教师课堂教学行为的感受和评价，这些行为被认为是可以有效促进学生学习主动性、合作性和反思性的。例如，对于教师教学目标的适切性，我们设计了 3 道题目：①老师会了解我们课前的学习情况；②老师会检查我们的预习情况，并根据大家的预习情况上课；③老师对不同学习成绩的同学会有不同的学习要求。学生从"很不符合、不太符合、一般、比较符合、很符合"五种判断中，根据自己的感受进行勾选回答。学生对教师课堂教学行为的感受可用于与教师问卷教师自我评价进行相互印证。而主动（包含 7 道题目）、合作（包含 8 道题目）和反思（包含 7 道题目）3 个维度是针对学生的课堂学习品质特征，是学生对自身课堂学习行为的评价和判断。例如，学生学习主动性的 7 道题目，学生根据自身的实际情况进行评价，从"很不符合、不太符合、一般、比较符合、很符合"五种判断中进行勾选回答。

测试版教师问卷共 64 道题目。分 3 个一级维度，其中教学目标（包含适切性、饱满性和指引性，共 14 道题目）、教学内容（包含情境性、生成性和挑战性，共 17 道题目）和教学过程（包含灵活性、参与性、民主性、互动性、启发性、及时性，共 33 道题目）3 个维度是针对课堂上教师的教学行为特征，主要从教师的视角来评价自身的课堂行为。这些行为反映了为促进学生学习的主动性、合作性、反思性，教师在平时课堂教学中实施的程度如何。例如，在"教学内容生成性"这一点上，我们结合教师课堂实际设计了五个表述：①我常会捕捉课堂中学生提出的超出我预设的有价值的想法；②我每课堂上都会抛出开放性问题供学生探讨；③当学生在课堂上的讨论很有意义但偏离我的预设时，我能及时调整预设；④我经常组织学生围绕他们自己提出的问题/议题展开专门学习；⑤我在课堂里的很多提问常没有标准答案或唯一的答案。这些题项表述体现了教师在把握课堂教学内容"生成性"的较好的做法，然后提问教师这些表述是否符合自己的实际情况。通过这样一种相对具体的自我评价来衡量教师视角的品质课堂教学实践程度。

（二）问卷工具有效性分析

问卷调查工具的有效性分析主要通过三种方式进行：一是对问卷的题目进行研讨和审查，包括是否体现课堂品质评估框架指标的内涵和描述，每个指标是否有足够的题目，表述是否清晰无歧义，题目的测量性能，等等。二是对教师和学生进行访谈，听取对题项的意见和看法；三是进行小范围的试测，根据试测的结果，进一步验证和完善问卷工具的有效性。

试调查的实施中，学生问卷的预调查对象为一所小学三、四、五年级各一个班，一所初中六、七、八年级各一个班，一所高中高一、高二各一个班。教师问卷的预调查对象为三所学校的全体教师。预调查问卷通过网络平台发送，由学校组织教师和学生在网上进行答题。调查结束后，共回收教师样本 224 份，学生样本 309 份。所用统计分析均采用 SPSS 24 和 M-plus 完成。

1. 教师问卷工具预调查数据分析

（1）题项区分度和信度分析

题项区分度表明题目对答题者的区分能力，通常用题项得分和题总分相关来表示。题总分有三种，一是包含所有题项的问卷总分；二是问卷中教学目标、教学内容和教学过程三个一级维度各自的总分；三是三个一级维度所包含的子维度的总分，比如 S1_1 属于问卷中教学目标维度适切性子维度的题项。一般来讲，相关系数不能太低，如果太低说明题项可能与其他同维度的题项测量的不是同一个行为目标。而且三个相关系数一般是与题项问卷总分的相关系数最小，一级维度总分相关次之，二级维度总分相关最高。如果数据表明某题项二级维度总分相关系数低于一级维度总分相关系数，则提示可能该题项与其他二级维度存在较强的相关关系，需要再审查题项测查的内容。同理,如果某题项一级维度总分相关系数低于问卷总分相关系数,则提示该题项可能与其他一级维度存在较强的相关关系,需要再审查该题项测查的内容。

信度一般表示测量的一致性程度,即测量误差。一般来讲,所有的题项均应当有助于增加测量的精度,减少测量误差。反映在信度上就是删除该题项后,问卷的总体信度会降低。如果删除某题项后,问卷的信度提升,则说明该题项可能存在某些测量上的问题,需要再次审查。

经区分度和信度分析可知,与问卷总分相关系数小于 0.7 的题项有 S1_1、S1_4、S2_11、S2_13、S3_16;与一级维度总分的相关系数最低的 5 个题项是 S1_1、S3_16、S1_4、S2_13、S3_25;与二级维度总分相关系数最低的 5 个题项是 S3_16、S1_1、S2_13、S1_4、S1_3;题项删除后 α 信度值增大最多的 5 个题项有 S1_1、S3_16、S2_13、S1_4、S2_11。所以综合起来看 S1_1、S1_4、S2_13、S3_16 四个题项的质量最差,故而考虑删除。

（2）验证性因子分析

教师问卷中课堂品质评估框架指标都不可直接观察,只能通过教师的外显行为特征来间接地测量。这些外显的行为特征可称为外显变量,不能直接测量的变量就是潜变量。验证性因子分析就是处理观测指标与潜变量之间的关系,也是检验测量量表或测量结构效度的工具。课堂品质评估框架指标体系中观测指标（问卷题目）与潜在结构（因子）之间的具体隶属关系是前期通过理论分析确定的,验证性因子分析具有假设检验的特点,用数据来验证理论框架的合理性。

图 6-3 所示为课堂品质评估框架教师教学行为二阶因子模型（教师问卷）。图中 y1—y3 分别表示教学目标、教学内容和教学过程,f1—f3 分别表示教学目标中的适切性、饱满性和指引性;f4—f6 分别表示教学内容中的情境性、生成性和挑战性;f7—f12 表示教学过程中的灵活性、参与性、民主性、互动性、启发性和及时性。模型以第一个因子（或指标）负荷默认为 1 进行参数估计。从各题项在 f1—f12 因子的负荷来看,负荷水平在 0.932—1.114 之间,标准化后的因子负荷在 0.692—0.967 之间,说明各指标与因子具有比较高的一致性。因子 f1—f12 在 y1—y3 上的负荷水平在 0.941—1.117 之间,标准化后因子负荷都在 0.953—0.995 之间。教学目标与教学内容、教学方法的相关系数分别为 0.455、0.456,教学内容与教学过程的相关系数为 0.513。

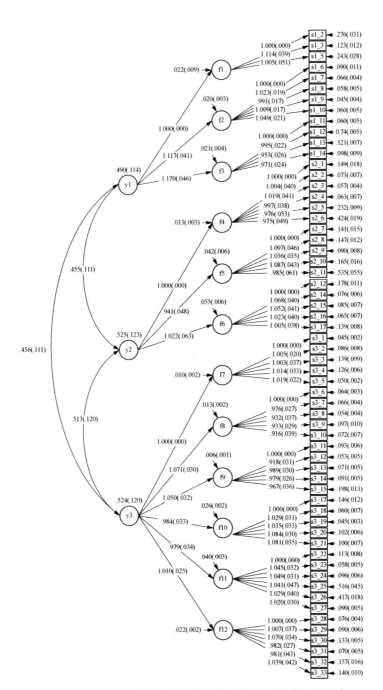

图 6-3　课堂品质评估框架教师教学行为二阶因子模型（教师问卷）

模型拟合指数的评价并没有一致统一的标准,有研究指出在指标因子负荷 0.7—0.8 之间,推荐 CFI>0.95,SRMR<0.11,RMSEA<0.08(N<250)。也有研究推荐从推荐 CFI>0.90(越大越好),RMSEA<0.08(越小越好)。从推荐的模型拟合指数来看,本模型只有 RMSEA(0.064)和 SRMR(0.033)达到临界值,CFI(0.886)没有达到临界的推荐标准。

2. 学生问卷工具预调查数据分析

(1) 题项区分度和信度分析

学生问卷题项共 59 题,分为两个部分。一部分是针对教师课堂教学行为,有 37 道题;另一部分是针对学生的学习行为,有 22 道题。因而在计算相关系数时,两个部分的题项分开来计算。比如对于教师课堂教学行为的 37 道题,题项与问卷总分的相关是指与 37 道题总分的相关。而针对学生的学习行为的 22 道题,是指题项与 22 道题总分的相关。由于学生学习行为不存在子维度,因而这部分题项与子维度的相关就不存在。信度的计算与相关系数的计算类同。

经区分度及信度分析可以看出,学生问卷中所有题项的相关系数均为 0.7 以上,说明题项的区分度是比较好的。一般要求:与二级维度总分相关系数 > 与一级维度总分相关系数 > 与问卷总分相关系数。不符合或不完全符合这个条件的题项有 S1_1、S2_2、S2_3、S2_6 和 S4_7。从信度来看,删除题项后信度反而增大的题项有 S1_3、S2_7 和 S3_17。我们将删除题项的条件设定为同时不满足这区分度和信度条件。由于没有题项同时满足这两项条件,故而所有项目拟保留。

(2) 验证性因子分析

验证性因子分析也分两部分进行,一个是针对教师课堂教学行为的,一个是针对学生学习行为的。

图 6-4 所示为课堂品质评估框架教师教学行为二阶因子模型(学生问卷)。由图 6-4 可见,各题项的因子负荷在 0.912—1.090 之间,标准化后在 0.735—0.958 之间,因子负荷都比较高。因子 f1—f12 在 y1—y3 上的负荷水平在 0.912—1.059 之间,标准化后因子负荷都在 0.8 以上。教学目标与教学内容、教学方法的相关系数分别为 0.566、0.569,教学内容与教学过程的相关系数为 0.547,均高于对应的教师问卷。模型拟合优度统计量如下:

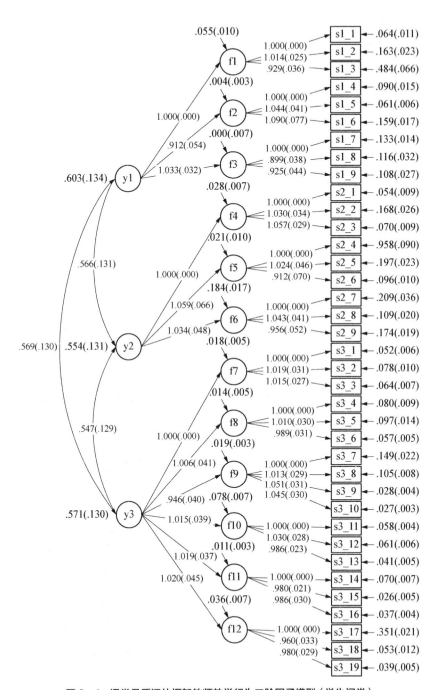

图 6-4　课堂品质评估框架教师教学行为二阶因子模型（学生问卷）

　　本模型 RMSEA = 0.053,CFI = 0.929 和 SRMR = 0.033。如果按照 CFI>0.9,那么本模型 CFI、RMSEA 和 SRMR 均达到推荐的标准。这说明相对于教师问卷数据,学生问卷中教师教学行为数据与模型拟合得更好。

　　图 6-5 所示为课堂品质评估框架学生学习因子模型(学生问卷),f1—f3 分别表示学生学习的主动性、合作性和反思性三个因子。由图 6-5 可见,各题项的因子负荷在 0.902—1.109 之间,标准化后在 0.608—0.945 之间,因子负荷都比较高。学生学习主动性与合作性、反思性的相关系数分别为 0.55、0.572,合作性与反思性的相关系数为 0.53。

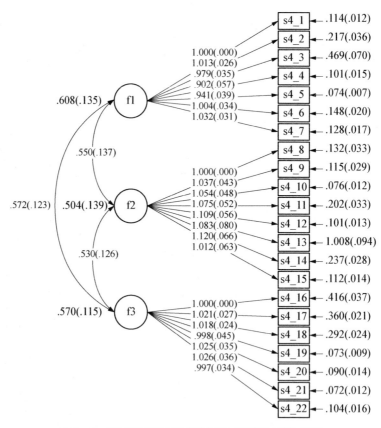

图 6-5　课堂品质评估框架学生学习因子模型（学生问卷）

本模型 RMSEA＝0.07,CFI＝0.916 和 SRMR＝0.042。如果按照 CFI＞0.9,那么本模型 CFI、RMSEA 和 SRMR 均达到推荐的标准。这说明学生问卷学生学习部分数据与模型拟合得比较好。

总之,通过问卷工具的有效性分析,我们删除了教师问卷中四个性能欠佳的题项。验证性因子分析表明课堂品质评估框架体系的结构效度是比较高的,指标在因子上的负荷水平是令人满意的,因子之间的相关也达到了 0.4—0.6,属于中等相关。尽管在模型拟合指数上不是所有的指数都达到推荐的临界值,但一是并没有统一的模型拟合标准,拟合指数只是告诉我们模型相对的好坏;二是评估框架指标体系是基于理论分析构建的,如果模型拟合指数不是与推荐值相差太多,一般是可以使用的。基于此,除了删除的项目外,不对其他项目作出处理。

（三）案例描述分析框架的开发

1. 目标定位

一是作为课堂品质大样本问卷调查的定量研究报告的质性补充,旨在提供反映课堂品质的定性描述案例;二是开展课堂品质定性描述案例分析,也是对学校课堂品质"抽样式"自我评估、自我检核的过程。

2. 呈现方式

一是,以课堂教学案例分析报告的形式提交。

二是,报告中可以使用一节课的内容做分析（即一个课堂教学完整案例）,也可以使用多节课中的不同片段做分析（即多节课的课堂教学片段）,来"聚焦学生学习",反映"课堂品质提升"。【描述性自评报告框架参见第五章】

三是,报告行文必须采用"实证方式",即使用课堂观察工具收集定性或定量数据,以课堂事实为基础阐述观点;观察工具可根据本校个性进行开发,但必须参考区域提供的维度。【学生学习特征观察维度和记录方法参见第五章】

3. 提交要求

以学校课堂品质描述性自评报告为主件,还要求提交配套的附件材料,包括（但不限于）以下材料:

"教案及素材资料"文件夹:包括教学设计文本、课堂教学中使用的课件及其他素材。

"课堂实录"文件夹:包括课堂教学实录文本、课堂教学录像（教师和学生双机位）。

第五节　课堂品质评估调查实施及数据分析

一、评估调查实施需要考虑的因素

首先,评估调查实施需要考虑评估调查的目标,要围绕目标来实施评估调查,确定调查对象和背景变量。如果评估调查的目标是了解和评估某个区域课堂品质的状况,则需要确定区域的背景变量以及调查对象。如果目标是某个学校的课堂品质现状,则只需确定评估调查的学校背景变量和相应的调查对象。收集背景变量信息时需要考虑到该信息是否会影响调查对象真实地表现自己的态度和判断,或者影响其参与的意愿,如果有影响,则最好放弃对该背景变量信息的收集,以免获取的调查信息不准确或者有偏差。比如在问卷调查中要求教师填写自己的真实姓名,就有可能会影响其参与意愿或者提供不真实的信息。

其次,需要考虑对调查对象如何进行抽样。一般地讲,如果调查对象的数量并不多,或者调查对象可以很方便地填写问卷,则可以对所有调查对象进行问卷调查,即采取全样本调查。由于网络信息技术的发展,现在很多问卷调查可以方便地在网上进行,成本也非常低,所以很多时候可以做到全样本。如果调查对象数量很大,且填写问卷不方便,或者成本很高,则需要进行专门的抽样设计,选取调查对象的代表性样本填写问卷。抽样设计中要考虑抽样误差,使误差控制在允许的范围内。抽样的方法中最常用的就是随机抽样,随机抽样的数据可以在一些常用的统计软件如 SPSS 中直接进行处理,而且在同样的误差要求下,随机抽样所需的样本数量最小。但在教育领域调查中,很多时候,随机抽样在实际中难以实施,故而采取其他复杂的抽样办法。这时就需要根据样本抽取的概率,对数据进行加权处理。一般进行抽样设计后,为保证一定的样本量,需要设置调查对象的最低参与率。

最后,调查评估需要考虑如何对后续调查数据进行处理。调查评估收集的数据信息首先要进行预处理,设置一定的标准,对数据进行筛选,剔除明显不准确的信息。经过清洗筛选的数据才能进行后续的处理。如果是采取抽样的办法进行调查评估,则需判断清洗后的数据是否是调查对象的代表性样本,如样本的数量是否符合预期,抽样误差是否得到有效的控制? 如果不是随机抽样,还需要确定各类样本的权重,以便在数据分析时进行加权。

二、 评估调查实施步骤

评估调查实施一般遵循以下步骤:

第一是确定评估调查的任务和目标。评估调查的任务目标是评估调查需要解决的核心问题,也是评估调查开展的原动力。只有确定了评估调查的任务和目标,才能围绕任务目标推进后续的评估调查工作。

第二是确定评估调查的调查对象和背景变量。评估调查的对象和背景变量要根据评估调查任务和目标来确定。收集哪些背景变量,确定后就可以与问卷题目合在一起。

第三是采取的问卷方式,比如是通过网络平台进行,还是通过线下的人工方式进行。问卷方式不同,将极大地影响问卷实施的效率。网络问卷送达范围广,不受时空的限制,可以做到全样本,数据收集方便高效,成本低廉,因而广受欢迎,是目前主流的问卷方式。但网络问卷有可能会有答题不认真的情况,或者代替作答的情况,因而对数据的清洗和筛选的要求会更高。线下人工方式问卷调查,效率比较低,覆盖的范围有限,组织实施的成本很高,数据收集不便,因而在实际中使用的范围非常有限。

第四是确定调查对象的抽样方式。如果是全样本,则不需要进行抽样设计。如果是抽样调查,则需要进行抽样设计,确定抽样方式和样本量。如果是非随机抽样,则需要确定各样本的权重,在后续的数据处理中进行加权。

第五是调查问卷的组织实施。如果调查问卷是通过网络进行的,那么需要通知调查对象在规定的时间内上网填写问卷,系统将自动收集相关信息。如果调查问卷是在线下进行的,则需要人工组织,发放纸质问卷,填写完毕后再将信息输入系统。

第六是对问卷调查数据信息进行清洗和筛选。依据设定的数据筛选标准对数据进行预处理,剔除不准确或明显矛盾的数据。

第七是对调查问卷数据进行正式处理和分析。市场上常用的统计分析软件如 SPSS 等都可以用于数据的分析和处理,如果要考察变量之间更复杂的关系,还可以应用更复杂的统计分析软件。数据分析和处理要考虑评估调查需完成的任务和回答的问题。

第八是撰写评估报告。评估报告是评估调查的主要成果,需要完成评估调查提出的任务,实现评估目标,针对存在的问题,提出建设性的建议。

三、 评估调查实施及数据分析实例

下面以某区域中小学课堂品质评估为例,说明评估调查实施及数据分析过程,评估工具采取的就是前述开发的教师问卷、学生问卷以及案例描述框架。

(一)中小学课堂品质评估概况

1. 问卷调查

问卷调查借助网络平台实施,采取全样本进行。教师问卷对象为学校所有专职教师,学生问卷对象为小学三、四、五年级,初中六、七、八年级,高中高一、高二年级所有的在籍在学的学生。调查时间为 15 天,教师和学生在调查规定的时间内登录网络平台,填写问卷。共回收教师问卷样本数 5393 份,学生问卷样本数 47973 份。

为了确保数据的有效性,我们设置以下两个条件对样本数据进行了清洗:①满足答题时间大于 2 分钟;②所有题项不能都选择同样的选项。

我们之所以设置这两个数据筛选条件,一是正常情况下完成整份问卷(无论教师还是学生问卷)阅读所需时间平均大约 5—6 分钟。2 分钟是不可能认真阅读完整份问卷,并完成答题;二是所有题项都选择同样的选项很可能是答题者答题不认真的表现,无法反映答题者真实的判断。经过这两个条件的筛选,最后有效的教师问卷样本数为 3045 条,占总回收样本数 5393 的 55.6%;学生问卷有效样本数为 24465 条,占总回收样本 47973 的 50.99%。虽然数据清洗中剔除的数据比较多,但从总体来看,样本结构与区域总体的实际结构比较接近。这说明剔除的数据具有随机性,样本是总体的有效代表。

问卷调查试图回应的问题主要是:作为课堂主体的教师和学生,他们眼中区域课堂品质现状如何? 学生和教师的视角又有何差异? 具体来说,通过教师问卷调查来考察:①品质课堂教师教学维度的十二项二级指标中,在哪些方面教师认为自己做得较好,哪些方面相对不足? ②不同特征(性别、学段、教龄、学科等)的教师,他们在指向品质课堂的教学行为上差异性如何? 通过学生问卷调查来考察:①学生对教师的课堂品质实践的感受和评价如何? 不同特征的学生是否有差异? ②不同特征(性别、学段、学校性质、户籍)的学生,学习品质是否有差异?

2. 课堂品质案例分析

课堂观察采用的是案例研究法,以十所项目实验校所提交的课堂品质自评报告作为案例。这十所项目实验校对开展教育教学改革有一定热情,其发展主动性应处于区域中上水平。而且项目实验校最终由区域教育行政部门全盘平衡考虑后确定,大体上能够代表区域高中、初中、小学基础教育发展的中等水平。同时,项目实验校所提交的学科案例反映了中等或中等以上的课堂水平。因此,这十个案例应能反映区域课堂品质中等及以上水平。

遵循案例研究的要求,品质课堂分析分两步走:一是各校根据课堂品质评估框架指标撰写品质课堂案例,案例可以全面或部分反映框架指标;二是利用品质课堂观察工具及编码系统进行分析,对案例所呈现的课堂品质进行判断。在做汇总表逐项检核学校自评报告里课堂品质的编码时,必要时会重新看学校课堂实录或录像,以平衡不同学校对层级水平之间判断的差异。

(二) 调查数据分析及结果

课堂教学中教与学是一体两面,缺一不可。品质课堂强调以学为中心,强调学生学会学习,强调课堂中的人文性与社会性,但也认识到,这一切如果缺乏教师的教,也将无从实现,所以品质课堂建设的逻辑是通过教师对教学目标、教学内容和教学过程的合适处理,引导学生学会学习,培育学生学习的主动性、合作性与反思性,从而提升课堂品质。因此教师的教和学生的学都是品质课堂考察的重要方面。

为了便于比较,消除各指标上题数不同对计分的影响,我们采用相对分数来表示每题得分情况。即:

$$相对分数 = \frac{该项指标上总得分}{题项数目 \times 题项满分}$$

相对分数一般在0—1之间,越接近于1,说明评价越高。

1. 总体视角

总体上,师生对课堂品质评价较高,且学生评价比教师评价高。在教的层面,得分由高到低依次是:教学过程、教学目标、教学内容。在课堂教学中三维目标体现较充分,教学过程民主性、灵活性、参与性、互动性较强,但在教学目标的适切性、教学内容的生成性和挑战性上还需加强。

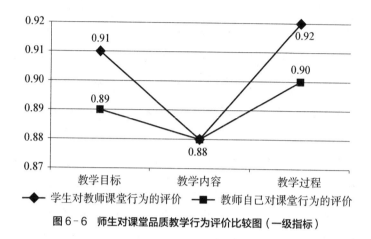

图6-6　师生对课堂品质教学行为评价比较图（一级指标）

由图6-6可见,教师和学生评分总体上较高,都在0.88分以上,且学生评价比教师评价高。得分从高到低依次是教学过程、教学目标、教学内容,皮尔逊相关系数达到0.95,说明师生评分比较一致。其中师生在教学内容评分上几乎相同,在教学过程与教学目标上,学生评分都显著高于教师。

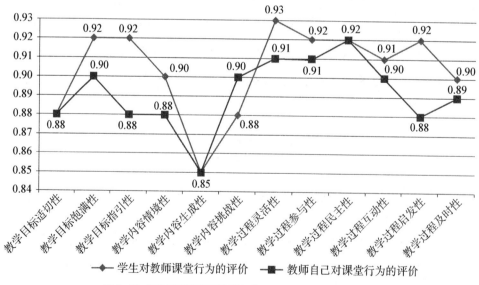

图6-7　师生对课堂品质教学行为评价比较图（二级指标）

由图6-7可见,在二级指标上,教师评价与学生评价比较一致,且皮尔逊相关系数为0.62。

在教学目标饱满性、教学过程灵活性、教学过程参与性、教学过程民主性和教学过程互动性五方面,教师学生得分都在0.90分以上,相对较高,说明课堂教学中三维目标体现较充分,教学过程民主、参与、互动性强。

教学目标的适切性、教学内容的生成性都在0.88及以下,相对较低,说明教学目标设计与学生实际匹配度还不高,课堂教学内容生成还需加强。

在教学目标指引性、教学过程启发性上,学生评分明显高于教师。这可能暗示着教师习惯于强控制性的课堂,而学生可能期望比较自主的课堂,所以反映在体验方面就会有区别。在教学内容的挑战性上,教师评分明显高于学生,这意味着学生希望课堂教学内容具有更大的挑战性。

2. 教师视角

① 女教师在课堂品质上的得分普遍好于男教师,尤其在教学目标的适切性和教学过程的把握上更具优势。

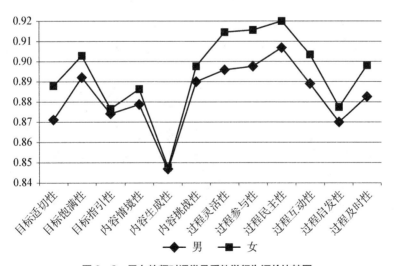

图6-8　男女教师对课堂品质教学行为评价比较图

由图6-8可见,女教师得分均高于男教师。由表6-6进一步分析发现,女教师在教学目标适切性、教学过程灵活性、教学过程参与性、教学过程民主性、教学过程互动性和教学过程及时性六项指标上显著高于男教师。这些指标中,教学过程占了五项,说明女教师对教学过程的把握更好。另外,女教师在目标的适切性上显著好于男教师。

表6-6　男女教师对课堂品质教学行为的评价

	目标适切性	目标饱满性	目标指引性	内容情境性	内容生成性	内容挑战性	过程灵活性	过程参与性	过程民主性	过程互动性	过程启发性	过程及时性
男(均值)	13.07	22.30	17.48	26.36	21.17	22.25	22.39	22.44	22.67	22.22	26.10	26.47
女(均值)	13.32	22.56	17.53	26.58	21.19	22.44	22.86	22.89	23.00	22.58	26.32	26.94
差值(女-男)	0.25**	0.26	0.06	0.22	0.02	0.18	0.46***	0.46***	0.33**	0.36**	0.22	0.47**

注:平均值比较是采用独立样本 T 检验,* 表示 $P<0.05$ 水平显著;** 表示 $P<0.01$ 显著;*** 表示 $P<0.001$ 显著。

② 小学教师课堂品质得分好于初中、高中,初中、高中差异不明显。

由图6-9可知,小学教师得分普遍高于初中和高中教师。小学教师除目标适切性外,在其他指标上明显好于初中教师;除目标的饱满性外,在其他指标上明显好于高

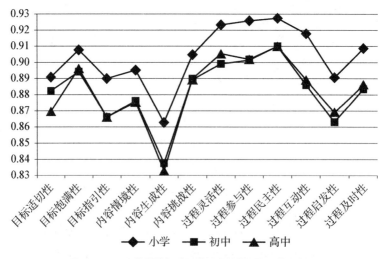

图6-9　不同学段教师对课堂品质教学行为评价比较图

中教师。但初中和高中教师的得分没有显著差异。可能的解释是：小学阶段是培养学生学习习惯和良好学习品质的基础阶段，教师会更有意识地培养学生学会学习的能力，更加关注学生学习的主动性、合作性及反思性。以往的调研也发现，学段越低，答题者的反馈越积极；同时，随着学段的上升，学生对课堂品质要求会更高。

③ 除教龄在 1 年以内、31 年以上得分较低之外，其他教龄段的教师各有优势。

教龄在 1 年以内和 31 年以上的教师得分相对较低，而其他教龄的教师则各有优势，比如教龄 6—10 年的教师在内容生成性指标上表现较好；11—20 年教龄教师在教学过程的 6 个指标中得分较高，21—30 年教龄的教师在教学目标的三个指标上得分较高。

④ 教师职称越高课堂品质得分越好。

除因正高级教师只有两个样本，不具有代表性，只作为参考外，整体上随教师职称从低到高，课堂品质得分也从低到高，这说明随着职称的提升，课堂品质也随之提高。

⑤ 大专及以下教师在课堂品质上的表现不如本科及研究生教师，本科教师在教学过程的民主性、参与性和及时上表现比研究生教师好。

在教学目标适切性、教学目标饱满性上，大专以下学历教师显著低于本科和研究生学历；在教学过程参与性、教学过程民主性、教学过程及时性，本科学历显著高于研究生学历。

⑥ 班额在 41—50 人的课堂品质得分较高，而班额 51 人以上得分最低。

班额在 51 人及以上的得分最低，班额在 41—50 人的得分最高，且有显著差异。尽管 41—50 人规模的班级得分比较高，但由于 41—50 班额主要来自小学（占 41—50 人规模班级总数的 60.4%）；执教 51 人及以上规模班级只有 37 人，样本量相对较小。此外，2018 年该区域统计年鉴数据显示：一般小学的平均班额为 44 人，初中平均班额为 32 人，高中平均班额为 38 人，所以这种差异的原因究竟是因为班额还是学段，还需进一步研究。

⑦ 公民办学校课堂品质无明显差异。

如表 6-7 所示，尽管民办学校课堂品质得分高于公办，但无显著差异，所以总体上公办学校与民办学校的课堂品质是差不多的。

表6-7　公民办学校课堂品质教学行为的评价

	目标适切性	目标饱满性	目标指引性	内容情境性	内容生成性	内容挑战性	过程灵活性	过程参与性	过程民主性	过程互动性	过程启发性	过程及时性
公办	13.28	22.52	17.53	26.57	21.20	22.42	22.77	22.81	22.93	22.52	26.29	26.86
民办	13.11	22.31	17.43	26.19	21.07	22.20	22.56	22.62	22.86	22.31	26.06	26.61
民办-公办	-0.17	-0.21	-0.1	-0.38	-0.13	-0.22	-0.21	-0.19	-0.07	-0.21	-0.23	-0.25

注：平均值比较采用独立样本 T 检验。

⑧ 小学语文、英语、数学三门学科课堂品质较好，信息技术有待加强。

小学学段选取语文、数学、英语、道德与法制、信息技术、自然6个学科进行分析，结果发现这6门学科课堂品质得分从高到低依次是：语文273.43、英语271.46、数学271.35、道德与法制270.45、自然269.23、信息技术264.24。

语文在目标适切性、内容生成性，英语在过程灵活性、过程参与性、过程互动性，数学在内容情境性、内容挑战性、过程启发性，道德与法制在目标指引性、过程民主性、反馈及时性，自然在目标饱满性上等得分最高。

自然在教学目标评价上得分最高，信息技术评价最低；语文在教学内容评价上得分最高，道德与法制评价最低；英语在教学过程评价上得分最高，信息技术评价最低。

⑨ 初中学段信息技术、生物、化学课堂品质表现突出，物理、历史需加强。

初中学段选择语文、数学、英语、地理、化学、科学、历史、生物、物理和信息技术10门学科进行分析，它们的得分从高到低依次是：信息技术280.07、生物269.42、化学268.26、科学265.16、数学265.05、地理264.73、英语263.94、语文263.76、物理262.71、历史261.9。信息技术在所有12个二级指标中评价都是最高的。

在教学目标上，信息技术得分显著高于语文、数学、英语、科学和物理；在教学内容上，信息技术显著高于语文、数学、英语和物理；在教学过程上，信息技术显著高于语文、英语、历史和地理。

⑩ 高中学段，信息技术、地理、化学课堂品质表现突出，数学、语文需加强。

高中学段选取语文、数学、英语、地理、化学、历史、生物、物理、信息技术和政治10门学科进行分析,它们得分从高到低依次是信息技术275.38、地理273.4、化学272.35、物理271.25、英语270.92、政治269.18、生物265.62、历史265.58、数学256.67、语文255.72。

信息技术在目标适切性、目标指引性、内容挑战性、过程灵活性、过程参与性、过程互动性,地理在内容情境性、过程民主性,英语在内容生成性,历史在目标饱满性,物理在过程启发性和过程及时性上最分较高。在教学目标上不存在显著差异。在教学内容上,英语、地理、化学、政治得分显著高于语文、数学,信息技术得分显著高于数学。在教学过程上,英语、地理、物理得分显著高于语文、数学,化学得分显著高于语文。

3. 学生视角

① 在教的品质上,小学好于初中,初中好于高中。在学的品质上,从高到低依次是反思性、合作性与主动性,小学好于初中,初中好于高中。

由表6-8可见,整体上小学生对课堂品质评价高于初中、初中高于高中,呈现随学段上升而逐渐降低的趋势。经进一步分析,小学、初中在12个指标上均显著高于高中,小学除目标适切性、目标指引性、过程灵活性和过程民主性与初中课堂没有显著差异外,其他指标也显著高于初中课堂。

表6-8 不同学段学生对课堂品质教学行为的评价

	目标适切性	目标饱满性	目标指引性	内容情境性	内容生成性	内容挑战性	过程灵活性	过程参与性	过程民主性	过程互动性	过程启发性	过程及时性
小学	13.21	13.98	13.91	13.71	12.86	13.40	13.99	13.93	18.50	13.58	14.12	13.67
初中	13.21	13.83	13.87	13.45	12.71	13.04	13.94	13.83	18.50	13.24	14.04	13.54
高中	12.70	13.37	13.48	13.26	12.49	12.65	13.55	13.35	18.07	12.82	13.57	13.09
小学-初中	0.00	0.15***	0.04	0.26***	0.15***	0.35***	0.05	0.10***	0.00	0.34***	0.08**	0.13***
小学-高中	0.51***	0.60***	0.44***	0.45***	0.38***	0.74***	0.44***	0.58***	0.43***	0.76***	0.55***	0.58***
初中-高中	0.51***	0.45***	0.40***	0.19***	0.22***	0.39***	0.39*	0.48***	0.43***	0.42***	0.47***	0.45***

注:平均值比较采用单因素方差分析,* 表示P<0.05 水平显著;** 表示P<0.01 显著;*** 表示P<0.001 显著。

由表6-9和图6-10可见,通过相对得分数分析,学生对"学会学习"的评价,从得分由高到低依次是学习的反思性、合作性和主动性,而且是小学好于初中,初中好于高中,学段之间存在显著差异。

表6-9 不同学段学生对学习品质的评价

	学习主动性	学习合作性	学习反思性	学习主动性相对分数	学习合作性相对分数	学习反思性相对分数
小学	31.50	36.73	32.11	0.90	0.92	0.92
初中	30.88	36.08	31.81	0.88	0.90	0.91
高中	29.53	34.69	30.81	0.84	0.87	0.88
小学-初中	0.62***	0.65***	0.30***	—	—	—
小学-高中	1.97***	2.04***	1.29***	—	—	—
初中-高中	1.35***	1.39***	1.00***	—	—	—

注:平均值比较采用单因素方差分析,* 表示 $P < 0.05$ 水平显著;** 表示 $P < 0.01$ 显著;*** 表示 $P < 0.001$ 显著。

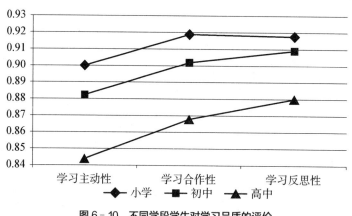

图6-10 不同学段学生对学习品质的评价

② 对课堂品质评价上,除内容的挑战性外,女生评价普遍好于男生。在学习品质上,女生普遍好于男生。

由表6-10可见,除内容挑战性指标外,女生在课堂品质其他指标上的评价均显著高于男生。

表 6-10　男女学生对课堂品质教学行为的评价

	目标适切性	目标饱满性	目标指引性	内容情境性	内容生成性	内容挑战性	过程灵活性	过程参与性	过程民主性	过程互动性	过程启发性	过程及时性
男	13.09	13.77	13.76	13.44	12.70	13.17	13.88	13.77	18.34	13.29	13.95	13.51
女	13.22	13.92	13.95	13.65	12.81	13.14	13.97	13.88	18.58	13.41	14.09	13.59
女-男	0.13***	0.15***	0.19***	0.22***	0.11***	-0.02	0.09***	0.11***	0.24***	0.12***	0.14***	0.08***

注:平均值比较采用独立样本 T 检验;∗表示 P<0.05 水平显著;∗∗表示 P<0.01 显著;∗∗∗表示 P<0.001 显著。

由表 6-11 可见,女生在学会学习上的得分普遍高于男生,且存在显著差异。

表 6-11　男女学生对学习品质的评价

	学习主动性	学习合作性	学习反思性	学习主动性相对分数	学习合作性相对分数	学习反思性相对分数
男	30.90	36.03	31.59	0.88	0.90	0.90
女	31.11	36.42	32.09	0.89	0.91	0.92
女-男	0.21**	0.39***	0.50***	—	—	—

注:平均值比较采用独立样本 T 检验;∗表示 P<0.05 水平显著;∗∗表示 P<0.01 显著;∗∗∗表示 P<0.001 显著。

③ 在课堂教学上,学生认为民办学校在教学目标与教学过程处理上更好,公办学校在教学内容上处理更好。在学会学习上,民办学校学生普遍好于公办学校学生。

由表 6-12 可见,除了在目标适切性和内容生成性两方面没有显著差异外,民办学校学生在目标饱满性、目标指引性、过程灵活性、过程参与性、过程民主性和过程启发性六个指标上评价明显高于公办学校。而公办学校学生在内容情境性、内容挑战性、过程民主性和过程及时性四个指标上评价显著高于民办学校。由此可见,民办学校在课堂教学目标与教学过程上更胜一筹,而公办学校在教学内容处理上较好。

表6‑12　公民办学校学生对课堂品质教学行为的评价

	目标适切性	目标饱满性	目标指引性	内容情境性	内容生成性	内容挑战性	过程灵活性	过程参与性	过程民主性	过程互动性	过程启发性	过程及时性
公办	13.16	13.83	13.84	13.55	12.76	13.17	13.90	13.80	18.42	13.38	14.00	13.56
民办	13.09	13.91	13.92	13.48	12.69	13.07	14.04	13.92	18.64	13.15	14.15	13.48
民办‑公办	−0.07	0.08*	0.09*	−0.08*	−0.07	−0.10*	0.14***	0.12**	0.21***	−0.23***	0.15***	−0.09*

注：平均值比较采用独立样本 T 检验，* 表示 $P<0.05$ 水平显著；** 表示 $P<0.01$ 显著；*** 表示 $P<0.001$ 显著。

由表6‑13可知，民办学校的学生在学习主动性、合作性和反思性上得分都显著高于公办学校的学生。这说明民办学校的学生在学会学习上好于公办学校的学生。

表6‑13　公办民办学校学生对学习品质的评价

	学习主动性	学习合作性	学习反思性	学习主动性相对分数	学习合作性相对分数	学习反思性相对分数
公办	30.86	36.06	31.66	0.88	0.90	0.90
民办	31.85	37.10	32.85	0.91	0.93	0.94
民办‑公办	0.99***	1.03***	1.19***	—	—	—

注：平均值比较采用独立样本 T 检验，* 表示 $P<0.05$ 水平显著；** 表示 $P<0.01$ 显著；*** 表示 $P<0.001$ 显著。

④ 小学生对数学、语文、英语课堂品质评价较高，对信息技术评价较低。

小学学段选取语文、数学、英语、道德与法制、信息技术和自然6门学科进行分析，它们的得分从高到低依次是数学169.35、语文169.32、英语168.85、道德与法制168.58、自然167.87、信息技术165.02。

语文在目标适切性、目标饱满性、内容生成性、内容挑战性得分最高，数学在目标指引性、过程灵活性、过程民主性、过程启发性、过程及时性得分最高，自然在内容情境性上得分最高，英语在过程参与性上得分最高，道德与法制在过程互动性上得分最高。信息技术在各项指标上得分最低。

⑤ 初中生对语文、数学、英语课堂品质评价较高，对信息技术和历史评价较低。

初中学段选取语文、数学、英语、地理、科学、历史、生命科学、物理和信息技术9门课程进行分析,结果得分从高到低依次是:语文168.57、英语168.14、数学167.20、地理166.75、生命科学166.40、物理165.41、科学165.34、信息技术163.65和历史163.59。

语文在目标饱满性、内容生成性,数学在过程灵活性、过程启发性,英语在目标适切性、目标指引性、内容挑战性、过程参与性、过程互动性和过程及时性,生命科学在内容情境性、过程民主性上评价最高。

在教学目标上,语文评价最高,科学评价最低;在教学内容上,语文评价最高,历史最低;在教学过程上,语文评价最高,信息技术最低。

⑥ 高中生对化学、语文、历史课堂品质评价较好,对地理、物理评价较低。

高中学段选取语文、数学、英语、地理、化学、历史、生物、物理、信息技术和政治10门课程,它们的得分从高到低依次是化学166.81、语文165.37、历史164.50、英语162.59、政治162.10、生物160.68、数学160.32、信息技术160.18、地理159.98和物理158.69。可见化学、语文和历史评价较高,而地理与物理评价较低。

化学在目标饱满性与指引性,内容情境性,过程灵活性、参与性、民主性、启发性、及时性等方面评价最高。语文在目标适切性,内容生成性、挑战性,过程互动性上评价最高。

在教学目标上,化学评价最高,物理评价最低;在教学内容上,语文评价最高,数学最低;在教学过程上,化学评价最高,物理最低。

4. 实验校视角

① 从学生问卷看,实验校课堂教学实践出现积极变化。

本次"聚焦学生学习,提升课堂品质的区域行动研究"选取了10所中小学校作为实验校,主要是参与课堂品质的研究与实践。这10所学校总体情况应该处在区域中小学中等位置,从基础而言与其他学校没有明显差异。

经过问卷调查评估,学生问卷反映,实验校的课堂教学在12个指标中有10个指标得分高于非实验校教师,特别是在教学内容情境性、内容生成性以及教学过程互动性3个指标上,明显高于非实验校的课堂。

表6-14 实验校与非实验校课堂品质教学行为比较

	目标适切性	目标饱满性	目标指引性	内容情境性	内容生成性	内容挑战性	过程灵活性	过程参与性	过程民主性	过程互动性	过程启发性	过程及时性
非实验校	13.16	13.85	13.85	13.52	12.72	13.15	13.91	13.81	18.44	13.32	14.02	13.55
实验校	13.14	13.83	13.86	13.66	12.86	13.17	13.97	13.87	18.51	13.45	14.05	13.55
实验校-非实验校	-0.02	-0.02	0.01	0.14***	0.14***	0.02	0.05	0.06	0.08	0.13***	0.03	0.00

注：平均值比较采用独立样本 T 检验，* 表示 P＜0.05 水平显著；** 表示 P＜0.01 显著；*** 表示 P＜0.001 显著。

由图6-11可见，实验校教师在教学内容和教学过程指标上高于非实验校教师。这说明整体上来说，实验学校课堂品质教学实践表现好于非实验学校。意味着课堂品质研究已经促动了实验校的课堂变革，呈现出积极趋势。

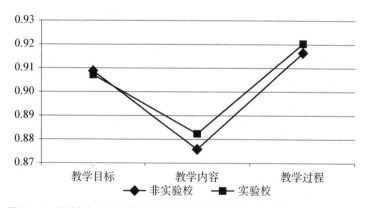

图6-11 实验校与非实验校教师对课堂品质教学行为（一级指标）评价比较图

但本次调研中，教师问卷没有看到实验校和非实验校明显的变化。

② 从实验校课堂观察看，"学会学习"的品质有不同程度的表现。

从"学会学习"所确定的三大品质指标来看，学校自评报告中对"主动学习"品质有明确数据支撑的学校有 8 所，对"合作学习"品质有反映的学校有 4 所，对"反思学习"品质有反映的学校有 6 所。

表6-15　实验校自评报告呈现的课堂品质结果总览

学校	表现出的课堂品质及类型								
	主动学习（A）			合作学习（C）			反思学习（R）		
	1级	2级	3级	1级	2级	3级	1级	2级	3级
P1	√	√	√	√	√	√	√	√	√
P2	√	√	—	—	—	—	√	√	—
P3	—	—	—	—	—	—	—	—	—
P4	—	—	—	—	—	—	—	—	—
J1	√	√	—	√	√	√	√	√	√
J2	√	√	√	—	—	—	—	—	—
J3	—	—	—	—	—	—	√	√	—
J4	√	√	—	√	√	√	—	—	—
S1	—	—	—	—	—	—	√	—	—
S2	√	√	√	√	√	√	√	√	—
小计	8	8	3	4	4	4	6	5	4

注：打"√"代表具备该层次水平的表现特征。

从上表中不难发现,在"学会学习"的三大课堂品质中,虽然大部分学校都能有所体现,但每种品质在第三层级上的表现相对弱一些。

③ 实验校在提升课堂品质上积累了一些经验。

其一,通过创设问题情境培育主动学习品质。

通过对表现出课堂里"主动学习"品质的8所学校的案例分析,发现大部分学校均是通过创设问题情境的方式激发学生的学习主动性,这里的问题情境范围较广,主要涉及四类:有的是现实生活情境(例如J1校、S1校)、有的是真实活动情境(例如P1校)、有的是多媒体资源类情境(例如P2校、J2校)、有的是来自学科内部问题情境(例如J3校、J4校、S2校)。如J1校提供的初中科学七年级《食物中主要成分的检验》案例中,教师通过创设减肥的生活情境,让学生想办法帮助解决减肥的问题,学生表现出非常强烈的主动参与并学习的意愿。P1校则设计了一年级数学开放性学习项目《弯弯的小路有多长》,是学校系列项目化学习任务《校园里的度量》第二阶段的实践课。通过创设"给校园中熟悉的景物标数据"的活动情境,探究校园中弯曲小路怎样测量并进行实地操作,最终把校园里这些小路的数值呈现在校园标志牌上。P1 校根据小学生的学习特点,把学生的"主动学习"的外在表现分解为"倾听""发言""质疑"三个层次。J2 校以《牛津英语》六年级上册《Healthy Eating》教学设计为例,关注"改进情境呈现方式,促进学生主动学习",探讨如何以"图"启学、以"图"促学来更加有效的导入课堂,使学生融入课堂,为更加有效地理解阅读文本做好铺垫。J3 校以初中八年级数学《反比例函数图像与性质》第二课时为例,展现了如何利用学生受到正比例函数画法的影响而画反比例函数图像的错误激发学生的认知冲突,从而引发学生强烈的学习愿望。

其二,通过明确要求促进合作学习品质。

通过对表现出"合作学习"品质的 4 所学校案例的检视,凡是学生的合作性学习能够发生的地方,前提条件均为教师明确提出要学生"小组合作"的要求。相对而言,学生角度的主动学习、反思学习的发生却不一定需要教师提出明确的类似"主动""反思"的学习指令。之所以在中国课堂里学生群体不大会自发地出现合作性学习,这可能主要是源于对"课堂纪律"的遵守。就目前 4 所学校案例中看到的学生合作学习,主要涉及两类:一类是以讨论型任务为主的合作学习(S2 校),一类是以操作型任务为主的合作学习(P1 校、J1 校、J4 校)。如以高认知挑战性任务驱动学生的讨论型合作学习,S2 校在高中语文三年级《鸿门宴》第二课时的案例中,采用了思辨性话题讨论模式来设计教学任务,试图以此激发学生对史传文学深度阅读的探究意识,从而改变学生们对文言文学习价值的认识。在教学内容的设置方面,教师主要设置三项高认知挑战的学习任务,其中第一个学习任务要求学生小组讨论"项羽为什么在鸿门宴上不杀刘邦?"其次,以实践或实验任务驱动学生的操作型合作学习。P1 校开展的是一年级数学开放性学习项目《弯弯的小路有多长》中,确立明确且可操作的活动任务,即小组到校园实地去合作探究如何测量弯弯的小路,进行有明确的责任分工的互助性学习。

其三,主要在学习任务小结阶段提升反思学习品质。

通过对 6 所学校呈现出的反思学习品质的课堂教学案例的检视,发现大部分学校的案例中的反思性学习主要发生在课堂教学任务的小结阶段(可能是整节课的小结,也可能是某个具体学习任务的小结)。

在编码系统中,反思学习被定义为三个层次,主要是从学生表现出的反思性学习的内容角度划分的,但6所学校提供的课堂案例中,我们发现学生的反思学习发生的来源或者说推动力主要来自两个方向:一是源自教师精心设计的反思性问题,并且教师不断维持这个问题的思考水平,即"导引型反思";二是源自学生在学习过程中主动提出的困惑、疑虑、质疑、发散型思考,具有一定的创新性和生成性,即"创生型反思"。如J3校以初中八年级数学《反比例函数图像与性质》第二课时为例,特别注重用"化错"教学培养学生的反思学习能力,该校制定了反思学习的观察指标,并对如何使用"化错"培养学生反思学习能力总结出了若干策略。P1校、J1校为学生提供了课堂里动手操作型合作学习机会,学生通过校园实地测量或操作实验任务,在学习过程中获得第一手的感知体验,在这2所学校的学生反思学习中,明显表现出了源自学生深度学习体验的创生型反思行为。

(三)基于调查数据分析结果,对课堂品质的总体判断

1. 区域中小学课堂品质总体较好,但因材施教和学生学习主动性还需加强

从教的方面看,三维教学目标体现较充分,教学过程的民主性、灵活性、参与性、互动性较强,但在教学目标的适切性、教学内容的生成性和挑战性上还需加强。从学的方面看,学会学习品质有不同程度的表现,学生在学习中阶段性的反思及课堂中围绕解决问题进行合作体现得较好,但学习主动性还需进一步提升。

本次评估学生对课堂品质的评价比教师的评价高,这一方面反映不同主体有不同的视角,主观体验不同,另一方面也提示我们要进一步从学生视角来看待课堂,如果课堂教学要真正实现从"以教为中心"转到"以学为中心",那么还是要多从学生的角度分析课堂。

课堂教学三维目标得到较好体现,教学过程出现积极变化,说明国家和上海课改要求在嘉定课堂里得到了一定程度的落实,但目标适切性、内容生成性和挑战性不强,也说明嘉定课堂在因材施教上还存在较大问题。

提升学生的学习品质,是本项目的重要目的。总体来看嘉定学生学习品质较好,在反思与合作上表现更好,说明近几年嘉定区聚焦课堂教学改革的措施取得了一定成效。针对学生学习主动性不太强的问题,要进一步寻找原因,有的需要学校采取措施,有的可能是需要家庭和社会配合。

2. 课堂品质总体上是小学好于初中、初中好于高中,还需回归育人本原,推进课堂再造

这既合乎常理,又与常理相悖。说它合乎常理,是在实践经验中,从大概率事件来看,确确实实看到小学课堂鲜活有趣,越到高学段课堂越沉闷乏味。说它与常理相悖,是因为按常理越是到高学段,学生的学习能力更强,教师的素养更高,不至于课堂品质反而下降,但它恰恰发生了,这值得我们沉思。关键是我们越是到高学段越受应试的影响,课堂育人逐步为课堂育分所取代,课堂的丰富性、生命性、人文性就逐步丧失了,因此,如何根据不同学段学生的特点探寻品质课堂再造、回归育人本原还任重道远。

3. 义务教育阶段的语文、数学、英语和高中阶段的化学、语文、历史课堂品质较高,小学信息技术、初中历史、高中物理课堂品质有待加强

在小学段,不管是学生还是教师都比较一致地认为,语文、数学、英语课堂品质较高,信息技术学科有待加强。在初中段,学生认为语文、数学、英语课堂品质较高,但教师却认为是信息技术、生物、化学,而历史是师生比较一致地认为是要加强的。在高中阶段,化学是比较一致地评价较好的学科,而在需加强的学科上没有统一。从师生一致性来看,小学语文、数学和英语课堂品质较好,高中化学课堂品质较好,小学信息技术需要加强,初中历史需要加强。如果从学生的角度而言,小学和初中语文、数学、英语课堂品质较好,高中化学、语文、历史课堂品质较好,小学信息技术、初中历史、高中物理课堂品质较低。虽然越是到高学段,教师和学生观点的差异越大,但综合来看,基本可以判断,嘉定区义务教育阶段的语文、数学、英语和高中阶段的化学、语文、历史课堂品质应是较高的,小学信息技术、初中历史、高中物理课堂品质有待加强。

关于师生评价意见不一致的问题。一方面由于这些学科在不同学校、不同老师的课堂里表现出不同的品质,具有不确定性,在概率上反映出来就会有些差异;另一方面随着学生年龄的增大,会逐步形成自己对课堂的看法,而且因为学生背景不同学生间的看法会差异较大,甚至到初、高中阶段时,由于青年期的叛逆性,形成与教师明显不同的观点。这也暗示,越是到高学段,教师越要多了解学生,倾听学生对课堂的声音,避免只从成人的视角去改革课堂,否则,改革的结果可能适得其反。

4. 民办学校与公办学校在教学上各有优势,但民办学校学生的学习品质好于公办学校,幼升小、小升初招生制度改革后,民办学校课堂教学将面临挑战

从学生反映看,民办学校在教学目标与教学过程上更好,公办学校在教学内容处理上更好;在学生学习品质上,民办学校学生普遍好于公办学校学生。而教师认为公办学校与民办学校课堂品质无明显差异。综合上述情况,公办学校与民办学校课堂教学各有优势,但民办学校学生学习品质更好。这从一定程度上说明了民办学校保持质量优势的秘密,但随着幼升小学、小升初招生制度改革,落实免试就近入学全覆盖,推进公办、民办同招,民办学校报名数超计划数实行电脑随机录取,民办学校的生源优势将逐步丧失,这对民办学校的课堂变革将是一个挑战。

5. 女性、本科、职称较高、教龄在1年以上30年以内的教师,其课堂品质更高,要关注男教师和新教师的成长,针对不同年龄阶段教师的特点采取针对性举措

在调查中发现,女教师在课堂品质上的得分普遍好于男教师,尤其在教学目标的适切性和教学过程的把握上更具优势;除正高级教师没有代表性外,职称越高的教师课堂品质得分越好;本科教师的课堂品质较优,尤其在教学过程的民主性、参与性和及时性上表现突出;教龄在1年以内、31年以上的教师在课堂品质上得分较低,其他教龄段的教师各有优势。课堂品质强调人文性、关怀性、情感性和社会性,这是女性擅长的领域,可能是导致女性好于男性的原因。而职称越高的教师其对教学的理解更深刻,积累的经验与智慧更丰富,在应对课堂教学问题自然更娴熟,品质更好是在情理之中。本科教师的课堂品质较好,值得引起注意,目前有一个趋势,认为中小学教师学历越高越好,但这个结果启示我们并非如此,这一方面是由于不同学历层次其培养的目标不一样,导致其与工作匹配度有差异,如研究生主要是培养学术研究型人才,专科层次主要是培养技能型人才,也许中小学教师岗位恰恰是需要既有一定学术修养又具备一定技能的人才,所以本科正好。教龄1年以内正处于适应阶段,教龄31年以上教师一般是职业生涯的末期,其探索精神与掌握新事物的能力都有下降,他们的课堂品质不高是可以理解的,关键是要针对不同阶段教师的优劣势,提供针对性培养,采取更为有效的研修措施。

6. 女学生对课堂品质评价更高,在课堂教学改革上要特别关注男生的需求

在课堂教学品质上,除内容的挑战性外,女生评价普遍好于男生。在学习品质上,女生普遍好于男生。这说明目前的课堂普遍受女生欢迎,同时女生在学习品质上比男

生更好,这也可能是为什么女生学业成绩普遍好于男生的原因。由此也提醒我们,在改革课堂教学时,要关注男生的学习特点,打造受男生欢迎的、能提升男生学习品质的课堂教学。

7. 班额适中的课堂品质较好,意味着为了提高课堂品质,班额不能太高也不能太低

班额在41—50人的课堂品质得分较高,而班额51人以上得分最低,但由于41—50人的班额主要是在小学,而小学的课堂品质一般较高,所以究竟是班额导致课堂品质较高,还是学段导致课堂品质较高,还值得研究。但根据国内外相关研究发现,班额适中的班级课堂效果一般较好,由此推断班额不要太小也不要太大是有一定道理的。

8. 实验校取得了一些经验,课堂教学品质出现积极变化,学生也体现了不同的学习品质,但由课堂教学品质提升学生学习品质需要一定过程与时间

实验校在提升学生学习的主动性、合作性和反思性等学习品质上取得了一些经验,使课堂品质产生了一些积极变化。从学生问卷看,实验校的课堂教学在12个指标中有10个指标得分高于非实验校教师,特别是在教学内容情境性、内容生成性以及教学过程互动性3个指标上,明显高于非实验校的课堂。从实验校课堂观察看,据不完全分析,10所实验校有8所获得了"主动学习"的确切数据支撑,有4所学校反映有"合作学习",有6所学校反映有"反思学习",不同程度体现了"学会学习"的品质。

虽然有了积极变化,但我们还有待继续验证。本项目假设通过教师课堂教学行为的改进能提升学生学习品质。目前教师教学行为确实发生了一些变化,但这些教师课堂教学行为是否是导致学生学习品质提升的原因? 其产生作用的机制怎样? 由于时间关系,还没有来得及验证,这有待以后进一步探索。

(撰稿者：王晓华　汤林春)

第七章　课堂品质提升的区域展望

展望未来,伴随高品质成为区域教育发展目标的新追求,课堂品质提升的价值将日益凸显,课堂品质提升的内涵探讨与实践探索将趋于深入。我国是一个大国,不同的区域尽管教育发展基础与水平不同甚至具有各自特色,但区域课堂品质提升的根本指向在于促进学习,这里的学习涵盖学生、教师乃至学校等多个层面,本质上是坚持素养导向、落实五育并举、成就共同发展,真正促使区域教育发展理念的更新升级。而区域课堂品质提升的关键在于基础能力建设,把着力点放在指向学生核心素养的教师专业发展能力建设、学区化集团化办学平台为代表的共建共享能力建设、信息技术融入教育教学的能力建设,致力于构建区域课堂品质提升的新生态系统。最后,区域课堂品质提升的重要保障在于可持续发展机制,建立健全区域课程教学管理机制、教研科研培训一体化支持机制、常态化的课堂品质监测机制等。

第一节　以促进学习为根本指向

提升课堂品质,价值取向是首要问题。明晰正确的价值取向是采取行动、选择路径的必要前提。尤其是未来的课堂品质提升从项目学校拓展到整个区域之后,课堂品质提升的价值取向愈加显得重要。当视野从 10 所项目学校扩大到全区域百余所学校,区域课堂品质提升坚持素养导向是基本立场,同时体现五育并举、成就共同发展是重要的方向。无论是前者还是后者,其根本都是指向于促进学习。在高品质成为区域的教育发展追求的背景下,促进学习在认识上不再局限于学生学科学习,而是更加关注学生全面而有个性的发展,更加关注每一位学习者发展的能动性,更加关注学习环境与学习共同体的形成。

一、 坚持素养导向的区域课堂品质提升

促进每一位学生素养的提升,是区域课堂品质提升的基本价值。坚持素养导向,是区域教育现代化不断发展的内在要求。迈向 2035 的社会是一个信息社会,学会学习、富有创造性的学习、终身学习都比以往显得更为重要,是迈向 2035 国家基本现代化进程中建设制造强国、创新型国家、"人人皆学、处处能学、时时可学"学习型社会的必要支撑。当"课堂品质"成为区域教育改革和发展的追求之时,意味着课堂教学质量观或者说衡量标准开始再审视。这种审视是在全球教育发展和中国教育现代化加快推进背景下认识上的跨越。OECD 组织的 PISA 测试结果之所以引起全球关注,正是因为其测试关注学生的阅读素养、数学素养、科学素养等,而这些素养代表着一个国家或地区在不断变化的世界面前所具有的人力资源水平与竞争力。无论是上海自 2009 年第一次参加 PISA 测试取得优异成绩,并在借鉴 PISA 基础上推出绿色指标评价,还是国内学者近年来日益关注 OECD 的"素养的界定与遴选:理论和概念基础"(DeSeCo)、美国的 21 世纪技能(P21)、欧盟的关键核心素养(Key competences of EU),其背景均在于世界范围内人才培养质量观与标准的动态变化,其核心是在认知上高度关注学生素养,把素养作为课堂教学改革的导向。这种认知上的变化,从本质上与我国教育现代化进程联系在一起。在我国教育发展重心从有学上转向上好学、从入学公平转向过程公平之后,教育现代化更加关注每一个学生的素养,明晰学生素养并在实践中探索实现的路径。上海作为我国教育现代化的先行地区之一,从《上海中长期教育改革和发展规划纲要》把"为了每一个学生的终身发展"作为核心理念,到《上海教育现代化 2035》更加明确提出学生素养培养的目标,都是坚持素养导向的教育改革与发展。嘉定区正是在上述背景下不断理解和认知区域课堂品质,提出了嘉定课堂品质提升的本土架构,并选择项目学校开展了生动实践及其实证评估。这为区域课堂品质提升这一事关未来我国教育现代化重要命题提供了一个案例。

随着区域教育迈向高品质发展新阶段,坚持素养导向提升区域课堂品质面临着新挑战新使命。从当前世界发展格局与新变化来看,教育为经济社会发展提供人才支撑,更加需要培养学生在未来不确定的世界具有适应变化的素养。面对全球产业结构不断升级、"新兴职业"不断涌现以及受后疫情时期带来的影响,基础教育高品质的重要使命在于培育学生适应社会变化和未来发展的素养,为每一个学生面向不确定的未

来打好扎实的素养基础。其中,创新素养培育的价值更加凸显。着眼于学生创新创造能力培育,提升区域课堂品质,是新的国际局势下我国区域基础教育发展服务经济社会发展的新使命。创新素养培育的前提是尊重学生的身心发展规律、人才成长规律,激发学生学习兴趣,挖掘学生创造潜能。聚焦学生创新创造能力培育,上海将依托包括嘉定区在内的"基于区域特色的学校综合课程创造力研究和实践"项目区域试点,打造凸显区域特色的创新创造综合课程群。同时,嘉定区将在前期学习素养试点区建设基础上,进一步培养学生创造性问题解决的学习素养,培育学生发现问题、解决问题的能力,强化实践创新。"十四五"时期,在国家创新驱动发展战略实施和上海加快建设具有世界影响力的科技创新中心推动下,嘉定从区域层面培育学生创新创造素养将迎来新机遇并努力取得新突破。

二、 探索体现五育并举的区域课堂品质提升

提升课堂品质是深入落实五育并举的重要途径。2018 年召开的全国教育大会提出要努力构建德智体美劳全面培养的教育体系,形成更高水平的人才培养体系。2019年中共中央、国务院印发的第一个聚焦义务教育阶段教育教学改革的重要文件《关于深化教育教学改革全面提高义务教育质量的意见》,又明确提出坚持五育并举、发展素质教育,对突出德育实效、提升智育水平、强化体育锻炼、增强美育熏陶、加强劳动教育提出了具体实施要求。当前及今后一个时期,落实五育并举是贯彻全国教育大会精神、深化教育教学改革、实现区域教育高品质发展的必然要求。

针对五育发展不平衡不充分的问题,区域提升课堂品质的目标是提高各学科课堂品质,尤其是体育、艺术、劳动教育课程实施质量。以往中小学在语文、数学、外语等学科的课堂品质探索相对较多、较为积极,而在体育、艺术、劳动教育等方面亟待加强探索。当然,区域提升课堂品质追求的是整体提升,有赖于五育融合而非分离。即使是补齐体育、艺术、劳动等方面的育人短板,也并非只是局限于音乐、体育、劳动技术课等课堂品质提升。审美意识与能力不只是在美术或音乐教室里存在,劳动意识的培养也不只是在劳技课堂、家庭或工厂里存在,语文、数学、英语、物理、化学等课堂都可能是艺术教育、劳动教育的发生地。相对于单学科的课堂品质提升,体现五育融合的课堂品质提升挑战更大,课堂品质育人的效应也更大。在区域性提升课堂品质中,五育融合是新的理念,不是简单追求各育的加法,有赖于围绕融合理念破除不合理的学科壁垒观念束缚,把五育融合作为分内之事、有机渗透,在各育要素的发掘、课堂资源的互用、课堂评价的变革等方面开展融合实践探索。

高质量实施新课程新教材是区域课堂品质提升的新任务。当前适逢国家课程方案修订颁布与部分学段学科课程标准修订颁布,一些学段逐步替换为国家统编教材。为落实《国务院办公厅关于新时代推进普通高中育人方式改革的指导意见》和《教育部关于做好普通高中新课程新教材实施工作的指导意见》的要求,国家及各地区确立了一批普通高中新课程新教材实施示范区和示范校,在课程建设、教学改革、考试评价等关键领域进行积极探索。在此新背景下,区域课堂品质提升的必然要求是高质量落实国家新课标、新课程、新教材,促进课堂教学方式方法创新,促进课堂教学深度转型,提高新课程校本化实施水平。新高考、新课标、新教材以及后疫情影响等方面的多重背景,对课堂品质提升提出了新挑战,也是倒逼学校从学生成长的长远角度进一步探索教改的机遇。区域课堂品质提升,要紧扣育人方式变革主题,以促进学生综合素质为引领,以课程实施过程变革为重点,补齐影响课程实施质量的短板,统筹课堂与校外实践,彰显区域地域文化和品质课堂特色。

三、 成就共同发展的区域课堂品质提升

成就共同发展是区域课堂品质提升的应有追求。随着区域教育从规模发展、促进普及公平走向内涵发展、追求优质特色,"品"成为一种评价标准,意味着教育内部自评与社会、家庭他评之间的相互校准;"质"则是达到标准的程度,意味着通过适切的内在结构让每一所学校获得更优的质感。品质教育就是要为学习者提供高品位、高质量的教育;就是要落实立德树人根本任务,面向全体,办好每所学校、成就每一位教师、教好每一个学生;就是要深化课程建设和教学改革,为每个学生提供适合的教育,激发学生学习兴趣,为学生终身发展奠基。

从区域课堂品质提升带来的价值或影响而言,成就共同发展的内涵包含三个层面:一是成就师生共同发展。学生是课堂品质提升的直接受益者,同时高品质的课堂成就教师专业发展。嘉定区课堂品质评价指标构建中之所以把教师的教的因素置于其中,正是基于课堂品质是学生的"学"与教师的"教"相互作用结果的考量。这使得嘉

定区课堂品质的测评数据为分析教师专业发展状况,以及采取相应政策提供了证据基础。不过,当前课堂品质的评价更多的是从教师在课堂中教的维度考虑,而教师专业发展的内涵实际上非常丰富,深入持续探讨课堂品质提升中的教师专业发展具有重要意义和广阔前景。二是成就学校(区)优质均衡发展。学校、学区是区域教育改革和发展的基本单元。区域提升课堂品质,往往先选择项目学校作为试点,而在试点基础上寻求突破的重要方向则是整体促进学校、学区课堂教学改革。这既是促进区域义务教育优质均衡的现实需要,又是区域课堂品质提升的内在要求。只有当更多的学校参与课堂品质提升,课堂品质提升的策略才能得到验证与完善,区域内学校追求品与质的文化才会形成。三是成就不同区域特色发展,形成区域提升课堂品质的多样流派。区域提升课堂品质既放眼全球,又立足于中国特色,并且关注课堂品质的文化属性,促使地域文化与课堂品质提升之间相互影响、相互促进。区域课堂品质尽管遵循基本的规律,但实践模式将是多样的。

第二节　以基础能力建设为关键

提升课堂品质,基础能力建设是关键。缺乏坚实的基础能力,区域课堂品质提升的效果将会受到制约。基础能力建设,既包括补齐能力短板,又需要把既有长板拉长。由于区域教育发展是一个生态系统,各要素之间相互影响,因而提升区域课堂的品质需要站在系统的视角,既需要抓住重点,更需要统筹兼顾,既需要从微观入手,更需要宏观设计。如果只进行单点突出,忽视整体跟进,那么课堂品质的提升度将非常有限,且难以持续。基于此认识,未来的探索将坚持政策导向,以问题为路标,整体谋划区域课堂品质提升的发展路径,统筹兼顾、协调发展。对标《上海教育现代化 2035》的要求,直面区域教育发展薄弱环节,把握教育发展规律和未来教育发展的特征以及人才培养趋势,区域课堂品质提升有赖于教师专业发展能力的提升、学区化集团化办学共享能力的提升、信息技术融入教育教学能力的提升。着力于三项基础能力建设,是区域课堂品质提升的重要路径选择。

一、 指向学生核心素养的教师专业发展能力建设

教师专业发展能力建设是区域提升课堂品质的最重要支撑。当前,随着我国教育现代化进程加快推进,教师专业发展问题越来越受到高度关注。这主要受到三股力量的推动:一是中共中央、国务院 2018 年印发《关于全面深化新时代教师队伍建设改革的意见》,这是新中国成立以来党中央出台的第一个专门面向教师队伍建设的里程碑式的政策文件。该份文件明确指出教师肩负着塑造灵魂、塑造生命、塑造人的时代重任,是教育发展的第一资源。未来的现代化学校发展,如果说丰富性的课程是依赖的直接资源,那么引领学生学习的教师则是第一资源。二是当前及未来一个时期的国家和区域教育发展正面临着多方面的挑战,尤其是面对新一轮科技革命和人民群众对更高质量、更具个性教育需求的增长,以及教育评价改革的深化、后疫情时期线上线下教育融合等等。而这些必然对教师的素养提出挑战。三是自 2009 年以来 OECD 的PISA 多轮测试数据分析表明,学校教师是影响学生素养表现的重要因素,在国家或地区促进教育公平与优质均衡发展中具有至关重要的支撑作用。为了考察比较教师素养并为教师发展政策提供证据,OECD 从 2008 年开始实施 TALIS(教师教学国际调查项目)。综合上海教育高品质发展要求以及上海教师在 TALIS 测试中的表现,教师的命题能力、实验能力、信息技术能力、心理辅导能力等方面仍有提升的空间。

教师专业发展能力建设亟待科学设计与分步探索。为了有力推进学生核心素养培育在学校教育教学过程中的落实,努力践行立德树人根本任务,更高标准打造嘉定品质教育品牌,教师专业能力建设需要科学设计。首先,聚焦指向学生核心素养的教师专业能力建设,必须坚持问题导向,采取实证的方法,精准分析教师在学生核心素养培养实践中存在的能力短板或不足及其制约因素,并深入挖掘背后的成因,确立问题解决方案。其次,必须按照建设学习共同体的思路,由学校与教研、科研、师训部门开展协作行动研究,通过科学、规范、扎实的过程研究,形成核心素养培育的实践策略和促进教师专业能力提升的机制。协作行动研究的过程,既是促进广大教师对学生核心素养与教师专业能力理解的过程,又是基于诊断分析和寻找症结瓶颈,明晰探索改进方向和策略的过程。当然,教师能力建设离不开评价变革,开发相匹配的评价工具,并基于评价结果更好地完善区域教师发展政策,进一步完善区域助推教师专业发展的动力系统和支持系统。

二、 依托学区化集团化办学平台的共享能力建设

学区化集团化办学作为一项公共政策,已经超越一所学校办学的讨论范畴,在区域层面对提高教育质量具有积极影响,是区域教育优质均衡发展的重要平台。依托学区化集团化办学平台提升区域课堂品质,关键在于共享能力建设,实现办学要素互通共享。这正是嘉定区立足区域整体发展战略,促进学区化集团化办学由"叠加"向"迭代"转变的目的所在。嘉定区的学区化集团化办学已实现义务教育阶段学校100%全覆盖,以学区化集团化办学推动优质教育资源流动共享,整体提升教育优质均衡水平的格局已基本形成。各学区集团通过构建四类共享平台,形成学区集团内部的共享菜单、工作路径、实施策略,即以名师带教、教师走教、学生走校等方式,实现优质课程资源共享;以同学段开展教师联合备课、联合教研,跨学段开展衔接教育、合作科研等活动,借助信息化实施同步互动教学,实现智能研训共享;以教师柔性流动、集群式师资培养方式,实现师资培养与流动共享;以推进场馆资源共享、探索联合运作机制、统筹联动社会资源等方式,实现教育设施资源共享。

为进一步聚焦学区化集团化办学的内涵发展,2020年1月嘉定区教育局出台《紧密型学区和集团建设实施方案》,着力加强紧密型学区、集团建设。紧密型学区和集团建设按照"多元贯通、共建共享、机制创新、提质增效"的工作思路,进一步健全学区和集团资源共享、师资流动、课程共享的贯通机制,同时围绕组织更紧密、师资安排更紧密、教科研更紧密、评价更紧密、培养方式更紧密,开展紧密型学区、集团建设,实现优质教育增量。从学校管理紧密融合、课程教学相互衔接、师资培养学段贯通与跨校使用、教研方式变革、绩效考核优化等方面,加快推进学区化集团化办学由"叠加"到"迭代"转变。力争到2022年,紧密型学区、集团占全区学区、集团比例达到50%,争创市级示范性学区或集团1—2个,进一步缩小区域、校际教育发展差距,加快补齐教育发展短板,整体提升区域课堂品质,促进义务教育优质均衡发展。

三、 信息技术融入教育教学的能力建设

区域课堂品质提升离不开信息技术的支持。信息化不仅是基础教育现代化的重要内容,而且是推进基础教育现代化的关键途径。随着新科技革命尤其是人工智能的快速发展,迫切需要提高信息技术有机融入教育教学的水平,让信息技术在区域教育

发展中具有深度应用的环境、平台和专业指导,为加快信息化时代的教育教学变革提供能力支持。

新的科技革命正从学习的空间场所和方式方法等方面进行着颠覆和重构,这种变化带来了教育教学的新思想、新方法和新形态。随着信息技术的迅猛发展,以及慕课、创客、翻转课堂、STEAM 教育等信息化时代新教学模式的出现,将重塑人们对学校、课程、教师、学生等概念的理解。新科技革命将丰富学习的空间和路径,学习的发生从载体、场域、时域都将发生转变,从而为人的潜能的发挥创造出更大的可能性、更宽广的边界和更立体的层次感。在教师角色转变上,如美国"教育技术计划 2016"指出,在教育技术背景下,教师不仅是知识技能的传授者,是学习体验的设计者,是学生学习的引导者、促进者和激励者,同时又是学生和同行的合作者。

伴随课程教学改革的不断深入,课堂品质提升将更加关注和促进学生的自主学习、合作学习、探究式学习,这将对线上线下教育资源的搜索、组织和创造性阐释提出更高的要求。未来的区域教育和学校发展在新的科技革命推动下将变得更灵巧、更精致、更丰富、更多元、更真实和更人性。如 VR 技术所产生的沉浸式教学使体验更真实、超真实,极大地提升了课堂体验,VR 在未来学校和未来课堂中将构成重要组成部分。VR 教育能够为沉浸式教学解决学生注意力不集中、学习效率低下和学习兴趣不高等问题,同时能够解决原有教学设备更新换代慢等问题。总之,当前及未来一个时期,云计算、大数据、物联网、人工智能等信息技术在育人目标、环境、教师角色、学生学习方式等方面给教育带来机遇和挑战。顺应信息时代带来的教育教学变革,迈向智慧多元的区域高品质教育,需要在姿态方面迎接未来,在态度层面正视未来,在认知层面读懂未来,加强信息技术融入教育教学的能力建设。

第三节　以可持续发展机制为保障

为回应人民群众对优质教育的需求,更好服务区域经济社会高质量发展,对标区域发展定位和品质教育理念,未来的区域教育发展将以学习者为中心、以学习经历为基础、以学科核心素养落实为根本、以课堂品质提升为重点,建立符合时代需求又符合区域特色的品质课程体系,激发学生学习兴趣,办好每所学校、成就每个教师、教好每名学生,共建支持学习者可持续发展的现代教育体系,推动区域教育质量水平得到新提升。以课堂品质提升成就区域教育高品质发展,是一项系统的工程,有赖于可持续发展机制的保障,进一步从区域层面完善课程教学的管理机制、课堂品质提升的支持机制、课程品质监测的长效机制。

一、完善区域课程教学管理机制

区域课程教学管理机制是区域课堂品质提升的根本制度保障。根据当前及未来一个时期区域教育高品质发展与课堂品质提升定位,需要坚持问题导向,进一步对接中高考改革、对标学科核心素养,统筹规划和整体设计区域"十四五"课程改革实施方案,不断优化课程与教学改革的制度环境,不断创新课程与教学的管理机制,全面增强各层面的课改与教学的领导力,为整体提升区域课堂品质提供保障。

一是围绕因材施教加强区域性课程教学管理。更加注重因材施教是我国加快推进教育现代化的重要基本理念,强调学习个性化多样化需求的满足,要求创新体制机制,改进培养模式,推进从教到学的转变,尊重每一个学习者的发展基础和个性化需求,充分挖掘每一个学生的学习潜能,使不同性格禀赋、不同兴趣特长、不同素质潜力的学生都能接受符合自己成长需要的教育。前期课堂品质的监测分析发现,与课堂教学三维目标的落实相比,课堂目标的适切性、内容的生成性和挑战性存在较大提升空间。在促进区域义务教育优质均衡发展背景下,在区域层面探索因材施教体制机制及教学策略的创新与应用,通过对区域内课程教材、招生考试、教学研究、教学评价、学校管理等体制机制的系统性改革,加强课程开发、实施、评估和质量监测等全过程管理。

二是探索建立区域层面的学生发展指导制度。这既是适应招生考试制度改革的现实需要,也是培养学生具有终身学习能力的内在要求。在区域层面探索建立学生发展指导制度,在观念上需要超越狭隘的认知视野,正确把握课堂品质提升与学生发展指导之间的关系,不仅为学生心理、生涯规划提供指导,而且对学习、生活等方面进行指导,不仅为学习有困难的学生提供个性化、扶助性的教育和学习指导,而且为拔尖创新人才培养提供服务和支持。为此,区域层面探索建立学生发展指导制度,需要整合多方面的资源,建立专兼职相结合的指导教师队伍,构建学校、家庭、社会协同指导机制。

三是建立课堂品质提升的导向与激励机制。没有学校和教师的时间和精力投入,学校和教师缺乏足够的动力机制,课堂品质提升的探索行动都很难持续进行下去。尤其是在新课程新教材改革任务繁重、教师工作压力大的背景下,导向与激励机制建设愈加显得重要。实现行为导向的关键在于明确行动的标准,激发学校和教师提升课堂品质的热情,并对于勇于探索创新的实践行动予以多样化激励。多样化激励的内涵,主要体现于对不同学区集团、学校的激励,激励学区集团、学校在已有基础上达到"最近发展区",循序渐进提高课堂品质,形成百花齐放的局面。

二、 优化教科研训一体化支持机制

教科研训一体化支持机制是区域课程品质提升的基本制度保障。教科研训一体化支持,是从区域课堂品质提升需求出发,整合教研科研师训资源,力求形成一个有效的支持系统。在支持系统中,教研、科研、师训各有侧重,又相互联系、相互作用,共同构成有机系统。

教研是保障区域课堂品质提升的重要支撑。区域课堂品质提升是区域性推进的教改项目,需要高度契合当前国家和区域课程教学改革要求。为此,区域课堂品质提升,需要充分发挥教研在推进教学诊断与改进、课程教学资源建设、培育推广优秀教学成果等方面的重要作用,完善区—校教研工作体系,形成上下联动、运行高效的教研工作机制,指导学校将德智体美劳全面培养的要求有机融入教育教学全过程,并加强与中小学校、高等学校、科研院所、教师培训、考试评价、电化教育、教育装备等单位的协作。在区域课堂品质提升中,创新区域教研工作方式,提升教研工作的针对性和吸引力。另外,强化校本教研制度建设是一条重要路径,调动学校的积极性、主动性和创造性,更好地实施新课程新教材,探索课堂品质提升的多样有效策略,提高教师专业能力建设。

科研对于区域课堂品质提升具有重要的引领作用。无论是加强调查研究、项目实验研究,还是选取典型案例开展研究并及时提炼推广有效策略,都是驱动区域课堂品质提升行动不断深入的保障。为此,需要遵循教育教学规律,适应区域课堂品质提升

需要,综合运用多种研究方法,创新教育科研范式尤其是加强实证研究。上海市嘉定区自 2014 年以来逐步聚焦课堂品质,开展了文献研究、国际比较与本土建构、项目学校实验与案例分析、工具开发与实证监测研究等。这些研究在理念、指标与学校实践等方面发挥了引领作用。为进一步促进区域课程品质提升,有必要拓宽视域,从教师专业发展、信息技术、区域教育治理等角度切入开展相关研究。

创新师训机制是区域课堂品质提升的迫切要求。区域课堂品质提升对于教师能力提出的一系列新挑战新要求,有赖于区域各学段教师的学习能力提升,并形成充满活力的学习共同体。为此,区域师训必须创新机制,从自上而下的师训走向教师学习,完善教师研修机制、团队发展机制等。

三、 健全课堂品质监测机制

常态化的课堂品质监测是区域课程品质提升的重要制度保障。健全课堂品质监测机制,本质上是基于指标数据分析,建立基于目标导向的自我评估机制。有效的课堂品质监测,有赖于监测的动态、深度与精准。首先,鉴于课堂品质提升是一个长期的过程,动态监测并加强比较分析显得尤为重要。为此需要连续滚动采集反映课堂品质提升过程与结果乃至环境等方面的数据,并建立区域性课堂品质数据库,开展数据纵向比较分析及其影响因素的成因分析,了解区域课堂品质水平与进步程度,为提炼经验与改进政策提供支持。

深度监测是区域课堂品质监测的难点。这是因为深度监测不仅需要关注课堂品质的结果尤其是素养发展状况,而且需要关注课堂品质提升的过程与环境。由于课堂变革的过程与环境受到的影响因素复杂且内隐,因而监测分析难度变大。但在教育高品质发展趋势下,影响区域课堂品质提升的家庭以及社区因素、学校内部的教师专业发展与学校治理水平因素不容忽视,这是一个颇为值得关注的领域。

精准监测是区域层面课堂品质监测的必然要求。精准监测,旨在通过对课堂品质的内容与对象进行维度上的细分,更为清楚地获取课堂品质提升中的短板,掌握不同学段之间、不同学科之间、不同学校之间乃至学区集团之间的差异。只有如此,才能精准获取并分析短缺要素、薄弱环节、质量短板。根据不同学段学生的学习特点,有针对性地提升课堂品质,既是对教育教学规律的尊重,也是整体设计和一体化提升基础教育课堂品质的必然要求。不同学科之间课堂品质的长期跟踪监测及其比较分析,对于更好掌握学科核心素养的落实,促进五育并举具有至关重要的意义。公办与民办学校之间的监测比较分析,对于适应招生考试制度改革,区域推进各类学校因材施教具有重要参考意义。而校际之间尤其是学区集团内部的校际比较分析,将为依托学区化集团化办学平台的共享能力建设提供证据支持,助力区域教育优质均衡发展。

课堂品质监测的最终目的在于形成及时有效的问题解决反应机制。对照推进区域课堂品质提升的要求,监测与调适机制不仅包括目标差距的及时发现、重要问题的研判,而且在分析研判基础上建立反应改进机制。监测只是手段,建立起一套反应及时、区域和学校乃至学区集团等多层面改进新机制才是目的所在,是区域提升教育治理能力的必然要求和发展趋势。

（撰稿者：李伟涛　蒯义峰）

参考文献

期刊类

编辑部.我国基础教育课程改革回顾[J].教书育人,2005(34).

陈宝生.努力办好人民满意的教育[N].人民日报,2017-09-08(07).

易国栋.高品质课堂建设的思与行[J].教育科学论坛,2019(22).

杨晓奇.聚焦品质的课堂变革:价值厘清、内涵阐释与路径选择[J].教育发展研究,2015(12).

黄渊水,马延灯.芬兰教育的启示[J].青年教师,2011(11).

李学垠.芬兰基础教育模式的成功因素探析[J].基础教育参考,2006(02).

杨晓奇.聚焦品质的课堂变革:价值厘清、内涵阐释与路径选择[J].教育发展研究,2015(12).

陈永平,徐凯里."高结构设计与低结构实施":高效课堂的思与行[J].现代教学,2015(11).

盛群力.论有效教学的十个要义——教学设计的视角[J].课程·教材·教法,2012(04).

龙宝新,折延东.论高效课堂的建构[J].教育研究,2014(06).

郝志军.中小学课堂评价的反思与建构[J].教育研究,2015(02).

夏雪梅.融入学习品质的教学　一个关于下次怎么吃苹果的解读[J].上海教育,2016(09).

程永佳.大学课堂有效教学的影响因素及提高策略[J].教育与教学研究,2012(05).

裴娣娜.论我国课堂教学质量评价观的重要转换[J].教育研究,2008(01).

杨文登.社会工作的循证实践:西方社会工作发展的新方向[J].广州大学学报(社会科学版),2014(02).

杨文登.循证实践:沟通研究与实践的桥梁[N].中国社会科学报,2010-09-28(08).

阎光才.对英美等国家基于证据的教育研究取向之评析[J].教育研究,2014(02).

姜攀."助学提纲"在中学物理教学中的运用[J].沙棘(科教纵横),2012(12).

张志科.如何提高"助学提纲"的有效性[J].师道.教研,2017(01).

温虹雁.导学案助益阅读教学——以《威尼斯的小艇》第一课时为例[J].阅读.写作,

2015(09).

刘坤.高中语文阅读教学助学导思策略研究[J].新课程(下旬),2016(12).

王革虎.阅读教学：助导学生学会重返生活现场[J].陕西教育(综合),2014(03).

丁粉林.提高英语课堂助学有效性[J].疯狂英语(教学版),2016(04).

黄莺.助学提纲在初中英语教学中的运用[J].镇江高专学报,2015(04).

许国武.阅读教学导学方法论[J].厦门教育学院学报,2001,2(06).

黄丽.阅读教学如何实施"以趣导学,以法导学"[J].河池师专学报学,2003(12).

杨四耕.师生关系与教学资源[J].当代教育论坛,2003(08).

韦正球.大资源观初探[J].学术论坛,2006(02).

李宝庆,靳玉乐,樊亚峤.新课程改革下学生学习方式的转变[J].教育研究与实验,
    2012(06).

[美]科恩,罗登布什,保尔.资源、教学与研究[J].华东师范大学学报(教育科学版),
    2001,19(04).

付大同."转变学习方式"的心理学理解[J].教育探索,2009(06).

陈佑清.关于学习方式类型划分的思考[J].课程·教材·教法,2010,30(02).

江萍萍.新课程改革中教师教学方式转变对学生学习方式转变的影响研究[J].天津市
    教科院学报,2011(04).

赵震.构建"思维链教学"的实践研究[J].小学教学参考数学,2015(11).

赵国庆,熊雅雯,王晓玲.思维发展型课堂的概念、要素与设计[J].中国电化教育,2018(07).

赵震.构建"思维链教学"的实践研究[J].小学教学参考数学,2015(11).

祝智庭,肖玉敏,雷云鹤.面向智慧教育的思维教学[J].现代远程教育研究,2018(01).

郅庭瑾,张建.我国中小学思维教学研究：进展、缺失与展望[J].教育科学研究,2011(01).

郅庭瑾,程宏.国外中小学思维教学研究：争议与启示[J].教育研究,2010,31(12).

韩加强,李明隆,郑秋玲.课例研究：内涵、价值及操作方法[J].江苏教育研究,2020(11).

王芳,何红晖,彭小青,蒋铁斌,邓芳,熊静,莫朝晖.建构主义教学模式在诊断学体查教
    学中的探索[J].中国继续医学教育,2020,12(14).

王海花.如何运用课堂观察法评价教学活动[J].甘肃教育,2012(24).

马立意.小学数学教学中学生逻辑思维能力培养[J].课程教育研究,2020(01).

胡惠闵.从区域推进到以校为本[J].教育发展研究,2010(24).

郑金洲.走向"校本"[J].教育理论与实践,2000(06).

杨玉东.教师如何做课例研究[J].教育发展研究,2008(08).

杨玉东.对课堂观察的回顾、反思和建构[J].上海教育科研,2011(11).

王建云.案例研究方法的研究述评[J].社会科学管理与评论,2013(03).

杨志敏.如何激发学生主动学习[J].思想政治课教学,2018(11).

黄荣怀,汪燕,王欢欢,逯行,高博俊.未来教育之教学新形态：弹性教学与主动学习[J].现代远程教育研究,2020(03).

霍力岩,孙蔷蔷,陈雅川.学前儿童主动学习指标体系研究[J].基础教育,2017(01).

孙烨超,张妙华.远程合作学习研究文献综述[J].中国成人教育,2018(09).

王坦.论合作学习的基本理念[J].教育研究,2002(02).

李帮魁.小组合作学习由边缘参与到核心参与[J].教学与管理,2019(08).

殷运峰,方蕾蕾.课堂教学中小组合作学习的误区及应对策略[J].当代教育科学,2019(04).

李友.小组合作学习的困境与突围[J].基础教育课程,2018(03).

尚金兰.小组合作学习的现实危机与未来选择[J].当代教育科学,2017(03).

鲁国富,顾尧根.反思学习是学生学习行为的重要习惯[J].小学教学研究,2007(06).

李春兰,董乔生,张建国.建构主义知识观视角下反思性学习的困境与突破[J].教学与管理,2020(03).

刘哲雨,郝晓鑫,曾菲,王红.反思影响深度学习的实证研究——兼论人类深度学习对机器深度学习的启示[J].现代远程教育研究,2019(01).

吴秀娟,张浩.基于反思的深度学习实验研究[J].远程教育杂志,2015(04).

卢瑞玲,郭俊风.加强反思学习,促进知识迁移[J].教育理论与实践,2013(31).

蔡文艺,王小平.促进学生学习和发展的课堂评价——课堂评价国际研讨会综述[J].教育测量与评价,2012(01).

李雄鹰,张瑞宁,教育评价理论发展视角下的高考评价改革审视[J],石家庄学院学报,2018,5(20).

曹慧,毛亚庆.美国 UTOP 课堂教学质量评估系统的探索与反思[J].全球教育展望,2017(01).

周九诗,鲍建生.美国"TRU"课堂评价模型介绍及其启示[J].外国中小学教育,2016(12).

赵宗孝,水永强.课堂微观研究与教育技术"新革命"[J].现代教育技术,2010(11).

崔允漷.论课堂观察 LICC 范式:一种专业的听评课[J].教育研究,2012(05).

陈佑清,陶涛."以学评教"的课堂教学评价指标设计[J].课程·教材·教法,2016(01).

贾绪计,王泉泉,林崇德."学会学习"素养的内涵与评价[J].北京师范大学学报(社会科学版),2018(01).

吕耀中,王新博.论建构主义学习观[J].青岛科技大学学报(社会科学版),2013(04).

张景斌.大学与中小学的伙伴协作:动因、经验与反思[J].教育研究,2008,338(03).

李子建.大学与学校伙伴协作式行动研究:从4P迈向4R[J].上海教育科研,2007,238(08).

著作类

沈玉顺.课堂评价[M].北京:北京师范大学出版社,2006.

谭兵.课堂评价策略[M].北京:北京师范大学出版社,2010.

Peter W. Airasian.课堂评估:理论与实践[M].徐士强,等译.上海:华东师范大学出版社,2008.

陈玉琨.教育评价学[M].北京:人民教育出版社,1999.

陈玉琨.中国高等教育评价论[M].广州:广东高等教育出版社,1994.

钟启泉,崔允漷,张华.为了中华民族的复兴 为了每位学生的发展——《基础教育课程改革纲要(试行)》[M].上海:华东师范大学出版社,2001.

柳夕浪.课堂教学临床指导[M].北京:人民教育出版社,2003.

[日]佐藤学.课程与教师[M].钟启泉,译.北京:教育科学出版社,2006.

[日]佐藤学.学习的快乐——走向对话[M].钟启泉,译.北京:教育科学出版社,2004.

[日]佐藤学.学校的挑战——创建学习共同体[M].钟启泉,译.上海:华东师范大学出版社,2006.

[日]佐藤学.课程与教师[M].钟启泉,译.北京:教育科学出版社,2003.

康建朝,李栋.芬兰基础教育[M].上海:同济大学出版社,2015.

余文森.有效教学[M].北京：高等教育出版社,2013.

[美]Stein,M.K.,Smith,M.S.,Henningsen,M.A.&Silver,E.A.实施初中数学课程标准的教学案例：匹兹堡大学 QUASAR 研究成果[M].上海：上海教育出版社,2001.

Michael Fullan.教育变革的新意义(第四版)[M].武云斐,译.上海：华东师范大学出版社,2010.

风笑天.社会学研究方法[M].北京：人民大学出版社,2006.

杜晖,刘科成,等.研究方法论[M].北京：电子工业出版社,2010.

朱光明,赵萍.中学"助学提纲"教学方法研究[M].上海：上海百家出版社,2008.

[美]R・M・加涅.教学设计原理(第五版修订本)[M].上海：华东师范大学出版社,2018.

[美]罗伯特・K.案例研究：设计与方法(第5版)[M].周海涛,史少杰,译.重庆：重庆大学出版社,2019.

[美]R・M・加涅,等.教学设计原理(第五版)[M].王小明,等,译.上海：华东师范大学出版社,2000.

[美]M.戴维.梅里尔.首要教学原理[M].盛群力,钟丽佳,译.福州：福建教育出版社,2016.

顾明远.教育学大辞典(增订合卷本)[M].上海：上海教育出版社,1998.

[美]舒尔曼.实践智慧：论教学、学习与学会教学[M].王艳玲,等译.上海：华东师范大学出版社,2015.

安桂清.课例研究[M].上海：华东师范大学出版社,2018.

学位论文类

范琳钰.均衡发展导向下的芬兰基础教育教学研究[D].东北师范大学,2018.

李吉桢.第四代教育评价理论的中国化研究[D].天津师范大学,2019.

范琳钰.均衡发展导向下的芬兰基础教育教学研究[D].东北师范大学,2018.

潘伟.《基础教育课程改革纲要》指导下的课堂教学设计走向[D].华中师范大学,2004.

纪德奎.变革与重建：课堂优质化建设研究[D].西北师范大学,2008.

雷浩.为学而教：学习中心教学的研究[D].华东师范大学,2017.

李静华.新课程背景下中学物理教学改革之探索——"助学提纲"在中学物理教学中的运用[D].苏州大学,2009.

孙亚玲.课堂教学有效性标准研究[D].华东师范大学,2004.

网络资源类

中华人民共和国中央人民政府.国家中长期教育改革和发展规划纲要(2010—2020年)[EB/OL].(2010 - 07 - 29)[2020 - 11 - 03].http://old. moe. gov. cn/publicfiles/business/htmlfiles/moe/info_list/201407/xxgk_171904. html.

中华人民共和国中央人民政府.国务院关于深入推进义务教育均衡发展的意见[EB/OL].(2012 - 09 - 07)[2020 - 11 - 03].http://www. moe. gov. cn/jyb_xwfb/xw_zt/moe_357/jyzt_2016nztzl/ztzl_xyncs/ztzl_xy_zcfg/201701/t20170117_295047. html.

中华人民共和国中央人民政府.国务院关于统筹推进县域内城乡义务教育一体化改革发展的若干意见[EB/OL].(2016 - 07 - 11)[2020 - 11 - 03].http://www. moe. edu. cn/jyb_xxgk/moe_1777/moe_1778/201607/t20160711_271476. html.

夏萍如."有意义学习"理论[EB/OL].(2015 - 04 - 15)[2020 - 11 - 03].https://wenku. baidu. com/view/6f12b09e524de518974b7d40. html.

外文参考资料

Ozmon, H. , Craver, S. M. Philosophical foundations of education(6th ed)[M]. NJ: Prentice Hall, 1981.

Darling, J. Child-centred education and its critics [A]. Paul Chapman, London. Darling-Hammond, L. ,1997. The right to learn [C]. San Francisco, CA: Jossey-Bass, 1994.

Henson, K. T. Foundations for learner-centered education: A knowledge base [J]. Education, 2003,124(1).

Dewey, J. Experience and education [M]. New York: Macmillan,1997.

Piaget, J. The child's conception of the world [M]. New York: Littlefield Adams,

1990.

Vygotskii, L. S. Thought and language [M]. Cambridge, M A: MIT press, 1986.

Rogers, C. R. Client-centered therapy [M]. Boston: Houghton hfifflin, 1951.

Noddings, N. The challenge to care in schools: An alternative approach to education [M]. New York: Teachers College Press, 1992.

Fischer, K. W., Daley, S. G. Connecting cognitive science and neuroscience to education: Potentials and pitfalls in inferring executive processes [A]. In L. Meltzer(Ed.), Executive function in education: from theory to practice [C]. New York: Guilford Press, 2006.

Freire, P. Pedagogy of the oppressed [M]. New York: Bantam Books, 1996.

Reigeluth, C., Squire, K. Emerging work on the new paradigm of insturctional theories [J]. Educational Technology, 1998(38).

Kager, E. How finland's education policies lead to a world-class education system [J]. New Waves, 2013, 16(2).

Niemi H, Multisilta J, Lipponen L, et al. Finnish innovations and technologies in schools [M]. Sense Publishers, 2014.

Sobel, D. M., S. V. Taylor, and R. E. Anderson. Shared accountability: Encouraging diversity-responsive teaching in inclusive contexts [J]. Teaching Exceptional Children 2003, 35(6).

James W. Stigler, Kevin F. Miller. Expertise and expert performance in teaching [M]. Cambridge University Press, 2018.

Stiggins, R. J. High quality classroom assessment: What does it really mean? [J]. Educational Measurement: Issues and Practice, 1992.

Stiggins, R. J. Student-involved classroom assessment [M]. Columbus, OH: Merrill, 2001.

Timo, kumpulainen. Key figures on early childhood and basic education in Finland [J]. Finnish National Board of Education, 2015(4).

附录：
"聚焦学生学习,提升课堂品质的区域行动"大事记

2017 年大事记

2017 年 3 月 9 日,嘉定区教育局,讨论"聚焦学生学习,提升课堂品质的区域行动"合作研究方案。嘉定区项目组介绍合作设想,汤林春所长介绍合作初步方案,大家围绕方案进行讨论。祝郁、路光远、李春华、杨文斌、沈涛、汤林春、杨玉东、夏雪梅、李金钊出席。

2017 年 6 月 29 日,嘉定区教育局,讨论"聚焦学生学习,提升课堂品质的区域行动"合作研究方案、实验学校与子课题参与计划及 2017 年项目进度。路光远、李春华、罗松、杨文斌、沈涛、汤林春、徐士强、夏雪梅、杨金芳、李金钊出席。

2017 年 9 月 13 日,嘉定区教育局,讨论"聚焦学生学习,提升课堂品质的区域行动"合作研究方案。理论组、工具组、策略组、评价组、机制组分别介绍子课题研究设想。路光远、罗松、李春华、杨文斌、汤林春、李伟涛、杨玉东、夏雪梅、杨金芳、杨四耕、李金钊出席。

2017 年 10 月 10 日,嘉定区教育局,课堂品质校长培训会议,嘉定区介绍项目背景和意义,李伟涛介绍项目方案,理论组、工具组、策略组、机制组分别介绍子课题研究方案。祝郁、路光远、罗松、李春华、科研室、教研室、10 所项目学校及其他观摩学校领导出席。

2018 年大事记

2018 年 3 月 7 日,嘉定区教育局,讨论"聚焦学生学习,提升课堂品质的区域行动"2018 年研究计划。嘉定区项目组介绍合作设想,汤林春、李伟涛、李金钊参与讨论。路光远、李春华、罗松、杨文斌、沈涛、蒯义峰、汤林春、李伟涛、李金钊出席。

2018 年 3 月 15 日,上海市教科院普教所,讨论本学期项目计划。李伟涛、杨玉东、夏雪梅、杨四耕、李金钊出席。

　　2018年4月4日,嘉定区教育局,"聚焦学生学习,提升课堂品质的区域行动"项目推进会。首先是项目培训,夏雪梅、王健、滕平分别主讲;接着是嘉定区教育局布置研究任务;最后是项目学校参与讨论。祝郁、路光远、罗松、李春华、汤林春、李伟涛、杨玉东、夏雪梅、李金钊、滕平、王健,项目学校校长、副校长,教研员、科研员等出席。

　　2018年4月18日,嘉定区教育局,10所项目学校课题方案指导。首先是项目培训,杨四耕、杨玉东分别主讲;接着是项目学校课题指导,按小学组、初中组和高中组分别指导。路光远、罗松、李春华、杨文斌、蒯义峰、杨四耕、杨玉东、李金钊、崔春华、严加平、10所项目学校校长、科研主任出席。

　　2018年5月28日,上海市教科院普教所,讨论嘉定项目学校修改后的方案,汤林春、李伟涛、杨玉东、杨四耕、夏雪梅、李金钊出席。

　　2018年6月6日上午,江桥实验中学,嘉定课堂品质项目现场调研会议。首先是课堂观摩,听取了语文、数学两门课;然后是课堂品质研讨会。李春华、杨文斌、孙琦斌、孙凤、蒯义峰、孙卫民、汤林春、李伟涛、夏雪梅、李金钊、王健、匡丽敏、六所中学项目学校、江桥中学八位老师出席。

　　2018年6月6日下午,嘉定区安亭小学,嘉定课堂品质现场调研会议。首先是课堂观摩,听取了语文、数学两门课;然后是课堂品质研讨会。李春华、杨文斌、高金凤、蒯义峰、孙卫民、汤林春、李伟涛、李金钊、匡丽敏、五所小学项目学校(含苏民学校)、安亭小学八位老师出席。

　　2018年9月12日,嘉定区教育局,讨论2018年下半年研究计划,路光远、杨文斌、沈国全、蒯义峰、汤林春、李伟涛、李金钊出席。

　　2018年10月9日,德富路中学,嘉定课堂品质项目实践进展研讨。首先是杨玉东介绍诊断工具开发研究计划;其次是实践组(策略组与工具组)杨四耕作微讲座,主题是"提升我们的课堂";接着是德富路中学介绍项目进展情况;最后是普教所专家对子课题方案进行指导。路光远、杨文斌、蒯义峰、其他教研员、杨玉东、杨四耕、李金钊、崔春华、严加平、10所项目学校负责人出席。

　　2018年11月14日下午,嘉定区教育局,项目研修活动。首先是专题培训,主题是"学校如何实施课例研究";其次是分组讨论项目学校课例研究计划与落实情况;最后是个别指导,针对学校的具体问题,普教所专家开展针对性的个别指导。

2019 年大事记

2019 年 1 月 10 日,嘉定区教育局,"聚焦学生学习,提升课堂品质的区域行动"学期工作总结会。10 所项目学校分别介绍研究情况,杨玉东、杨四耕分别点评五所学校,汤林春、罗松、路光远分别讲话。路光远、罗松、杨文斌、沈国全、蒯义峰、相关教研员、科研员、汤林春、李伟涛、李金钊、杨四耕、杨玉东、崔春华、严加平、王晓华出席。

2019 年 3 月 7 日,嘉定区教育局,"聚焦学生学习,提升课堂品质的区域行动"新学期工作计划研讨会。汤林春介绍项目进展情况,李金钊介绍 2019 年工作计划,然后普教所团队与嘉定区团队围绕 2019 年研究计划进行互动讨论,确定了今年的主要工作事项。路光远、罗松、杨文斌、沈国全、沈涛、周艳、蒯义峰、相关教研员、科研员、汤林春、李伟涛、李金钊出席。

2019 年 4 月 25 日,嘉定区黄渡小学,"聚焦学生学习,提升课堂品质的区域行动"策略组与工具组活动,主题是"用工具诊断我们的课堂品质——上海市嘉定提升课堂品质实践与诊断项目研讨活动"。首先是课例分享,黄渡小学介绍课例《基于学习任务驱动的数学"逻辑美"课例研究》;其次分成四个小组研讨,普教所团队与项目学校进行互动讨论;最后是微型报告,杨四耕的报告是"以目标为导向做好实践研究成果提炼",杨玉东的报告是"用诊断技术在理性中提升课堂品质"。杨文斌、蒯义峰、杨玉东、杨四耕、李金钊、王晓华、实验校领导和老师出席。

2019 年 6 月 26 日,嘉定区教育局,"聚焦学生学习,提升课堂品质的区域行动"工作研讨,总结项目已经完成的任务,讨论项目接下来一年的工作计划。路光远、杨文斌、蒯义峰、汤林春、李伟涛、杨四耕、崔春华、严加平、王晓华、李金钊出席。

2020 年大事记

2020 年 4 月 8 日,嘉定区教育局,"聚焦学生学习,提升课堂品质的区域行动"工作研讨。首先是普教所团队介绍项目结题专著撰写情况;其次是杨玉东、杨四耕分别介绍分课题专著的进展情况;接着是普教所团队介绍 2019 年嘉定课堂品质调研报告;最后是嘉定区团队和普教所团队讨论新学期工作计划。祝郁、花洁、田洁、杨文斌、蒯义峰、汤林春、黄娟娟、李伟涛、杨金芳、夏雪梅、李金钊、杨四耕、杨玉东、严加平、王晓华、王湖滨、沈兰、王中男出席。

2020 年 4 月 16 日,上海市教科院,讨论三件事:1. 基础教育成果奖申报准备;2. 成果出版:1 + 2(一本总册,两本分册);3. 下一步合作计划。祝郁、杨文斌、蒯义峰、汤林春、李伟涛、夏雪梅、杨玉东、杨四耕、李金钊等出席。

2020 年 5 月 27 日,嘉定区教育局,讨论两件事:1. 编委会会议,讨论项目结题丛书出版事宜;2. 下一步工作计划。李娟、祝郁、王冰清、许丽华、杨文斌、蒯义峰、汤林春、李伟涛、杨玉东、夏雪梅、杨四耕、王晓华、李金钊、彭呈军等出席。

2020 年 6 月 8 日,嘉定区教育局、实践组和工具组开展项目学校专题研修活动,布置课题成果总结材料《提升课堂教学品质的策略与方法》和《在课例研究中提升学习品质》两本专著的编写与修改要求。